Barbara Rütting

Wo bitte geht's ins Paradies?

Barbara Rütting

Wo bitte geht's ins Paradies?

Burnout einer Abgeordneten
und Neuanfang

Mit 31 Abbildungen

Herbig

Besuchen Sie uns im Internet unter:
www.herbig-verlag.de

© 2010 by F.A. Herbig Verlagsbuchhandlung GmbH, München
Alle Rechte vorbehalten
Umschlaggestaltung: Wolfgang Heinzel
Umschlagmotiv: Norbert Hellinger, München
Lektorat: Gabriele Berding
Herstellung: Ina Hesse
Satz: EDV-Fotosatz Huber/Verlagsservice G. Pfeifer, Germering
Gesetzt aus: Minion LT 11,25 pt/14 pt
Druck und Binden: GGP Media GmbH, Pößneck
Printed in Germany
ISBN 978-3-7766-2651-3

Inhalt

Vorwort

»Irgendwo wird es immer einen kleinen verlorenen Hund geben, der mich davon abhält, glücklich zu sein.«

Dieses Zitat wird dem französischen Dramatiker Anouilh zugeschrieben. Einige wenige Menschen scheinen unabhängig von Weltanschauung oder Geschlecht dazu verdammt, die Leiden anderer Lebewesen, ob Mensch, Tier oder Pflanze, zu empfinden, als seien es ihre eigenen – für den Normalbürger absolut unverständlich.
Einfach glücklich sein können solche Menschen nie. Ich gehöre zu ihnen.

Ich *bin* der in den Krieg gehetzte sterbende Soldat, ich *bin* das Kind, das beim Spielen auf eine Mine tritt und seine Beine verliert, ich *bin* der am Angelhaken zappelnde Fisch, ich *bin* das der brüllenden Mutter entrissene Kälbchen, ich *bin* der Versuchsaffe im Labor mit der in den Schädel gerammten Metallkonstruktion, ich *bin* der gefällte, zu Boden krachende Baum, ich *bin* der ausgerissene, achtlos weggeworfene, welkende Löwenzahn – ich *bin* mein geliebter Hund Osho, dessen Tod einen Riss in meiner Seele hinterließ, für den es keinen Kitt gibt.
Kein leichtes Dasein, dieses So-Sein.
Als meine Mutter mir von der Kreuzigung Jesu erzählte, musste ich mit einem Nervenzusammenbruch ins Bett gesteckt werden. Das Kind, gerade sieben Jahre alt, wollte in dieser unerträglichen Welt, in der Menschen so etwas tun, nicht leben und fühlte sich hier nie mehr wirklich zu Hause. Zum ersten Mal hatte ich das Gefühl, schon irgendwo existiert zu haben, wo es zärtlich und liebevoll zugegangen war – einer Art Paradies. Die Sehnsucht danach hat mich nun über acht Jahrzehnte begleitet und dazu geführt, dass ich mich nach man-

cherlei Trial-and-Error-Eskapaden, zu denen auch die Schauspielerei gehörte, immer stärker für den Schutz von Mensch, Umwelt und Tier und in der Friedensbewegung engagierte – um mich schließlich als Abgeordnete für Ernährung, Verbraucher- und Tierschutz im Bayerischen Landtag wiederzufinden – ausgerechnet.

Freunde und Freundinnen hatten mich gewarnt: Entweder du wirst ein Ellenbogenmensch wie alle anderen – ist eben Politik – oder du resignierst und wirst verbittert, weil du gegen Windmühlen kämpfen musst. Beides ist nicht eingetroffen. Nur traurig bin ich. In sechs Jahren enormen Einsatzes konnte ich im Landtag so gut wie nichts bewirken.

»Angst essen Seele auf« – Titel eines berühmten Fassbinder-Films. Aber auch Frust essen Seele auf. Die Signale wurden stärker. Mein Herz rebellierte schließlich so heftig, dass ich mein Mandat vorzeitig zurückgeben musste.

Dieses Buch berichtet von den Hoffnungen, mit denen ich 2003 in den Landtag einzog und als älteste Abgeordnete und somit Alterspräsidentin die 15. Legislaturperiode zu eröffnen hatte; den vielen Anträgen, die alle von der übermächtigen CSU immer wieder abgelehnt wurden; von meinem Bemühen, parteiübergreifend zu arbeiten, und dem ersten Zusammenbruch, den ich nicht zur Kenntnis nehmen wollte; wie ich 2008 sogar noch einmal kandidierte – ich darf doch meine Ziele und meine WählerInnen nicht im Stich lassen – und ein überwältigendes Wahlergebnis erzielte; und von meiner Arbeit bis zum totalen Zusammenbruch in der Bahn auf dem Weg in den Landtag.

Es berichtet von dem Gefühl, gescheitert zu sein, das Leben vertrödelt zu haben – aber auch von Zuspruch durch wildfremde Menschen, die durch meinen Einsatz Kraft erhielten, ihr eigenes Schicksal zu meistern.

Und von der geradezu irrwitzigen Trauer über den Tod meines geliebten Hundes Osho. Auch auf die Gefahr hin, als überkandidelt zu gelten, schildere ich die Heftigkeit dieser Trauer und hole mir sozusagen Schützenhilfe bei Rosa Luxemburg. Sie beschrieb in einem Brief aus dem Gefängnis an Sonja Liebknecht, wie sie weinen musste, als ein Soldat die Büffel prügelte, die einen viel zu schweren, mit blutbefleckten Uniformen beladenen Wagen in den Gefängnishof ziehen sollten und darüber fast zusammenbrachen. »Die Aufseherin stellte den Soldaten empört zur Rede, ob er denn kein Mitleid mit den Tieren hätte – worauf er mit bösem Lächeln antwortete: ›Mit uns Menschen hat auch niemand Mitleid‹ – und noch kräftiger auf die Tiere einhieb … die Tiere zogen schließlich an und kamen über den Berg, aber eins blutete … Sonitschka, die Büffelhaut ist sprichwörtlich an Dicke und Zähigkeit, und die war zerrissen. Die Tiere standen dann beim Abladen ganz still erschöpft und eins, das, welches blutete, schaute dabei vor sich hin wie ein verweintes Kind. Es war direkt der Ausdruck eines Kindes, das hart bestraft worden ist und nicht weiß, wofür, weshalb, nicht weiß, wie es der Qual und der rohen Gewalt entgehen soll … ich stand davor und das Tier blickte mich an, mir rannen die Tränen herunter – es waren seine Tränen, man kann um den liebsten Bruder nicht schmerzlicher zucken, als ich in meiner Ohnmacht um dieses stille Leid zuckte …«

Eines Tages wird diese Art des Mitempfindens auch mit den Freuden und Leiden der Tiere als »normal« gelten, nicht erst im Paradies, schon hier auf Erden. Ich wünsche mir, dass die Schilderung der großen Liebe zwischen dem Tier-Engel Osho und mir dazu beiträgt.

Nach dem Burnout gab es einen Neuanfang. Ich bin erst einmal »angekommen«.
Habe im Spessart ein kleines Haus kaufen können, in einer Gegend, in der Menschen wohnen, die an der Vision eines Friedensreiches arbeiten, in dem Mensch, Tier und Natur im Einklang miteinander leben.
Offensichtlich kann man dieser kaputten Welt – wenn überhaupt – noch am besten helfen, indem man sich zu kleinen Gemeinschaften

zusammenschließt. Auch wenn die Visionen noch so utopisch anmuten!

Wie war das doch mit der Hummel? Allen wissenschaftlichen Berechnungen zufolge ist die Hummel viel zu schwer, um fliegen zu können. Wie ist es möglich, dass sie dennoch fliegt? Weil sie es nicht weiß …

Das Gestern und Vorgestern loslassen, jeden Tag mit frischen Augen sehen, nicht aufhören anzufangen – und nicht anfangen aufzuhören, das habe ich mir vorgenommen. Fliegen wie die Hummel.

Mein Buch ist auch ein Dank an alle Rosa Luxemburgs, männlich oder weiblich, die sich nicht damit abfinden, dass es »nun mal ist, wie es ist, da kann man eben nichts machen«, die nicht resignieren, sondern sagen: Ich tu was, ich setze mich ein für den Schutz von allem, was lebt – eine andere, eine bessere Welt ist möglich.

Barbara Rütting

1. Teil

Burnout

Mit meinem Hund Osho (Abb. S. 11)

Der Tag, an dem mich mein Engel verließ

26. März 2009
Um 7.10 Uhr hat er wie erleichtert aufgeseufzt, dann nichts mehr.
Stille.
In einigen Minuten werden die fröhlichen Arzthelferinnen in die
Klinik kommen, denen möchte ich jetzt nicht begegnen.
Ein letztes Mal streichle ich das geliebte Gesicht. Kein Lebewesen hat
mich so glücklich gemacht wie dieser Hund. Das Krematorium »Ani-
mals heaven« wird ihn abholen und verbrennen. Könnte ich doch
mit ihm verbrannt werden. Mein Engel Osho hat mich verlassen.
Um 11 Uhr habe ich den schon lange vorher anberaumten Termin in
München beim Notar, um den Verzicht auf mein Mandat als Abgeordnete des Bayerischen Landtags zu unterzeichnen.
Ich fahre nach Hause, dusche, ziehe meine »Landtagsuniform« an –
grauer Hosenanzug mit T-Shirt –, schminke mich, gehe zum Zug.
Mein Hund ist gerade gestorben, sage ich, während ich unterschrei-
be. »Mein Gott«, sagt der Notar, gleichzeitig Vizepräsident des Landtags, mitfühlend, »als unsere Katze gestorben ist, hat die ganze Familie geheult. Sie werden mir fehlen«, meint er noch.

Wie konnte es zu dieser Katastrophe kommen?

23. März 2009
Abendspaziergang mit Osho und Buddhina am Chiemsee, wir sind
auf dem Nachhauseweg nach einem wundervollen entspannten Tag.
In der Ferne nähern sich Menschen mit zwei großen, fröhlich tollen-
den Hunden, einem gelben, einem schwarzen. Es könnten zwei von
Oshos Freunden sein – ich beschließe zu warten, damit sie noch miteinander toben können – erster fataler Fehler. Beim Näherkommen
werden die Hunde – es sind fremde – von den Besitzern angeleint,
sie seien schwierig. Lassen Sie sie nur laufen, ohne Leine geht es immer besser, antworte ich – zweiter fataler Fehler. Der gelbe Hund,

eine Art Retriever, wird von der Leine gelassen, Osho und er rennen um die Wette. Der zweite Hund, eine zweijährige Hündin, wird losgelassen – rennt auf Osho zu, der kurz aufjault, sie läuft weiter. Verabschiedung von den Besitzern, die zu ihrem Auto gehen. Ich warte auf Buddhina, sehe erst später an Oshos Bauch ein Stückchen Haut herunterhängen, eine kleine Wunde, die nicht einmal blutet.

Die Leute sind inzwischen abgefahren.

Ich fahre nach Hause, den Tierarzt anzurufen, dann in seine Praxis im Nachbarort – dritter Fehler. Ich hätte sofort in die berühmte Klinik fahren sollen, habe das Problem unterschätzt. Vierter Fehler: Die Narkose, unter der Osho sich schreiend aufbäumt. Ich muss ihn beruhigen und auf den Untersuchungstisch niederdrücken. Die Spritze wirkt nicht, der Tierarzt füllt zweimal Narkosemittel nach. Inzwischen ist eine riesige Wunde entstanden, die getackert werden muss! Ich fahre den bewusstlosen Osho, der jetzt in einer Wanne in einer Blutlache liegt, nach Hause. Meine inzwischen hinzugekommene Haushälterin hilft mir, ihn auf sein Bettchen zu legen. Inzwischen mag es 21 oder 22 Uhr sein – erst um 1 Uhr nachts wacht er aus der Narkose auf und beginnt entsetzlich zu schreien, ununterbrochen, bis zum nächsten Morgen.

Ich sofort mit ihm in die Klinik. Falsch getackert, sagt der Chefarzt, muss wieder aufgemacht werden – das heißt neue Narkose, neu getackert!

Abends soll ich anrufen, um zu hören, wie es geht.

Er will nicht fressen, sagt der Chefarzt, es ist vielleicht besser, Sie holen ihn nach Hause. Eins seiner Beine ist geschwollen, wir wissen nicht, woher, vielleicht hat er sich in der Narkose verletzt.

Osho erkennt mich nicht, macht einen verwirrten Eindruck. Zu Hause angekommen, bleibt er mitten im Wohnzimmer stehen und lässt sein Wasser, verstörten Gesichts, die seelenvollen Augen schreckgeweitet. Wieder schreit er die ganze Nacht.

Ich bringe ihn zurück in die Klinik. Er hat fast keine roten Blutplättchen (oder was auch immer) mehr, muss eine Infusion bekommen, ich soll gegen Mittag wieder anrufen.

Da ist die Antwort, es sieht schlecht aus. Er blutet aus allen Körperöffnungen, muss außer der Infusion eine Blutübertragung erhalten, sonst ...

Die Chancen, dass er überlebt, ständen 50 zu 50.

Ob ich die Nacht über bei ihm in der Klinik bleiben darf? Es wird gestattet.

Ich lege mich zu Osho in den Käfig, er hängt am Tropf, erkennt mich nicht.

Eine Ärztin ist bereit, die Nacht über in der Klinik zu bleiben, damit ich nicht allein bin.

Die Blutübertragung dauert die halbe Nacht. Sofort bei Beginn fängt er wieder an, entsetzlich zu schreien, ununterbrochen, wie ich noch nie ein Tier habe schreien hören. Sie auch nicht, sagt die Ärztin. Sie gibt Morphium in die Flasche mit dem Blut, es wirkt nur kurz, wieder diese entsetzlichen Schreie, stundenlang.

Noch mehr Morphium, es wirkt nicht mehr. Sollen wir Schluss machen, soll er die erlösende Todesspritze kriegen?

Es gibt immer wieder Wunder, meint die Ärztin, wir hatten mal eine Katze hier in einer ähnlichen Situation, so gut wie aussichtslos. Am nächsten Morgen war sie über den Berg, gerettet ...

Wir brechen die Blutübertragung nicht ab. Ich streichle ihn die ganze Zeit, wieder Morphium. Erst als die Flasche endlich leer ist, hört er auf zu schreien. Aber seine eh schon dünne Haut scheint sich aufzulösen, die kleinste Berührung verursacht einen blauen Fleck. Als ob das Blut, statt in die Gefäße zu rinnen, sich in den ganzen Körper ergossen hat.

Er ist jetzt still.

Gegen alle Vernunft habe ich wieder Hoffnung. Es kann nicht sein, dass er sterben muss, es darf nicht sein, so jung und voller Lebensfreude, zwei Tage vor seinem fünften Geburtstag! So jung – du schaffst es, mein Liebling, das Kätzchen hat es doch auch geschafft, du schaffst es, Osho!

Dann, 7.10 Uhr, ein Seufzer – er hat aufgehört zu atmen, das Herz hat aufgehört zu schlagen.

Er ist innerlich verblutet. Windhunde vertragen bestimmte Narkosen nicht. Das sagt man mir jetzt! Sie müssen offensichtlich grundsätzlich anders behandelt werden als andere Hunde – warum hat mir das niemand gesagt? Warum hat es der Tierarzt nicht gewusst? Warum nur? Warum? Warum?

Osho war ein Galgo-Hund, seine hochschwangere Mutter sollte umgebracht werden. Wie viele Galgo-Hunde: Jedes Jahr berichtet die Tierrechtsorganisation PETA von Tierquälereien an diesen Hunden in Spanien. Schon während der Aufzucht werden sie angekettet und bei kalten Temperaturen im Winter ohne ausreichendes Futter gehalten. Die Galgos werden für Hunderennen gezüchtet und, wenn sie keinen Gewinn mehr erbringen, »ausgemustert«. Man kettet sie an Bäumen an, lässt sie ohne Futter und Wasser, bis sie sich vor Entkräftung selbst strangulieren. Oft dauert es Stunden, bis der Hund erstickt ist. Andere Galgos werden verbrannt oder mit Steinen um den Hals ertränkt.
Diesem Schicksal ist Osho entgangen – und musste doch qualvoll sterben. Mein Schmerz ist unerträglich.

Abschied vom Landtag

1. April 2009
Meine Abschiedsrede darf ich im Plenum aus protokollarischen Gründen nun doch nicht halten – sie war geplant für den 2. April, wenn der Landtag in die Osterferien geht. Vielleicht besser so.

Die Fraktion will sich mit einer Feier von mir verabschieden. Es wird keine Feier geben. Zu schmerzlich. Was sollte man feiern?
Nach dem Ende meiner Tätigkeit als Abgeordnete muss ich zur Kenntnis nehmen, dass es nun im Bayerischen Landtag keine Stimme mehr geben wird, die die Rechte der Tiere auch nur annähernd so vertritt, wie ich es für meine Wähler und Wählerinnen getan habe

Wir drei – glücklich.
Buddhina, Osho
und ich

und für richtig halte. Auch meine »Nachrückerin« wird es nicht tun, die ausdrücklich angekündigt hatte, sich besonders der Tierrechte anzunehmen, geschweige denn die Fraktion Bündnis 90/Die Grünen. Im Programm der Bundesgrünen kommt dem Tierschutz ebenfalls nicht der ihm gebührende Stellenwert zu.

Der Fraktionsvorstand lädt nach wie vor die Presse zum Weißwurstfrühstück ein, in Tierhäute gepresste zermanschte Kuh-Kinder, ihren weinenden Kuh-Müttern entrissen. Ein Mitglied des Vorstands nimmt teil an der perversen Hubertusjagdfeier der Jäger. Ich habe so gut wie nichts bewirken können in den sechs Jahren.

Schon lange überlege ich, ob ich aus dieser Partei, nun zum zweiten Mal, austreten soll. Sie ist genauso anthropozentrisch wie alle anderen, hat die Friedenspolitik ebenso verraten wie den Tierschutz.

Ich werde mich von niemandem verabschieden, wenn irgend möglich den Landtag, mein Büro gar nicht mehr betreten, sondern »gehen, ohne mich noch einmal umzusehen«.

17

Die geplante Abschiedsrede

2. April 2009
Die Abschiedsrede, die ich zum Verzicht meines Mandats am 2. April 2009 im Plenum gern gehalten hätte, nur leicht gekürzt:

Herr Ministerpräsident, Frau Präsidentin, liebe Kolleginnen und Kollegen!
Ich bin in diesem Hohen Haus nicht mehr glücklich, sondern zunehmend frustriert und traurig, weil ich immer mehr erkennen muss, wie wenig ich in diesem Landtag bewirken kann.
2003 wurde ich überraschend als absolute Quereinsteigerin in den Bayerischen Landtag gewählt, nachdem ich mich vorher etwa 30 Jahre lang außerparlamentarisch in der Friedensbewegung, für gesunde Ernährung und Tierschutz eingesetzt hatte. Der Auftrag der Wählerinnen und Wähler an mich war vor allem, verbesserte Lebensbedingungen für die bisher von allen politischen Parteien sträflich vernachlässigten Tiere zu erreichen. Man prophezeite mir damals: Entweder du wirst ein Ellenbogenmensch, wie das in diesem »Haifischbecken Politik« unumgänglich ist, oder du wirst verbittert, weil alle deine Anträge von der übermächtigen CSU abgelehnt werden und du ständig scheiterst. Beides konnte ich vermeiden, indem ich versuchte, parteiübergreifend zu arbeiten und so liebevoll wie möglich auch mit Andersdenkenden umzugehen, getreu dem Motto der Friedensbewegung »Das weiche Wasser bricht den Stein«.
Allerdings: Wenn wieder einmal einer von meinen Anträgen besonders für Verbesserungen im Tierschutz von der CSU abgelehnt worden war, habe ich oft verzweifelt in meinem Büro gesessen und gedacht: Es ist sinnlos, ich gebe mein Mandat zurück und engagiere mich wieder nur außerparlamentarisch.
Auf vielfachen Wunsch aus der Bevölkerung habe ich mich dann 2008 trotz dieser Bedenken erneut zur Wahl gestellt, vor allem um dazu beizutragen, dass die Grünen mehr Stimmen erhalten und im Landtag mehr zu sagen haben. Allerdings ging es mir auch hier mehr

um die Inhalte als um die Partei. Statt wie bisher 15 sind nun immerhin 19 grüne Abgeordnete im Landtag vertreten – ein Beweis, dass »grüne« Anliegen doch immer mehr Zuspruch auch in konservativen Kreisen erfahren.

Mit großem Einsatz konnte ich durch zahllose Veranstaltungen in Kindergärten, Schulen, bei Kongressen etc. zu meinen Themen gesunde Ernährung, Verbraucher- und Tierschutz einen phänomenalen Wahlerfolg erzielen – rund um den Chiemsee, wie sogar die Gazetten erstaunt berichteten, bekam ich zwischen 15 und über 20 % der Stimmen. Die Menschen sind also durchaus nicht *politik*verdrossen, sondern nur *politiker*verdrossen.

2002 hat Deutschland als erstes EU-Land den Tierschutz ins Grundgesetz aufgenommen und damit zum Staatsziel erhoben. Alle Tierfreunde jubilierten – zu früh. Denn ohne ein Verbandsklagerecht, das anerkannten Tierschutzorganisationen ermöglicht, den Tieren eine Stimme zu geben, gegen Verstöße zu klagen und sich für die Tiere einzusetzen – wie es zum Beispiel für Behinderte und für die Umwelt bereits erreicht wurde –, ist das ganze Tierschutzgesetz nichts wert. Auch der Antrag auf ein solches Verbandsklagerecht wurde von der CSU abgelehnt.

Die ehemalige Verbraucherschutzministerin Renate Künast setzte ein Verbot der tierquälerischen Käfighaltung der Legehennen ab 2007 durch, dem Karlsruher Urteil stimmten sämtliche Bundesländer zu, auch Bayern.

Der 1. Januar 2007 hätte also ein Freudentag werden sollen, für alle Menschen, denen ein verantwortungsvoller Umgang mit unseren Mitgeschöpfen, den Tieren, am Herzen liegt, ganz besonders natürlich für die Legehennen, denen endlich ein einigermaßen artgerechtes Leben in Aussicht stand. Es wurde kein Freudentag.

Sie, Herr Ministerpräsident Seehofer, haben es zu verantworten, dass dieses Gesetz wieder aufgeweicht wurde – Sie haben das Ende des herkömmlichen Käfigs um zwei Jahre nach hinten verschoben und einen neuen Käfig eingeführt, in dem eine Henne gerade mal um etwa eine Postkarte mehr Platz hat als auf der Größe einer DIN-A4-

Seite des als Tierquälerei verbotenen bisherigen Käfigs. Mit diesem »Seehofer-Käfig« – euphemistisch als »Kleingruppenhaltung« angepriesen – werden die VerbraucherInnen in die Irre geführt. Käfig bleibt Käfig! Die Versuche, ihnen diese unsäglichen Haltungsbedingungen schmackhaft zu machen, werden hoffentlich am Widerstand der Bürgerinnen und Bürger scheitern. Denn immer mehr Verbraucher und Verbraucherinnen wollen keine Produkte aus tierquälerischer Haltung und sind auch bereit, dafür mehr zu zahlen.

Verdüstert wurde der Jahresbeginn zudem durch die neuen Rauchwolken über Bayern. Das nach monatelangem Ringen endlich verabschiedete Nichtraucherschutzgesetz, für das ich mich als Gesundheitsberaterin in meiner Fraktion ganz besonders eingesetzt habe – bis zur Lächerlichkeit wieder aufgeweicht. Dafür wird jetzt die Pendlerpauschale wieder eingeführt. Dabei hat die CSU 2006 doch selbst dafür gestimmt, sie zu kürzen.

»Ist es gleich Wahnsinn, hat es doch Methode« – Hamlet.

Durch den Einzug der beiden neuen Fraktionen ins Parlament sind für die mir am Herzen liegenden Themen auch keine Verbesserungen zu erwarten, im Gegenteil. Bei den Liberalen scheint die Meinung vorzuherrschen, Freiheit bedeutet, dass jede und jeder alles darf – der Mann sein Gewehr im Schrank haben, die Frau den Pelzmantel. Es wird also kaum eine Zustimmung zur längst fälligen Novellierung der Jagd geben, geschweige denn zu einer Verschärfung des Waffenrechts, obwohl es doch nur eine einzige Antwort auf die zunehmenden Fälle von Waffenmissbrauch geben kann: das Verbot von Waffen in privater Hand. Denn es sind längst nicht mehr nur die Hunde und Katzen, die Schießwütigen zum Opfer fallen, sondern immer öfter auch unschuldige Menschen, Familienangehörige, Kinder. Wieder einmal bewahrheitet sich der Indianerspruch: Was immer den Tieren geschieht, geschieht bald auch den Menschen. Oder anders ausgedrückt: Tierschutz und Menschenschutz sind untrennbar.

Das mangelnde Verständnis in so gut wie allen Parteien für den Schutz und die Rechte der Tiere ist mir absolut unerklärlich. Vor fast

20

30 Jahren, also vor mehr als einem Vierteljahrhundert, habe ich mich aus Protest gegen Tierversuche am Pharmakonzern Schering in Berlin angekettet. Heute ist die Zahl der Tierversuche sogar höher als damals, durchgeführt mit unseren Steuergeldern, für Alternativen ist kein Geld da. So gut wie nichts hat sich in den letzten Jahren für die Tiere verbessert, nicht die Haltungsbedingungen, nicht die qualvollen langen Transporte, immer neue Mastanlagen werden gebaut, wieder subventioniert mit Steuergeldern.

Kann man in der bayerischen Politik als Grüne überhaupt etwas bewirken?, wurde ich oft gefragt. Vielleicht – aber nur, wenn man bereit ist, Anträge immer und immer wieder zu stellen und, wenn man Glück hat, der zunächst von der Union abgelehnte Antrag später unter Unions-Flagge zurückkommt und dann – selbstverständlich – verabschiedet wird. »Ist eben Politik!«

Alle, aber auch alle meine von der grünen Fraktion eingebrachten Anträge für besseren Tierschutz wurden in der letzten Legislaturperiode von der CSU abgelehnt.

Sogar das Verbot der Anbindehaltung von Pferden, das so gut wie in allen Bundesländern längst durchgesetzt ist – abgelehnt.

Abgelehnt wurden die Anträge für:
- eine Normenkontrollklage gegen die Käfighaltung von Legehennen,
- eine verbesserte Haltung der Masthühner,
- eine Verbesserung der Haltung von Puten,
- eine verbesserte Nutztierhaltung,
- ein Verbandsklagerecht für Tierschutzverbände,
- eine Novellierung des bayerischen Jagdgesetzes mit dem Verbot, Hunde und Katzen abzuschießen,
- ein Importverbot von Wildvögeln,
- ein Importverbot von Hunde- und Katzenfellen,
- mehr Geld für Alternativen zu Tierversuchen.

Dagegen sehen die bisherigen Erfolge eher mager aus, die wichtigsten hätten auch außerparlamentarisch erreicht werden können:

21

- Die skandalöse Versuchstierhaltung und -zucht von Primaten im Keller der Chirurgischen Klinik der Universität München wurde geschlossen – aber nicht aus tierschützerischen, sondern aus finanziellen Gründen.
- Die letzte Nerzfarm in Süddeutschland wurde geschlossen – aber nur, weil sie sich nicht mehr lohnte.
- Die Kampagnen gegen Pelzmode zeigen Erfolg, immer mehr Geschäfte nehmen Tierpelze aus ihrem Angebot – aber nur aufgrund der Demos der Tierschützer.
- Mein Antrag für ein Importverbot von Hunde- und Katzenfellen wurde von der CSU-Fraktion zwar abgelehnt, schließlich kam aber ein Handelsverbot von der EU.
- Ebenso erfolgte ein Importverbot von Wildvögeln in die EU – auch dieser Antrag war von der CSU-Fraktion abgelehnt worden.
- Die Landtagsgaststätte ist auf meinen Druck hin bio-zertifiziert und führt täglich ein mehr oder weniger vollwertiges Bio-Gericht auf der Speisekarte.
- Als Mitglied des Landesgesundheitsrates konnte ich erreichen, dass endlich Patienten, Heilpraktiker und Naturheilkundler eine Stimme erhalten haben.
- Als Gefängnisbeirätin konnte ich erfolgreich zur Resozialisierung entlassener Häftlinge beitragen.
- Ich bin Schirmherrin der »Tiertafel« in Bayern (Unterstützung bedürftiger Tierhalter).

Das war es auch schon.

Da ich mich immer und überall um Aussöhnung bemühe, setze ich mich, obwohl selbst keiner religiösen Gemeinschaft angehörend, auch immer wieder für einen Dialog zwischen aus religiösen Gründen zerstrittenen Tierschützern ein, was mir leider einige unberechtigte Angriffe seitens der Medien einbrachte.

Deshalb freut es mich umso mehr, dass es 2010 in Dortmund den ersten Deutschen Kirchentag »Mensch und Tier« geben wird, zu

dem alle – aber auch alle! – religiösen und nichtreligiösen Tierschutzgruppierungen eingeladen sind.

In der ganzen letzten Legislaturperiode habe ich erst zum Schluss
einen einzigen Tag wegen eines Herz-Kreislauf-Zusammenbruchs
im Landtag gefehlt.

In letzter Zeit haben sich diese Zusammenbrüche gehäuft, sodass mir
von ärztlicher Seite dringend geraten wurde, alle politischen und sozialen Aktivitäten zu unterlassen. Erscheint einem die geleistete Arbeit zunehmend sinnlos, wird man krank. Es ist ein schleichender
Prozess, den ich mir erst nach geraumer Zeit eingestanden habe.

Wäre die Erde eine Bank, man würde fieberhaft an ihrer Rettung
arbeiten. Unsere Kinder werden uns aber einmal nicht danach beurteilen, wie hoch die Börsenkurse gestiegen und die Wertpapiere ge-
klettert sind, sondern wie wir ihnen diese Erde hinterlassen haben.
Die Erkenntnis, wie wenig selbst wir hier im Landtag tatsächlich für
die Bewahrung der Schöpfung tun, macht mich sehr traurig. Denn
es ginge auch anders: »Die Erde hat genug für jedermanns Bedürfnisse, aber nicht für jedermanns Gier«– ein Satz von Gandhi.

Als zweimalige Alterspräsidentin des Bayerischen Landtags verabschiede ich mich heute von Ihnen. Ich gebe mein Mandat vorzeitig
auf. Für mich, die ihren Wählerauftrag sehr ernst nimmt, ein schwerer Schritt, mit dessen Folgen ich mich wochenlang auseinandergesetzt habe. Natürlich könnte ich versuchen, alles »etwas lockerer« zu
nehmen, die Zähne zusammenbeißen, die restlichen vier Jahre aussitzen und einfach immer wieder die gleichen Anträge stellen, wohl-
wissend, dass sie wieder abgelehnt werden.

Das kann und werde ich nicht. Ich ziehe die Konsequenzen, vor meinen WählerInnen und mir selbst, und gebe mein Mandat zurück im
Bewusstsein, dass ich es gut gemacht und dem Landtag gutgetan
habe.

Ich möchte mich aber auch bedanken – bei vielen Kolleginnen und
Kollegen auch der anderen Fraktionen, die mich ihre Wertschätzung
spüren ließen. Bei Ihnen, sehr geehrte Frau Präsidentin, liebe Barbara Stamm. Gemeinsam haben wir uns, wie ich denke erfolgreich, um

eine modernere gesündere Ernährung in Landtagsgaststätte und Kantine bemüht.

Bedanken möchte ich mich ebenso bei den Medien, die fair über mich berichtet haben, bei allen Mitarbeitern des Landtags und ganz besonders bei den reizenden Offizianten, immer gut gelaunt und hilfsbereit – danke, danke, danke.

Ich verabschiede mich von Ihnen – nicht ohne die Hoffnung, dass Sie alle, die Sie hier in diesem Hohen Haus die Bürger und Bürgerinnen vertreten, immer die richtigen Entscheidungen treffen mögen.

Ein schwerer Entschluss

Newsletter

April 2009

Liebe Freundinnen und Freunde!

Hinter mir – hoffentlich hinter mir – liegt die schwierigste Etappe meines bisherigen Lebens. Dies zur Erklärung des langen Schweigens.

Der Entschluss, mein Mandat als Abgeordnete vorzeitig zurückzugeben, ist mir nicht leichtgefallen – zumal ich ja 2008 einen phänomenalen Wahlerfolg erzielte –, war aber rückblickend richtig. Hätte ich, wie mir immer wieder geraten wurde, die vier übrigen Jahre aussitzen sollen, mich nur mit halber Kraft einbringen und dann eine fette Pension kassieren?

Der grüne Vorstand feierte gemeinsam mit den Vertretern der übrigen Fraktionen die von den Jägern veranstaltete Hubertusmesse. Für mich nicht nachvollziehbar. Nächstes Mal werde ich ebenfalls dabei sein – aber auf Seite der Jagdgegner!

Zum Glück hat mir meine Gesundheit mit mehrfachen Herz-Kreislauf-Zusammenbrüchen signalisiert: Mach Schluss!

Ich war mein Leben lang radikal und ich werde es bleiben. Will mich auch nicht ständig mit Intoleranz und engstirnigen Vorurteilen auseinandersetzen, mich rechtfertigen müssen, warum ich wo, wann, mit wem, wofür demonstriere. Ich will mich wieder ent-sklaven. Auch wenn diese Entscheidung große Einschnitte mit sich bringt – kein Büro mehr, keine (gut bezahlten) Mitarbeiter, keine Gratisfahrkarte erster Klasse in allen Zügen kreuz und quer durch die Bundesländer. Das trifft härter als erwartet. Wie schnell man sich doch an Privilegien gewöhnt! Hinzu kam, dass der Tod eines geliebten Hundes meinem Lebensnerv einen wohl irreparablen Riss verpasste und ein Umzug zu bewältigen ist. Ich konnte ein kleines Haus im Spessart kaufen, ganz in der Nähe der Klinik, in die ich seit Jahren zum Fasten und Auftanken gehe. Neben zwei Büros muss ich also auch noch einen Haushalt auflösen. In manchen Situationen hilft auch kein Frischkornbrei mehr und kein Melissentee, da muss Mensch in seine Wut, Verzweiflung und Trauer hineingehen, immer wieder, wie ich das ja bei Meister Osho gelernt und in meinen Büchern immer wieder beschrieben habe.

Bitte nehmt möglichst zahlreich teil an der Anti-Atom-Kundgebung am 6. September in Berlin, geht am 27. zur Wahl und vor allem: Wählt richtig! Schwarz-Gelb wäre eine Katastrophe, für Mensch, Umwelt und Tier! Das müssen wir verhindern!

Und lasst uns weiterhin nach dem Mutlanger Credo handeln: Das weiche Wasser bricht den Stein! Unser Mut wird langen!

Barbara

Bin wie gelähmt

Fazit April 2009

Funktioniere zwar – irgendwie –, aber mein Leben hat einen Knacks bekommen.

Bei keinem menschlichen Wesen habe ich mich jemals so geborgen gefühlt, von keinem so verstanden und geliebt wie von Osho, diesem Engel in Tiergestalt.

Verstehe es wer kann.

ES hat entschieden

5. April 2009

Nach dem Kollaps im Juni 2006 habe ich im letzten Herbst in meiner Sehnsucht nach Geborgenheit im Spessart dieses kleine Haus gekauft. Was total aussichtslos schien. Eine Bank hat mir sogar den nötigen Kredit gegeben, angesichts meines Alters normalerweise unmöglich.

Beim Spazierengehen mit Osho und Buddhina kam ich oft an diesem Haus vorbei, ganz in der Nähe der Klinik und direkt am Wald, und meinte mehr scherzhaft: Wenn das mal verkauft wird – das hätte ich gern …

Einmal in Gang gekommen, entwickelte sich die berühmte Eigendynamik – obwohl alle mich warnten, besonders meine inzwischen neu gewonnenen Freunde. Ich kann es nicht anders erklären: ES hat entschieden!

Ich, die ich nie ein Haus besitzen wollte, habe nun eins, in einem total abgelegenen, Pardon, Kaff, wie jeder sagen würde!

Keine Ahnung, wie das alles gehen soll.

Diese traurigen Sonntage

6. April 2009

»Je hais le dimanche« – ich hasse den Sonntag, sangen Edith Piaf und Juliette Greco. Auch ein ungarischer Komponist verewigte den traurigen Sonntag – »Ungarisches Selbstmörderlied« genannt. Eine ganze Reihe von Melancholikern soll sich nach dessen Erscheinen umgebracht haben, am Ende sogar der Komponist selbst.

Noch nie war ich derartigen Gefühlsschwankungen unterworfen wie jetzt. Abgrundtiefe Verzweiflung wechselt blitzartig mit einem Gefühl tiefen Friedens. Das stellt sich allerdings nur in der Natur bei Spaziergängen mit Buddhina ein. Sie sucht Osho noch immer. Mir scheint, sie gibt mir die Schuld, dass er nicht mehr da ist. Vielleicht meint sie, ich hätte ihn weggegeben, weggebracht.

Aber ich begreife doch auch nicht, dass er nicht mehr da ist! Wenn ich nachts aufwache, die Hand ausstrecke, ist das Bett leer. Aber seine Seele ist da, versucht man mich zu trösten, seine Seele ist da und wird immer da sein. Jaja, aber das weiche, warme, zärtliche Geschöpf, es ist nicht mehr da, wird nie mehr da sein, verdammt noch mal!

Auch wenn es verrückt klingt: In meiner Verzweiflung habe ich drei Tierkommunikatorinnen um Rat gebeten. Will er zu mir zurück? Wird er inkarnieren?

Unabhängig voneinander sagen sie: Nein, er will nicht zurück. Jedenfalls nicht jetzt, ich soll ihn loslassen, ich soll wieder fröhlich sein. Er sei jetzt bei den Unsterblichen. Sein Tod hätte den Sinn, die Menschheit aufzurütteln.

Wie bitte? Sein Tod rüttelt keine Menschenseele auf, quält nur mich! Als es heißt: »Nein«, er will nicht zu mir zurück, ich soll fröhlich sein, kommt Trotz in mir auf. Ich leide, wie es schlimmer nicht mehr geht, und er vergnügt sich im Jenseits auf einer Wolke bei den Unsterblichen?

Vielleicht ist dieser Trotz ein Trick der Seele, um das alles auszuhalten.

Ob Buddhina sich einen neuen Gefährten wünscht, eine neue Gefährtin, frage ich noch. Nein, lautet die Antwort, sie sei schon 14 Jahre alt und möchte die letzten Jahre mit mir allein verbringen.

14 Jahre? Aus Indien mitgebracht habe ich sie 2001, da soll sie laut Tierarzt drei bis vier Jahre alt gewesen sein, also wäre sie heute erst 11 oder 12. Was stimmt nun?

Ich solle vertrauen, höre ich immer wieder. Vertrauen? In was denn, in wen denn? In einen liebenden Gott, der mir mein geliebtes Tier auf so grausame Weise entrissen hat? Ohne dessen Einverständnis angeblich kein Sperling vom Dach fällt?

Menschen, die allem zum Trotz immer noch an einen liebenden Vater glauben, sind mir ein Rätsel – und zu beneiden.

Verzweiflung auch angesichts des bevorstehenden Umzugs. Wozu brauche ich ein Haus? Ich, die ich nichts mehr besitzen wollte, habe mich total verschuldet, ziehe aus dem schönen Chiemgau – »Wie können Sie nur« – in den Spessart, nur weil ich in der Nähe der Klinik sein möchte, in der ich seit Jahren meine Fastenkuren mache – dazu muss ich umziehen?

Versuche, den Hauskauf rückgängig zu machen, aber das bereits halbfertige, für eine Person umgebaute Haus würde sich so überhaupt nicht verkaufen lassen, sagt der Makler, der mir sowieso abgeraten hatte. Ich muss das jetzt durchziehen.

Schlimmes Vorhofflimmern. Das heißt, die Herzklappen schließen nicht richtig, sie arbeiten nur mit halber Kraft. Das kann zur Bildung eines Blutpfropfs führen und dieser wiederum zu einem Schlaganfall. Na fein. Ich muss Betablocker nehmen und Marcumar, ich, die ich ständig den Leuten erzählt habe, wie sie sich gesund essen, atmen, lachen, weinen können?

Komme mir vor wie eine Hochstaplerin. Sinnlos gelebt, in jeder Hinsicht versagt.

Ich google unter »Windhundrettung«. Ist irgendwo in der Welt ein Wurf Galgos zur Welt gekommen? Könnte Osho in einem der jungen Welpen inkarniert sein? Er muss sich doch genauso nach mir sehnen wie ich mich nach ihm!

Eine der Tierkommunikatorinnen hat um ihren gestorbenen Maremma-Hund ähnlich getrauert wie ich. Sie musste umziehen, hielt die alte Wohnung nicht mehr aus. Übers Internet erfuhr sie, dass in Holland ein Wurf Maremmas zur Welt gekommen war. Sie fuhr hin und fand »ihn« – der junge Hund, diesmal ein Mädchen, hatte die gleiche Narbe an der gleichen Stelle wie »er« …

Wahrheit oder Einbildung?

War es ein Fehler, ihn Osho zu nennen? Habe ich ihn dadurch zu stark mit Osho, dem Mystiker, verknüpft? Der wurde vermutlich von den Amerikanern im Gefängnis mit Thallium vergiftet …

Eine der Tierkommunikatorinnen versucht mir mit einem schamanischen Heilmantra zu helfen, das ich, wenn Verzweiflung mich überwältigt, vor mich hin murmeln soll:

Huf und Horn,
Huf und Horn,
alles, was stirbt,
wird neu geborn.
Saat und Korn,
Saat und Korn
fällt zur Erd
und reift von vorn.

Huf und Horn, Huf und Horn … damit weine ich mich in den Schlaf.

Rettung in letzter Sekunde

Mitte April 2009
Ein Astrologe, der mehrfach als Gast an meinen Fachgesprächen im Landtag teilgenommen hat, schreibt mir: »Ich habe mir am 31. März Ihr Horoskop angesehen und bin fast vom Hocker gefallen: eine Konstellation wie beim Fall der Mauer – Rettung in letzter Sekunde! Ich gratuliere Ihnen zur Niederlegung Ihres Landtagsmandats – wie gesagt: Rettung in letzter Sekunde! Weiter so hätte Sie umgebracht!«
Ergänzend zum Horoskop schreibt er weiter: »Diese Konstellation dauert mit Höhen und Tiefen über mindestens sechs Monate. Sie eignet sich hervorragend für jeden Neubeginn, könnte aber auch unruhig und ungeduldig machen. Man hüte sich deshalb vor Ruhelosigkeit.«
Schöne Aussichten.

So viele nette Leute schicken mir alle den gleichen Text von Hermann Hesse, wonach jedem Anfang ein Zauber innewohnt.
Ach ja …

Heute Nacht in Samarkand

Ende April 2009

Meine Trauer nimmt immer skurrilere Formen an.

Dass Osho ein Engel war, geschickt, mir zu helfen, dieses Leben zu ertragen, daran besteht für mich kein Zweifel. Warum aber wurde er dann abberufen, warum mir seine Hilfe so schmerzhaft entzogen? Es heißt doch, wir sind auf der Welt, um glücklich zu sein! Ist er als Engel schuldig geworden, weil er zu sehr an mir hing? Aber offensichtlich habe ich mir das ja nur eingebildet. Es geht ihm ja gut, wo er jetzt ist, bei den Unsterblichen – während ich mir die Seele aus dem Leib heule!

Die Nachbarin klopft an die Tür, ob sie helfen kann. Ich hätte geheult wie ein Wolf.

Nein, mir kann niemand helfen. Mein Leben hat einen Knacks bekommen. Lebensfreude futsch, irreparabel.

Oshos frühes Ende ist so absurd. Ich muss an die Geschichte »Heute Nacht in Samarkand« denken: In Bagdad eilt der Großwesir schreckensbleich zum Kalifen: »Herr, ich habe soeben den Tod getroffen – er hat mir zugewinkt. Erlaube mir, Herr, nach Samarkand zu reiten – wenn ich mein schnellstes Pferd nehme, kann ich dem Tod entkommen!«

Der Großwesir reitet und reitet um sein Leben. In Samarkand eingetroffen, begegnet er auf dem Marktplatz ... dem Tod.

»Ich habe mich schon gewundert, dich heute Morgen in Bagdad zu sehen«, sagt der Tod zu ihm, »habe ich dich doch heute Abend hier in Samarkand erwartet!«

War Oshos Tod Karma?

Meine Nachmittagsdepression

Mai 2009
Meine Nachmittagsdepression habe ich mir heute ausnahmsweise schon vormittags geleistet und ausgiebig geheult. Osho, geliebter Osho – warum hast du mich verlassen!

Ich schenk dir 'ne neue Hose

Mai 2009
Antwort eines sogenannten Freundes, als ich auf seine Frage, wie es mir ginge, sage: Miserabel. Ich funktioniere irgendwie, aber die Trauer um Osho lässt nicht nach. Ich kann nichts mehr essen, habe derartig abgenommen, dass mir die Hosen von den Hüften rutschen.
Ich schenk dir 'ne neue Hose …
Da fällt mir die Bemerkung meines früheren Lebensgefährten ein. Es könnte 40 Jahre her sein, ich musste mich an meine erste Brille gewöhnen, das allein schon ein Schock, suchte irgendetwas und fand es nicht. Er: Wer blind ist, kann doch fühlen!
Von diesem Mann muss ich mich sofort trennen, dachte ich damals. Und brauchte dazu noch fast 20 Jahre.
Deprimierend ist es auch zu erleben, wer alles versucht, Kapital aus meinem Mandatsverzicht zu schlagen. Ohne dass ich in meiner Gutgläubigkeit es merke, wird ein Vertrag flugs so verlängert, dass man noch schnell einen nicht verdienten, aber natürlich bezahlten Urlaub herausschindet. Vielleicht wären auch noch ein paar Euro für die Freundin drin??
Und dieser totale Mangel an Selbsterkenntnis! Unfassbar, wie noch so intelligente Zeitgenossen Opfer ihrer Projektionen werden, völlig unreflektiert anderen vorwerfen, was sie Falsches an sich selbst verdrängen.
Wie war das doch mit dem Splitter und dem Balken im Auge …?

Ich muss anfangen, wieder normal zu essen, sonst kann ich gleich den Umzug absagen und anstelle des Möbelwagens den Leichenwagen bestellen.

Dieses vergrämte Gesicht, diese erloschenen Augen, streichholzdürren Ärmchen und Beinchen sollen ein Teil von mir sein?

Rätselhaft, warum die Leute von Hochhäusern springen, sich erhängen oder vor den Zug werfen, wenn es doch so einfach ist: nacheinander alle Funktionen einstellen, erst das Essen, dann das Trinken, schließlich das Atmen. Es ist durchaus möglich, sich auf diese ungefährliche Art und Weise das Leben zu nehmen, wie das ja die Frau des Naturapostels Nehring beschrieben hat. Allerdings gehört dazu Disziplin. Ihr fast hundertjähriger Mann erklärte eines Tages, er habe keine Lust mehr zu leben, er wolle seinen Körper verlassen. Statt ihm Nahrung einzuflößen und ihn daran zu hindern, zu »verhungern«, hat sie ihn gewähren lassen. Er hat aufgehört zu essen, dann das Trinken eingestellt und schließlich das Atmen.

Appetit und Hunger hören nach einer gewissen Zeit ganz auf. Das merke ich bereits. Der Gedanke an Essen, der Geruch von Essen verursacht Ekel. Ich verstehe die Models, die sich zu Tode »hungern«. »O schmölze doch dies allzu feste Fleisch ...«, wünschte sich schon Hamlet!

Es bereitet ein grimmiges Vergnügen, einen solchen Schmelzvorgang voranzutreiben.

Was wäre, wenn ...?

Buddhina würde in unserem bisherigen Wohnort im gewohnten Kreis ihrer Hundefreunde und -freundinnen bleiben können – wurde mir jedenfalls zugesagt. Kater Sweetie, sowieso ein Streuner, der nur zum Essen erscheint, wäre es sicher egal, wer ihn füttert. Das neue Haus würde schon irgendwie verscherbelt – leid täte mir nur der wirklich nette und anständige Makler Willi. Er hat mir den Kredit verschafft, den die normalen Bankinstitute wegen meines Alters verständlicherweise verweigerten, und mir, als das immer noch nicht reichte, sogar einen Privatkredit gewährt, der nur durch den Verkauf meiner Bücher und die Brotlizenzen gedeckt wäre.

Bei Schlagerstars gehen die Alben nach deren Tod besonders gut. Aber will nach meinem Hinscheiden noch jemand das Barbara-Rütting-Brot essen? Die großsprecherischen Bücher lesen: »Essen wir uns gesund«, »Bleiben wir schön gesund«, »Lachen wir uns gesund«, »Ich bin alt und das ist gut so«?

Einige könnte man vielleicht umtiteln, zum Beispiel in »Lachen Sie sich tot«, »Ich bin tot und das ist gut so« – Untertitel: »Barbara Rütting plaudert aus dem Jenseits!«, exklusiv in BILD.

Schon Willi zuliebe: Ich muss weitermachen.

Der Keimling im Lehmofen

Mai 2009

Schier unglaublich: Aus einer Spalte im bereits mehrfach geheizten Lehmofen im neuen Haus sprießt ein Keimling – fünf Zentimeter hoch!

Erklärung des Ofenbauers: In dem als Baumaterial verwendeten Gemisch aus Stroh, Lehm und Wasser hat ein versprengtes Korn gekeimt, daraus hat sich der Keimling entwickelt und sich ans Licht gearbeitet!

Ein paar Tropfen Wasser haben den Keimling ein paar Tage am Leben erhalten, aber wie soll es weitergehen? Ich muss den Ofen ja heizen! Osho fehlt mir immer noch entsetzlich. Vom Band die tröstende Stimme des Dalai Lama mit dem Jaya Mantram: »Mamamritam«.

Zum Tod von Rehkitz Felix

Mai 2009

Es gibt ein Nachspiel zur Tiertragödie im Staatswald bei Traunstein. Zur Erinnerung: Bei einer sogenannten »Bewegungsjagd« (!) im Dezember 2008 schossen Jäger dem zahmen, mit einem roten Signalhalsband versehenen Rehkitz eines anderen Jägers aus Versehen den

Anti-Jagd-Demo in München, März 2007

Unterkiefer weg und verwundeten es am Rücken. Der Besitzer musste Felix mit einem Genickschuss von seinen Leiden erlösen.

Auf meinem ehemaligen Bauernhof im Salzburger Land ist mir auf meiner eigenen Wiese mein zahmes Reh vor meinen Augen erschossen worden.

Durchaus legitim – Zwangsbejagung nennt man das. Seit Jahren kämpfen nun Grundeigentümer in vielen europäischen Ländern gegen dieses Gesetz, immer wieder vergeblich. Denn die Richter sind meistens selbst Jäger. Durch die Petition eines Sympathisanten des Universellen Lebens, die ich zu bearbeiten hatte, bin ich überhaupt erst mit den Urchristen in Kontakt gekommen, die das Töten von Tieren ablehnen, und erlebte die unglaubliche Diffamierung dieser Leute seitens aller im Ausschuss vertretenen Fraktionen einschließlich der Grünen.

Natürlich muss das Jagdgesetz geändert werden. Nicht nur die Zwangsbejagung, sondern auch das Abschießen von Hunden und Katzen muss verboten werden.

Zu viel Materielles

Mai 2009

Von allem Materiellen – außer Geld – habe ich zu viel: Zu viele elegante »Landtagsuniformen« sprich Hosenanzüge, Kostüme, Kleider in Grau und Schwarz, zu viele Schuhe, Taschen, Möbel, Geschirr, Töpfe, Pfannen, Messer, Gabeln und Löffel, zu viele Büroklammern, Klarsichthüllen, Computer, Faxgeräte, Drucker – es gilt zwei Büros aufzulösen –, Kartons mit Fotos aus der Theater- und Filmzeit, mit Partnern, die längst verblichener sind als ihre Konterfeis – Maria Schell, Klaus Kinski, Heinz Drache, O.E. Hasse, Martin Held, Karlheinz Schroth, Brigitte Horney – bin ich die Einzige, die noch übrig ist? –, Kartons mit Kritiken und Zeitungsausschnitten wie aus einem anderen Leben – weg damit, auf den Sperrmüll?

Die vielen Bücher, aus Zeitmangel zu lesen nicht geschafft, interessieren sie mich heute überhaupt noch? Bin ich nicht längst »überwartet«, wie Simone de Beauvoir das so treffend formuliert hat? Werde ich noch Lust haben, Gitarre zu spielen, Klavier zu spielen – das Klavier seit Einstieg in den Landtag 2003 nicht mehr angerührt – ich, die stets frech behauptete, selbst wenn ich darüber 99 werden sollte (was alle guten Geister verhüten mögen): Ich werde noch Klavierstunden nehmen?

Überwartet. Alles kommt zu spät.

Wenn ich an meinen Umzugstermin denke ...

Mai 2009
Kann mir immer noch nicht vorstellen, dass ich den erlebe, geschweige denn überlebe.
Denke oft wie meine Freundin Johanna von Pro Animale, die schon Tausenden von Tieren das Leben gerettet hat, immer am Zusammenbrechen ist und immer wieder weitermacht: Lieber Gott, lass mich morgen nicht mehr aufwachen.
Wenn Buddhina nicht wäre ...
Alle fragen nach Osho. Eine Frau sagt, sie wolle sich nach dem Tod ihres Hundes das Leben nehmen. Ich kann sie verstehen. Und sie hatte sogar eine Familie, Mann und Sohn! Was ist es, das uns Tiere derartig lieben lässt? Offenbar verkörpern sie einen Teil von uns, den wir nicht leben, der uns fehlt, um ein Ganzes zu sein. Denn das sollen wir ja, um glücklich zu werden: alles in uns selbst finden, nicht anderer oder deren Liebe bedürfen. Wir sollen geben und dann auch empfangen, aber als freie Menschen, nicht als Bedürftige.
Ich bin unfrei, ich bin bedürftig. Wie mir jetzt muss es Drogensüchtigen im Entzug gehen. Man hat ihnen den glücklich machenden Stoff weggenommen. Ich bin süchtig nach diesem wunderbaren Tier-Engel.
Vier Jahre pures Glück hat mir dieser Hund geschenkt. Vielleicht steht jedem Menschen nur ein bestimmtes Quantum an Glück zu und meins ist aufgebraucht.

Kann es sein, dass ihn der Name belastet hat, der Name Osho? Eigentlich hieß er Bonito.
Osho, der Mensch, ist im amerikanischen Gefängnis höchstwahrscheinlich vergiftet worden. Osho, der Hund, durch eine falsche Narkose.
Fürchterliches Vorhofflimmern. Fürchterliches arhythmisches Herzrasen. Ich muss weiter Marcumar und Betablocker nehmen. Von den

Medikamenten wird mir schwindlig, fühle ich mich wie benebelt. Kommen daher die Sehstörungen? Aus heiterem Himmel zerfließen die Bilder, zerfließen die Umrisse des Briefträgers.

Lässt Alzheimer grüßen?

Unter Ärzten kursiert folgender Witz: Wie hieß Alzheimer mit Vornamen? (Den weiß so gut wie keiner, auch kaum ein Arzt).

Dann lautet die Antwort: So fängt's an!

Nach meiner Erfahrung sind die starren, überdisziplinierten Typen besonders Alzheimer-gefährdet. Dazu würde ich mich auch zählen.

Blöde Tussi, warum lachst du dich nicht gesund!

Immer noch: Jeden Morgen das nass geweinte Kopfkissen …

Fleisch und Wurst vor dem Altar?

Mai 2009

Wieder mal in meinem neuen Zuhause. Ein unglaublich üppiges Kirschenjahr. In einem Park der Klinik Kirschbäume, an denen sich jeder bedienen kann, sogar eine Leiter ist zu diesem Zweck aufgestellt. Und niemand klaut die! Natürlich ist nicht Hamstern angesagt, nicht eimerweise Kirschen holen zum Marmeladekochen, sondern es wird erwartet, dass mensch sich nimmt, was er oder sie für angemessen hält. Das dürfte also vielleicht eine Handvoll sein. Mir fällt der Satz des genialen Ernährungswissenschaftlers Kollath ein: Leben lebt von Leben, aber jeder darf nur so viel davon nehmen, wie er verantworten kann.

Im Park treffe ich Dieter P., ehemaliger evangelischer Pfarrer, der heute Bestattungen durchführt und als Theologe Hochzeiten und Kindersegnungen ohne Kirche gestaltet. Er wird einmal auch mein Bestatter sein.

Wir diskutieren unsere Kirchenaustritte und die Unzufriedenheit mit dem allgemein praktizierten Christentum: dass die Kirchenvertreter nach wie vor in der Hubertusmesse den Mord an wehrlosen

Tieren segnen – ebenso wie die Waffen, mit denen Menschen in Kriegen erschossen werden; den um den Papst aufgeführten Firlefanz, die Verbrechen der Kirchen und die wahnsinnigen Gelder, die sie kassieren – neben den Kirchensteuern erhalten die beiden großen Kirchen zusammen pro Jahr 14 Milliarden Euro Subventionen, von Steuergeldern!

Die Gründe für seinen Austritt erklärt Dieter P. in der Zeitschrift *Der Theologe*:
»Damit möglichst wenige austreten, will es die Kirche allen Interessengruppen mit nennenswerter Anzahl an Kirchenmitgliedern recht machen. Und dazu gehören nun mal Jäger, Angler, Metzger, Viehzüchter, Massentierhalter, Schlachthofbesitzer und Schlächter, Wissenschaftler und Angestellte in Tierversuchslabors usw. Und bei kirchlichen Gemeindefesten sind Würste, Braten und Steaks aller Art faktisch genauso wenig wegzudenken wie das kirchliche Glaubensbekenntnis in den vorausgehenden Gottesdiensten.
In meinen letzten Dienstmonaten als Pfarrer, kurz vor meinem Kirchenaustritt, wagte ich, im Konfirmandenunterricht einen seriösen Film zum Thema Fleischkonsum und Tierleid zu zeigen, der zuvor auch mehrfach im öffentlich-rechtlichen Fernsehen gelaufen ist – mit Beweisen über die mörderischen Begleitumstände unseres Fleischkonsums für die Tiere, aber auch für die Menschen selbst und den ganzen Planeten Erde, die niemand wegdiskutieren kann.
Und da, wie alle Jahre wieder, das kirchliche Erntedankfest nahte, fragte ich die Kinder und Jugendlichen: ›Können wir angesichts dieses furchtbaren Leids der Tiere und von einigem Negativen mehr am Erntedankfest wirklich guten Gewissens für Fleisch und Wurst danken?‹ Ich ließ die Antwort natürlich offen, denn ich wollte keinem zu nahe treten. Nur zum Nachdenken anregen. Die Folge war, dass bei einem der etwa 13-jährigen Kinder das Gewissen erwachte und er im Elternhaus ›sein‹ Stück Fleisch nicht mehr essen wollte. Die Mutter beklagte sich deswegen bei dem leitenden Pfarrer der Kirchenge-

meinde, in der ich damals als Pfarrer tätig war, über diese Unterrichtsstunde.

Die Luft war allmählich sehr dünn geworden in der Kirche. Und, wie bei so vielen anderen Themen auch, war mir klar, dass von der Kirche nicht die lebensnotwendigen Impulse für eine zukunftsfähige Gesellschaft ausgehen würden. Denn dort geht es nicht um Wahrheit und Einsicht, sondern vor allem um Selbsterhaltung und gesellschaftlichen Machterhalt. Man kann sich allenfalls zu irgendwelchen Kompromissen aus schon bestehenden Kompromissen durchringen, die dann aber auch wiederum so formuliert werden, dass sie jede zahlungskräftige Interessengruppe meist nach ihrem Gutdünken auslegen kann. Welch ein Gegensatz zu dem unbequemen Jesus von Nazareth – nicht nur auf diesem Gebiet. Und wehe denen, die sich, anders als die Kirche, ein Beispiel an Jesus von Nazareth nehmen und Klartext sprechen.

Als nach einigen Jahren – ich war jetzt längst ausgetreten – die BSE-Krise in den Medien ein großes Thema war, wagte ein kirchlicher Amtsträger nur ganz schüchtern, die Menge des gesellschaftlichen Fleischkonsums in Frage zu stellen – noch nicht einmal die blutige Sache selbst. Auch dachte er über vegetarische Angebote auf den Speiseplänen in kirchlichen Einrichtungen nach; natürlich nicht, um den Fleischkonsum zu ersetzen, sondern nur als Zusatzangebot; und auch kaum der Tiere wegen. Er dachte eher an die menschliche Gesundheit. Sogleich löste er jedoch einen Aufruhr in der lokalen Bauernschaft aus und bekam einen großen Präsentkorb mit Fleisch- und Wurstwaren aus ›heimischer Schlachtung‹ geschenkt (als ob es ein Gütesiegel wäre, wenn der Henker gleich um die Ecke wohnt). Und das Präsent erfüllte seinen Zweck. Der Würdenträger wurde mit dem geschenkten Schinken und mit strahlendem Gesicht in der Zeitung abgebildet, und seine ohnehin nicht sehr mutigen Aussagen erschienen so noch mehr abgemildert und relativiert, sodass sie nun fast völlig nichtssagend waren. Und die Interessengruppen der Viehzüchter und Metzger waren wieder zufrieden.«

Die kirchenkritischen Leute vom Universellen Leben treten in mehreren Fernsehsendern auf. In einer Runde »Frech – Frei – Frau« diskutieren regelmäßig ein paar tolle Frauen diese und ähnliche Themen. Dass Luther ein glühender Antisemit war, wusste ich, nicht aber, wie verächtlich er auch von den Frauen sprach. Als Frau kann man nach Luthers Vorstellung zwar durch das Kinderkriegen selig werden, was bei ihm aber nicht für »Juden- und Türkenweiber« gilt, sondern nur für »Weiber, die Christen sind«. (Aus: Martin Luther: »Eine Predigt vom Ehestand«) Für den Fall des Todes der Mutter im Kindbett sagt Luther: »Wohl euch, denn ihr sterbet im edlen Werk und Gehorsam Gottes.« Und: »Ob sie sich aber auch müde und zuletzt todt tragen, das schadet nichts. Lass sie nur todt tragen, sie sind darumb da.«

Noch nie habe ich so viele wirklich emanzipierte Frauen getroffen wie in dieser sogenannten Sekte!
Kein Wunder, sie haben ja auch eine Prophetin – eine Frau! Was mich als Emanze natürlich freut. Laut Bibel soll es eine Frau sein, die dem wiederkehrenden Christus den Weg bereitet, erklärt mir Dieter P. Warum also nicht die Prophetin Gabriele!
Was sie hier in 30 Jahren aufgebaut hat, ist nach menschlichem Ermessen unmöglich.

Auf dem gemütlichen Friedhof dürfen Anhänger des Universellen Lebens nicht bestattet werden, nur Katholiken und Lutheraner. Übrigens sollen in der Gegend besonders viele Hexenverbrennungen stattgefunden haben – und der nächste größere Ort heißt Marktheidenfeld!
Ach ja, ich muss dringend mein Testament und meine Patientenverfügung für den Todesfall ändern!
Da ich verbrannt werden will, wäre es schade um das schöne Holz für den Sarg. Viele Särge seien Nebenprodukte der Möbelindustrie, erfahre ich, und dass es immer noch nicht erlaubt ist, sich einfach in ein Tuch gewickelt in den Ofen schieben zu lassen. In meiner bishe-

rigen Sterbevorsorge war ein »Damentalar« vorgesehen, wohl eine Art langes weißes Nachthemd.
Will ich auch nicht, sondern hinein in die Kiste in dem, was ich gerade anhabe, wie der wunderbare Heilige in der von mir so geliebten Geschichte:

Ein Heiliger wurde von seinen Zeitgenossen wegen seines heiteren, immer glücklichen Wesens besonders geliebt.
Eines Tages schickte er sich an, seinen Körper zu verlassen, sang ein Lied und ordnete an: »Legt meinen Körper mitsamt den Kleidern auf den Scheiterhaufen und wascht ihn vorher nicht.«
So wurde er mitsamt seinen Kleidern verbrannt.
Er hatte Feuerwerkskörper in den Kleidern versteckt, die alle anfingen zu explodieren. Sein Scheiterhaufen wurde zu einem Freudenfeuer!
Die Leute lachten und sagten: »Er hat uns zu Lebzeiten immer zum Lachen gebracht und er bringt uns auch im Tod noch zum Lachen!«

Mit Feuerwerk ins Jenseits.
Von einem solchen Abgang kann ich als ehemalige Schauspielerin nur träumen.

Ruiniere nicht dein Lebenswerk!

Mai 2009
Nämlich durch deine Sympathie für diese »Sekte« – diesen Rat erteilt mir doch tatsächlich einer meiner Mitarbeiter!
Ich solle ja nicht meine Persönlichkeit aufgeben, mich nicht manipulieren lassen usw. usw.
Mehr als in einer Partei oder in einer der herkömmlichen Religionen kann man doch überhaupt nicht manipuliert werden!
Und ob ich den Landtag nicht vermisse, werde ich ständig gefragt.
Um Himmels willen, nein! Ich bin erleichtert, ent-sklavt, bin wieder ein freier Mensch – und das werde ich auch bleiben.

Eine der auffallenden Deformationen im politischen Betrieb – und ich frage mich, muss das so sein, ist das unumgänglich – ist diese grässliche Flüchtigkeit, die man sich aus Überforderung angewöhnt. Ständig muss man Stellung nehmen zu Problemen von Menschen, mit denen man sich aus Zeitmangel gar nicht gründlich genug auseinandersetzen konnte, Petitionen von Bürgern und Bürgerinnen beurteilen, ihnen zustimmen oder sie ablehnen, die über das Weiterleben ganzer Familien entscheiden!

Total verantwortungslos, habe ich in den Ausschüssen immer wieder beobachten müssen.

Zunehmend dominiert Flüchtigkeit bei allem, was man tut: beim Essen – viel zu schnell, immer öfter beim späten Nachhausekommen aus dem Kühlschrank, zuerst noch im Stehen, irgendwann dann auch noch im Gehen (ach was, nur heute mal, ausnahmsweise), beim Trinken (zu Kaltes zu hastig hinunter gekippt, immer häufiger Alkohol), bei Begrüßungen, auf Empfängen – während dem einen noch die Hand geschüttelt wird, ist das stereotype Grinsen schon beim nächsten, der könnte ja wichtig sein für die eigene Karriere; Flüchtigkeit auch beim Schreiben, dieses Gekritzel auf Autogrammkarten – auch Buchstaben haben Rechte, jeder Buchstabe hat ein Recht auf Zuwendung, hat ein Recht, schön und deutlich dargestellt zu werden. Meine Schrift ist eine Katastrophe.

Schwester Zecke, verzeih mir!

Juni 2009

Eine Zecke hat sich in meine linke Brust verbissen, musste von der Ärztin mit dem Skalpell herausgeschnitten werden. Direkt über dem Herzen. Was will mir das sagen? Hör endlich auf zu schlagen, Herz, es reicht?

Als ich versuchte, sie mit der Pinzette herauszuziehen, riss der Rumpf der Zecke ab, der Kopf blieb stecken. Und es bildete sich natürlich ein roter Hof drumherum.

Da, wie wir esoterisch »Viertelgebildeten« ja wissen, alles mit allem zusammenhängt und ich das, was ich anderen Lebewesen antue, auch mir selbst antue, frage ich mich: Hätte ich stillhalten sollen, wenn dieses Biest sich mit meinem köstlichen Blut volllaufen lässt und mir womöglich noch eine Borreliose oder gar Enzephalitis anhängt?

Ich frage Eingeweihte: Was hat es denn mit diesen ungeliebten Tieren auf sich, Flöhen, Wanzen, Läusen, Zecken? Wozu hat der liebe Gott die geschaffen – um uns zu ärgern? Zu prüfen, ob wir auch fest im Glauben verankert sind?

Manche Leute meinen ja, die netten geliebten Tierlein sind vom lieben Gott, die ungeliebten vom Teufel. Würde ich doch nur über ein Quäntchen von diesem rührenden Glauben verfügen!

Womöglich hat mich dieser Mord an Schwester Zecke um Inkarnationen zurückgeworfen!

Die *HÖRZU*: Was sollte sich in Deutschland ändern?

Juni 2009

Mein Verlag schreibt mir: Die *HÖRZU* plant eine Reihe, »in der kompetente Denker/Macher/Gestalter erzählen, was sich in Deutschland ändern sollte«.

Dabei habe man an Barbara Rütting und ihr Lebensthema der gesunden Ernährung sowie des Tierschutzes gedacht. Man wüsste gern, »woran sie gerade arbeitet und ob sie Lust auf dieses Format hätte«.

Auf die Frage, was sich in Deutschland ändern sollte, habe ich geantwortet: So gut wie alles! Es handelt sich nicht um eine Wirtschaftskrise, wie Wirtschaftsminister Herr zu Guttenberg meint, sondern um eine Krise des Systems. Das System gehört geändert! Als sechs Jahre lang vom Landtag beauftragte Gefängnisbeirätin habe ich erfahren, dass die kleinen Verkehrssünder, die dreimal ohne Führer-

schein erwischt worden sind, im Knast sitzen, während ein Großver-
brecher wie Herr Zumwinkel mit 20 Millionen Abfindung es sich in
einem Schloss in der Schweiz gutgehen lässt. Alles gehört geändert.

Daraufhin: Funkstille.

16. und 17. Juni 2009 – »I just didn't function«

Erstaunlich, ich funktioniere dennoch so gut, dass ich zwei Tage lang
mein Buch »Ich bin alt und das ist gut so« als Hörbuch auf CD sprechen konnte. Meine eigenen Ratschläge haben mir dabei geholfen
und die 30 Jahre hartes Schauspielerleben haben sich gelohnt. Und
das Training durch den Krieg. Da konnten wir nicht zimperlich sein,
da hieß es weiter, nicht zurückschauen, vorwärts, vorüber an den
Toten im Straßengraben, da ging es nur ums eigene Überleben.
Während einer Tournee informierte mich ein Bruder telefonisch
vom Tod meiner Mutter, um 19 Uhr abends. Ich war in der Gardero-
be, dabei, mich für die Vorstellung von »Play Strindberg« zu schmin-
ken. Habe keinem der Kollegen etwas gesagt. Um 20 Uhr pünktlich
ging der Vorhang hoch, ich spielte meine Rolle. The show must go
on.
Muss sie das wirklich?
Über 50 Jahre ist es her, ich hatte mir aus Liebeskummer die Pulsan-
dern aufgeschnitten, war in New York in der Psychiatrie gelandet. I
just didn't function«, ich habe einfach nicht funktioniert, vernahm
ich immer wieder von meinen mit mir Eingesperrten. Dann war ich
wieder draußen und hatte das Gefühl, drinnen waren die Normalen,
die Sensiblen, draußen die Verrückten.

Glauben oder Nichtglauben
Jemand schickt mir die Zeitschrift *Gralswelt*

Juni 2009

Darin ein Artikel über das Buch eines Mannes, der beim »Universellen Leben« ausgestiegen ist und nun »auspackt«.

Die Rezension ist erstaunlich sachlich abgefasst, ohne die üblichen Aggressionen und Verleumdungen. Ein Auszug:

»Nun sind Bewertungen von ehemaligen ›Anhängern‹ wohl selten objektiv, gleichgültig ob es sich um persönliche Lebensgemeinschaften, politische oder religiöse Gruppierungen und Systeme oder Anderes handelt. Liebe schlägt nur allzu leicht in Hass um, wenn es zur Trennung kommt. Ob das in diesem Fall ebenfalls vorliegt, das zu beurteilen wird vom jeweiligen Standpunkt abhängen:

Dem Verfasser ist jedoch, wie er schreibt, trotzdem noch klar, dass die in der Gemeinschaft verkündeten ›Botschaften‹ zumindest zum Teil (höheren) jenseitigen Ursprungs und nicht einfach nur Ausfluss der Kenntnisse der ›Prophetin‹ sind.«

Mir ist es egal, ob diese Leute eine Prophetin haben beziehungsweise ob diese Frau Gabriele, von ihren Anhängern liebevoll Gabi genannt, eine Prophetin ist oder nur für eine solche gehalten wird. Was dort unter ihrer »Regie« entsteht, ist genial zukunftsweisend – egal ob es um Vegetarismus, Klima- oder Tierschutz geht. Sie baut ein Friedensreich auf. Die Glaubenssätze dieser Urchristen sind ganz einfach die zehn Gebote und die Bergpredigt, die ich, zu meiner Schande sei's gesagt, immer noch nicht gelesen habe. Aber: »Was du nicht willst, dass man dir tu, das füg auch keinem anderen zu«, weiß ja sogar der Volksmund – oder umgekehrt: »Was du willst, dass man dir tu, das tu du anderen zuerst.« Dagegen lässt sich nun wirklich nichts einwenden.

Wenn jeder so leben würde – die Welt wäre ein Paradies.

Einen Hang zum Klösterlichen hatte ich seit jeher. Liebäugelte aber eher mit einer Art Kloster für Atheisten, weder zum Christentum noch zu Jesus hatte ich die geringste Beziehung. Meine »Bibel« war

Bertrand Russells Buch »Warum ich kein Christ bin«, mein Idol war und ist immer noch Buddha. Das wäre noch der Supergag: Von der Atheistin zu Urchristin. Obwohl ich eigentlich auch keine A-Theistin bin, eher eine A-Gnostikerin: Glaube nichts, halte aber auch nichts für unmöglich.

Ich werde alles aufmerksam, vorurteilsfrei, wohlwollend, aber durchaus kritisch betrachten. Ich bin völlig frei. Wenn ich ins Krankenhaus der Barmherzigen Brüder gehe, bin ich deshalb ja auch noch kein barmherziger Bruder!

Wie sagte doch der schreckliche Apostel Paulus ausnahmsweise mal ganz richtig? Prüfet alles, und das Gute behaltet! Also!

Gelegentliche Gewissensbisse wegen des für den Kauf des Hauses verwendeten Geldes beziehungsweise des bei der Bank aufgenommenen Kredites versuche ich mit dem Argument zu beschwichtigen, dass mein Häuschen nach meinem Tod sozialen Zwecken zugute kommen wird. Und ich es eigentlich verdient habe: ein kleines Haus, in dem ich völlig unabhängig bin, mich da einbringen kann, wo ich will, und es auch wieder lassen kann, wenn ich es will – habe die phantastische Klinik gleich um die Ecke, ebenso das Hospiz, die Hausarztpraxis sogar nebenan.

Entweder war das Ganze eine Schnapsidee oder meine Rettung. Oder weder noch.

Ich bin alt und das ist gut so?

Juni 2009
Ich bin alt und das ist gar nicht gut so. Es war aber auch nicht gut so, als ich jung war. Warum kann ich mich trotz geradezu irrwitziger Bemühungen auf diesem Planeten nicht zu Hause fühlen?

Weiß doch, dass ich irgendwo schon war, wo es gut war, aber wo und wann?

Zu allem Überfluss habe ich mir auch noch den Vornamen Barbara ausgesucht, obwohl ich eigentlich Waltraut heiße, was sich ja irgendwie nach Geborgenheit, nach Trautem anhört. Barbara dagegen bedeutet die Fremde! Fremd werde ich bleiben, überall und in allen gesellschaftlichen Gruppierungen, da kann ich mich noch so anstrengen.

Die Leute, die sich dem Universellen Leben zugehörig fühlen, sind zu beneiden. Sie rechnen fest mit der Rückkehr ins »Vaterhaus«. Diesen gütigen Vater kann ich mir einfach nicht vorstellen. Wie kann ein Vater seinen geliebten Sohn opfern, für uns Idioten? Eher leuchten mir Engel ein, aufgestiegene Wesen, die uns manchmal beistehen.

Dass keine Energie verloren geht, dürfte ja zutreffen. Auch die Wiedergeburtslehre scheint mir plausibel, im nächsten Leben würde ich ernten, was ich in diesem gesät habe. Es sei denn, sie wurde erfunden, damit die ganze Strampelei hier einen Sinn macht. Aber wozu das alles? Die einen werden in Freudengeheul ausbrechen, wenn es heißt, zurück auf die Erde – für die anderen wird es die Rückkehr in eine Strafanstalt bedeuten. Mir scheint es wie eine Art Schule. Die einen sind im Kindergarten, die nächsten in der ersten Klasse, wieder andere machen schon das Abitur und diejenigen, die am meisten kapiert haben, studieren. Aber wie gesagt, vielleicht nur ein Trick, um dem ganzen Treiben irgendeinen Sinn zu geben.

In seinem Buch »Warum ich kein Christ bin« schreibt Bertrand Russell, wie Jesus die bösen Geister in die armen Schweine fahren ließ. Und weil ihm der Feigenbaum, da es nicht die Zeit war, keine Feigen liefern wollte, ließ er ihn verdorren!

Ich mochte ihn nicht, diesen Jesus. Wie anmaßend zu behaupten, keiner kommt zum Vater denn durch mich! Dass später Messen gefeiert werden, in denen man (symbolisch) sein Blut trinkt und (symbolisch) seinen Leib isst, kann man ihm gewiss nicht ankreiden. Aber wenn das nicht Kannibalismus ist! Was für eine Religion, die einen armen gepeinigten, ans Kreuz genagelten menschlichen Körper weltweit benützt, um jungen und alten Menschen Schuldgefühle zu vermitteln. Den einzigen fröhlichen Christus sah ich in Indien. Er stand im Ashram hinter meiner Meditationshütte, eine schöne Gipsfigur mit lustigen braunen Glasaugen, ein ebenso vergnügtes Gips-schäfchen neben sich. Jesus, der Tierrechtler. Vegetarier soll er auch gewesen sein.

Einige der heutigen Anhänger des Universellen Lebens waren auch in Indien, sogar bei Osho. Manche meinen, ich lebte im Spannungs-feld zwischen den von mir verehrten Atheisten Russell und Osho und andererseits den Urchristen, deshalb hätte ich alle diese großen und kleinen Probleme mit meinem Leben.

Als Emanze widerstrebt es mir natürlich, vom »Vater« oder sogar vom »Herrn« heimgeholt zu werden. Dann wird allerdings argu-mentiert, Gott sei sowohl männlich als auch weiblich.

Es ist möglich, aber nicht sicher – diesen Satz habe ich in sieben Sprachen gelernt. Man kann ihn bei jedem Zusammentreffen von Menschen anwenden, sollte tatsächlich einer mal eine Gesprächs-pause machen. Er passt immer.

Erstaunlich finde ich, dass zwei Physiker, Max Planck als auch Hans-Peter Dürr, (im Alter?) zu der Überzeugung kamen, es gibt Gott.

»Gott ist tot. Nietzsche« – und darunter: »Nietzsche ist tot. Gott«, soll jemand irgendwo geschrieben haben.

Ich halte es weiterhin mit Voltaires Candide: »Il faut cultiver le jar-din« – einfach den Garten bestellen, alle Fragerei führt nicht weiter. Und da lande ich wieder bei Oshos (des Mystikers) abgewandeltem Zen-Buddhismus: Tun, was im Moment getan werden muss, so ge-duldig und liebevoll wie möglich, als wäre es die wichtigste Sache der Welt – und sei es das PUT-ZEN.

Habe ich vor 50 Jahren doch auch schon mal gewusst! Inzwischen wieder alles vergessen, nichts dazugelernt, Jahrzehnte vertrödelt?

Auch ich habe einmal gebetet

Juni 2009
Im Mai 2004 wurde »Das Wort zum Sonntag« 50 Jahre alt. Die evan-gelische Kirche gab zum Jubiläum ein Buch heraus, in dem Promi-

nente mit »ungehaltenen Worten zum Sonntag« zu Wort kommen konnten. Ich wurde eingeladen, einen Beitrag zu liefern, und schrieb:

Ungehaltene Worte zum Sonntag – aus Anlass des neben Ostern größten christlichen Schlachtfestes, genannt Weihnachten.
Stille Nacht – heilige Nacht – Erdbeben im Iran Weihnachten 2003.
Eine ganze Stadt ausradiert. In 20 Sekunden. Die Meldungen: 20000 Tote? 40000 Tote? 50000 Tote – oder noch mehr?
Massenbegräbnisse, Seuchengefahr, Überlebende und Verletzte im Schutt der zerstörten Häuser bei Kältegraden unter null. Mit bloßen Händen graben die Helfer nach Verschütteten. Länger als 72 Stunden kann niemand überleben, heißt es. Aber auch danach geschehen »Wunder«, wird ein Baby unter den Trümmern lebend hervorgeholt, eine 80-jährige blinde und taube Frau.
Ein in einer Decke kauernder alter weinender Mann. Er hat alles verloren. Sein Haus, seine gesamte Familie. Ein anderer wird nach 13 Tagen lebend aus den Trümmern hervorgezogen – dann stirbt er.
Das Gedicht von Günther Eich fällt mir ein:
»Gott liebt die Schnecke, ihr baut er ein Haus. Uns aber liebt er nicht.«
Wo hat er denn mal wieder gesteckt, der liebe Gott?
Denn diese Katastrophe war nun ausnahmsweise mal wirklich nicht menschengemacht. Da verschieben sich einfach ein paar Erdplatten, ratzfatz, auf denen wir Menschenkinder in geradezu tölpelhafter Sorglosigkeit dahinleben, als hätten wir die Ewigkeit gepachtet, als könnte nicht jede Sekunde unsere Mutter Erde Lava spucken oder uns ersäufen oder verschlingen oder sonst wie um die Ecke bringen.
Die Schutzengel waren wohl gerade auf einer Demo gegen die ewigen Überstunden, denn auf einer Wolke Harfe zu spielen traut sich bestimmt kein Engel mehr. Jedenfalls auch nicht zur Stelle. Wozu auch, es gibt eh zu viele Menschen und die vermehren sich ständig wie die Kaninchen, da hilft kein Aids und kein SARS, es werden immer mehr, und Viagra boomt, neue Medikamente zur Potenzförde-

rung werden auf den Markt geschmissen, die Männer schlucken und schlucken, allein in Deutschland täglich acht Millionen, heißt es.

Da schüttelt sich die Erde einfach mal und wirft ein paar Tausend von uns ab wie Ungeziefer.

Karma, nicken weise die Esoteriker. Es gäbe eben auch eine Kollektivschuld. Und da träfe es eben ganze Menschengruppen. Sechs Millionen in den KZs umgebrachte Juden – Karma eben, Kollektivschuld!

Von dem Juden Franz Werfel wird berichtet, er habe geschworen, zum Katholizismus überzutreten, falls es ihm gelänge, den Nazis zu entkommen – und das tat er dann auch. War er danach eigentlich noch ein Jude? Und wenn nicht, was macht einen Juden überhaupt aus, wenn nicht seine Religion? Diese Frage hat mir noch keiner beantworten können, auch keiner meiner jüdischen Freunde, seien sie orthodoxe Juden, Christen oder Atheisten.

Der Hund gilt bei den Iranern als unrein. Aber zum Aufsuchen der Verschütteten wurden sie eingeflogen, die Spürhunde!

Als Kind habe ich gebetet, der liebe Gott möge das schönste Engelein mit dem lichten Gottesschein dem »Führer« senden und seinen Schlummer behüten.

Im Laufe des Lebens veränderten sich die Gebete. Kurz vor dem ersten Golfkrieg versuchten wir Friedensbewegte weltweit, in nächtelangen Gebeten, den Wahnsinn abzuwenden. Die kritische Masse von einem Prozent war längst erreicht, der Quantensprung zum Frieden hätte funktionieren müssen – aber nein, sie war nicht aufzuhalten, die »Mutter der Schlachten.«

Mutter der Schlachten!

Von Tolstoi stammt angeblich der Ausspruch: »Solange es Schlachthäuser gibt, wird es Schlachtfelder geben.«

Schlachthaus – Schlächter – Schlachten – Schlachtplatte – Schlachtfeld.

Damals fragte ich mich: Wer bin ich, den lieben Gott zu bitten, den Krieg zu verhindern? Seither bete ich nicht mehr.

Nein, meine Lieben, ich kann nicht mehr beten und ich will auch nicht mehr beten. Und ich finde es absolut tröstlich, dass ich weder die Hölle zu fürchten habe und erst recht nicht den Himmel. Dennoch bemühe ich mich, ein guter Mensch zu sein, nicht der von Sezuan, sondern der von Kant mit dem kategorischen Imperativ; aber kommt mir nicht mit »Credo quia absurdum«. Bloß nicht!

Die einen erfinden sich einen Gott, um dieses Leben überhaupt aushalten zu können, Opium für das Volk. Die anderen klammern sich an das Karma und die Wiedergeburt. Was mir im Hier und Jetzt an Ungemach zustößt, sei nur eine Folge früherer Schandtaten – also lieber anständig benehmen, damit ich mein nächstes Leben nicht als Zecke oder Kakerlake verbringen muss. Auch bei den Buddhisten gibt es wie bei den Vertretern aller anderen Weltanschauungen die kuriosesten Widersprüche. Winkt mir bei guter Führung das Nirvana, also das Nichts, was immer das nun wieder ist – oder doch eine Art Himmel, eine Art Glückseligkeit? Niemand weiß es wirklich.

Zwei sehr ausgeglichene, geradezu anstößig vergnügt mit sich im Reinen befindliche Therapeutinnen buddhistischen Glaubens labten sich während einer Kreuzfahrt an Gänsestopfleber und Hummer. Es war ihnen bewusst, dass ihr Hummer unter schrecklichen Torturen in kochendes Wasser oder siedendes Öl geworfen worden war, es war ihnen bewusst, dass das Stopfen von Gänsen eine grauenvolle Quälerei bedeutet – das Futter wird ihnen mittels eines Trichters in den Hals gestopft, so lange, bis sie eine Leberzirrhose entwickeln, die dann als Delikatesse auf den Tellern der Schönen und Reichen landet. Karma, sagten die beiden buddhistischen Therapeutinnen vergnügt. Iss doch den Hummer, Barbara, es ist sein Karma, von dir gegessen zu werden, liebe Barbara!

Der Hummer. Die Gänse. Die Käfighühner. Die Pelztiere. Man soll die Tiere nicht zu sehr lieben, wiederholt der Papst. Wie sehr darf man sie lieben? Das Tier soll keine Seele haben? Dass ich nicht lache. »Der Verrat der Kirche an den Tieren« – ein ehemaliger Pfarrer hat diesen Satz geprägt. Er ist der Meinung, Jesus sei Vegetarier gewesen, ebenso die ersten Christen, bis zum dritten Jahrhundert. Vieles spricht dafür. Es gibt Überlieferungen, dass sogar Moses seine Leute vom Fleischessen abbringen wollte, ebenso Mohammed.

Tatsächlich wird von der Tierliebe Jesu immer wieder berichtet. Es sind die Kirchen, von denen die Tiere verraten wurden. Doch es gibt auch Pfarrer und Pfarrerinnen wie Christa Blanke. Sie bitten die Tiere um Verzeihung.

So schreibt Christa Blanke, Mitverfasserin des »Glauberger Schuldbekenntnis«:

»Bei uns in Glauberg habe ich eine Kuh weinen sehen, als ihre kleine Tochter abtransportiert wurde. Anschließend hat diese Mutter eine ganze Nacht lang geschrien. Ich bin fest davon überzeugt, dass Mutter Kuh und Mutter Schwein ihre Kinder genauso lieb haben wie ich meine Kinder. … Ich kann doch meinen Kindern nicht die Kinder anderer Mütter zu essen geben!«

Vieles scheint falsch gelaufen in der Geschichte der Kirchen. Ich habe mich immer über den Satz im Vaterunser gewundert, der da lautet: »… und führe uns nicht in Versuchung.« Gott wird gebeten, uns nicht in Versuchung zu führen? Da kann doch etwas nicht stimmen. Er ist doch nicht der Teufel!

Nur ein Übersetzungsfehler?

Immer häufiger hört man neuerdings die Version »… und führe uns in der Versuchung«. Macht tatsächlich mehr Sinn.

Es gibt mehrere Bibelstellen, die darauf hindeuten, dass Gott die »fleischlose« Ernährung »seiner« Kinder wünscht:

»Wahrlich, ich sage euch, darum bin ich in die Welt gekommen, dass ich abschaffe alle Blutopfer und das Essen des Fleisches der Tiere und Vögel, die von Menschen geschlachtet werden.« (Das Evangelium Jesu, Kapitel 75,9)

»Wer einen Stier schlachtet, gleicht dem, der einen Menschen erschlägt.« (Jesaja 66,3, Luther-Übersetzung)

»Dann sprach Gott: Hiermit übergebe ich euch alle Pflanzen auf der ganzen Erde, die Samen tragen, und alle Bäume mit samenhaltigen

Früchten. Euch sollen sie zur Nahrung dienen.« (Schöpfungsge-
schichte Gen: 1,29)
Ich vertrete also durchaus wertkonservative Ziele: Hütet und bewahret die Schöpfung! Ich bin doch nicht etwa eine Christin?
Also, lieber Günter Eich, der du es ja nun sicher besser weißt, weil du
deinen Körper bereits verlassen hast: Liebt Gott wirklich nur die
Schnecke und uns nicht? Oder doch – wenigstens ein kleines bisschen?
Wie kommt es denn, dass ich immer wieder, ein Leben lang schon,
das Gefühl habe, geführt zu werden? Wer führt mich denn da – doch
der liebe Gott oder ein Schutzengel oder meine tote Lieblingsoma?
In der ehemaligen DDR kursierte folgende Geschichte:
Ein Kind fragt seine Mutter: »Mama, weiß der liebe Gott, dass wir
wissen, dass es ihn nicht gibt?«

Allmählich lerne ich, (wieder) ohne ihn zu leben

Juni 2009
Allmählich lerne ich, wieder ohne ihn zu leben.
Ist auch trostlos. Und quält anders, aber auf gewisse Weise fast
schlimmer als die heftige Trauer, dieser brennende Schmerz. Ist
mensch programmiert, sich möglichst schnell mit dem Unvermeid-
lichen abzufinden, weil sonst kein Weiterleben möglich ist?
Deshalb wohl der Begriff »Trauerjahr«. Danach hat es weiterzuge-
hen wie vorher.
Gleich-gültig sein, ohne große Freuden und große Leiden, nicht
himmelhochjauchzend, zu Tode betrübt sein, das lehrt ja auch der
Buddhismus.
Aber kann das der Sinn des Lebens sein?
Was ist mit Oshos – des Mystikers Osho – Maxime: Lauwarm ist
nicht genug. Du musst kochen, nur dann kannst du verdampfen?
Liegt mir mehr und so habe ich auch bisher gelebt.
Osho war mein 17. Hund. Bei allen habe ich getrauert, als sie gingen.
Manche – es waren ja meistens Findelhunde – waren von Anfang an

krank oder behindert oder wurden ziemlich alt, das nahende Ende kündigte sich an. Das machte den Schmerz erträglicher. Diesmal grenzt er an Besessenheit, rational ja auch nicht zu erklären.

76 Jahre wusste ich nichts von dieser Wesenheit Osho, die in irgendeiner Form, zumindest als Idee, schon dagewesen sein muss. Dann hat sie mich vier Jahre lang begleitet, mir einen Vorgeschmack auf das sogenannte Paradies vermittelt – und ist wieder verschwunden. Warum? Wohin? Dahin, wo sie vorher war? Was ist jetzt anders als vor ihrem Erscheinen? Ist das eine Prüfung? Wenn ja, was soll ich daraus lernen?

Ich muss selbst des Rätsels Lösung finden. Ein Psychiater kann da auch nicht helfen. Die einzige Erfahrung mit einem Vertreter dieser Spezies machte ich als 18-jähriges vom Krieg traumatisiertes Mädchen. Seine aufmunternde Antwort zur Lösung meiner Probleme lautete: Auf Regen folgt immer wieder Sonnenschein.

Jemand hat mir eine CD geschickt: »Abschied nehmen von einem geliebten Menschen« und den Titel überklebt mit »Abschied nehmen von einem geliebten Tier«. Da betont der Therapeut ebenfalls, was wir ja längst wissen: Du darfst nichts festhalten wollen, lass das geliebte Wesen los, lass es gehen. Trauer findet er in Ordnung, den Schmerz dagegen definiert er als Selbstmitleid.

Wo ist die Grenze?

Egal ob Wirklichkeit, Wunschtraum oder einfach schön ersonnen: Es wird berichtet, Prof. Dr. Bernhard Grzimek sei, im Jenseits angekommen, fast erdrückt worden von all den Tieren, die ihm ihre Rettung verdankten. Peter Ustinov hingegen habe sich am meisten davor gefürchtet, nach seinem Tod all den Rindern, Schweinen, Hühnern, Fischen, Hummern in die Augen sehen zu müssen, die er hier auf Erden verspeist hat …

Es heißt, die Regenbogenbrücke, so genannt nach ihren vielen Farben, verbindet Himmel und Erde. Jeder von uns wird eines Tages über diese Brücke gehen, auch die Tiere. Dort drüben sind alle alterslos, gesund und glücklich – haben keine Schmerzen, immer genug zu essen und zu trinken und müssen keine Angst mehr haben, ausgebeutet, verfolgt, getötet zu werden. Was ihnen fehlt, ist nur ihr geliebter Mensch.

Aber eines Tages – da hält eines von ihnen plötzlich mitten im Spielen inne, schnuppert, spitzt die Ohren – es hat mich kommen sehen, denn auch ich habe endlich die Regenbogenbrücke überschreiten dürfen. Und nun kommen sie alle herbeigestürmt, die Zauberwesen, die ich auf Erden geliebt habe, die mich geliebt haben.

Wir fliegen aufeinander zu, können unser Glück kaum fassen – das ist ein Bellen, Miauen, Wiehern, Meckern, Gackern und Krähen!

Nie wieder werden wir voneinander getrennt sein, sind endlich zu Hause. Ewiglich.

Auch Osho wird mich dort empfangen. Ich habe ihn nicht nur geträumt.

Der Tag vor dem Aufbruch in meine neue Heimat

22. Juni 2009

Seit Tagen hause ich in vorhanglosen Räumen inmitten gepackter Kartons. Buddhina und Kater Sweetie schicken vorwurfsvolle Blicke. Die Kisten mit den vielen Akten aus dem Landtagsbüro und entbehrliche kleinere Möbel haben meine Mitarbeiter und ich bereits in meine neue Heimat gefahren, hinzu kommen noch die Ordner aus dem Regionalbüro, alles muss noch gesichtet werden. Ich habe die sechs Jahre Landtagsarbeit dokumentiert, sowohl digital als auch auf Papier, all diese Hoffnungen, Enttäuschungen, all diese gestellten und in den Ausschüssen immer wieder abgelehnten Anträge.

Jetzt muss ich erst einmal den morgigen Tag überstehen.

Die beiden Mitarbeiter fahren den Transporter mit den restlichen Möbeln, Kartons und Pflanzen. Ich muss es schaffen, Sweetie einzufangen, ihn in den Transportkäfig zu stecken in der Hoffnung, dass er mir nach den fünf bis sechs Stunden Autofahrt nicht gleich entwischt. Nach einem Umzug soll man Katzen tage-, möglichst wochenlang nicht aus dem Haus lassen, heißt es. Wie ich das bei diesem Streuner hinkriegen soll, ist mir ein Rätsel.

Eine der Tierkommunikatorinnen hat Pheromone empfohlen. Eine Katzenmutter sendet an ihre Jungen natürliche Botenstoffe aus, damit sie sich geborgen fühlen. Diese Botenstoffe gibt es in pharmazeutischer Form als Spray. Ich kann diese Pheromone aber erst morgen früh beim Tierarzt abholen, werde damit, wenn alles gut geht, den Käfig, Sweeties Körbchen und alle Möbel einsprühen – und hoffen, dass Sweetie die neue Umgebung akzeptiert, irgendwann durch die Katzenklappe nach draußen geht – und wieder zurück in sein neues Zuhause kommt.

Alle ihr lieben Heiligen und Schutzengel, wo immer Ihr seid, steht uns bei!

Der Tag des Umzugs

23. Juni
Der Möbelwagen ist vorgefahren.

2. Teil
Rückblick

Alterspräsidentin eröffnet Landtag (Abb. S. 57)

1983 war ich, befreundet mit Petra Kelly und Gert Bastian, als überzeugte Pazifistin in die Partei der Grünen eingetreten, die ich wegen ihrer Zustimmung zum Kosovokrieg und ihres meiner Meinung nach mangelhaften Verständnisses für Tierschutzfragen 1998 enttäuscht verließ.

In diesem Rückblick wird ergründet, warum ich es doch wieder mit ihnen versuchte und warum mein Bemühen, im Landtag etwas zu bewirken, wohl scheitern musste.

Warum ich wieder in BÜNDNIS 90/DIE GRÜNEN eintrete

Januar 2002
»Furchtbar ist es zu töten.
Aber nicht andere nur; auch uns töten wir
wenn es nottut,
da doch nur mit Gewalt diese tötende
Welt zu ändern ist, wie
jeder Lebende weiß.«

(Bert Brecht in »Die Maßnahme«)

Auch wenn es bisher vielleicht so war, muss es deshalb so bleiben? Der Afghanistankonflikt hat mich als überzeugte Pazifistin in eine schwere Krise gestürzt. Wie vorher der Krieg im Kosovo. 1968 bin ich bereits in München gegen die Wiederbewaffnung Deutschlands mitmarschiert, habe später in Mutlangen gegen die Pershing-Raketen, in Wackersdorf gegen die Wiederaufbereitungsanlage demonstriert und immer wieder gegen Atomkraft. Im Vertrauen auf das Mutlanger Credo »Das weiche Wasser bricht den Stein«. Ich war dabei, als die Grünen ins Parlament einzogen, habe vor Freude geheult, als die rot-grüne Regierung zustande kam.

Dann der Kosovokrieg und jetzt die – wenn auch kritische – Solidaritätserklärung an einen durch fragwürdige Machenschaften an die

Mit meinem Freund, dem israelischen Friedensaktivisten Urs Avnery,
begleiten wir die Abgeordneten der Grünen am 29.3.1983
zur konstituierenden Sitzung des Bundestags.

Regierung gelangten amerikanischen Präsidenten. Einen Präsidenten, der den Klimaschutz verhindert, das Verbot der Landminen
boykottiert und die Todesstrafe verteidigt.

Dass dem, was einige Verbrecher der Welt immer wieder antun, mit
Pazifismus nicht beizukommen ist, sondern nur mit Gewalt, will ich
nach wie vor nicht glauben. Der jahrhundertealte Glaubenssatz
»Wenn du den Frieden willst, bereite den Krieg vor« ist falsch. Das
funktioniert nicht und hat nie funktioniert. Wer den Krieg vorberei-
tet, erntet den Krieg. Umgekehrt könnte es stimmen: »Wenn du den
Frieden willst, bereite den Frieden vor.«
Zur Rechtfertigung militärischer Gewalt wird zwar behauptet, dass

Milosevic ohne den Kosovokrieg immer noch in Amt und Würden wäre. Auch das Hitlerregime hätte nur mit Waffengewalt beendet werden können. Und wiederum habe es nur Waffengewalt vermocht, das Ende der Taliban-Regierung herbeizuführen und den afghanischen Frauen ihre Menschenwürde zurückzugeben. Mich überzeugen diese Argumente nicht. Terrorismus kann nicht mit Waffengewalt bekämpft werden. Die Ursachen müssen beseitigt werden. Wenn Bin Laden sagt, die Amerikaner würden nicht ruhig schlafen, solange die Palästinenser nicht ruhig schlafen könnten, so verstehe ich ihn. Und wer hat diesen Vertreter des »Bösen« (vor Kurzem war dies noch die Sowjetunion) denn groß gemacht, wenn nicht die USA? »Probleme kann man nie mit derselben Denkweise lösen, durch die sie entstanden sind«, sagte Albert Einstein.

Doch so schmerzlich die Wende der Grünen weg vom Pazifismus zurzeit auch ist: Welche Alternative bleibt uns? Ich will nicht, dass die Grünen von Parteien abgelöst werden, die bisher alle Fortschritte in Umwelt- und Tierschutz verhindert haben und weiter verhindern werden (wobei sich besonders die C-Parteien hervorgetan haben). Endlich rückt der Atomausstieg näher, macht der Schutz von Verbrauchern, Umwelt und Tieren Fortschritte. Noch vor Kurzem habe ich mich resigniert vor dem Bundesrat in einen Käfig gesetzt, um gegen die Käfighaltung der Hühner zu protestieren. Dank Renate Künast ist ein Verbot der Käfighaltung nun in Reichweite! Ich will, dass die Grünen in der Regierung bleiben, auch weil ich finde, dass sie diese Entscheidung gegen den Irakkrieg verantwortungsvoll gemeistert haben. Und deshalb trete ich wieder in Bündnis 90/Die Grünen ein. Auch in der Hoffnung, als Mitglied dieser Partei zu einer Rückkehr zu den pazifistischen Werten beitragen zu können.

Tierschutz ins Grundgesetz – jetzt!

Brief an meine Freunde

März 2002

Diese Forderung ist es, die tierliebenden Menschen quer durch Deutschland heute am Herzen liegt und für die sie auf die Straße gehen. Die Initiatoren der Initiative »Deutscher Tierschutzbund e.V.« und »Bundesverband der Tierversuchsgegner Menschen für Tierrechte e.V.« können sich einer nie da gewesenen Unterstützung durch die Bevölkerung sicher sein. Wir spüren bei unseren Informationsveranstaltungen, wie empört die Menschen über Zustände sind, in denen Tiere dahinvegetieren müssen – ob es um Käfighaltung der Hühner geht, um Massentierhaltung oder um Tiertransporte, die von uns Steuerzahlern subventioniert werden. Empört sind sie aber auch über die Tatenlosigkeit und nicht eingehaltenen Versprechen »unserer« Politiker, die immer wieder wirtschaftlichen Interessen den Vorrang vor dem Schutz der Tiere geben – Wesen, die wie wir Freude und Schmerzen empfinden und die wir vor Qualen schützen müssen.

Warum ist es so wichtig, dass der Tierschutz als Staatsziel im Grundgesetz verankert wird?

Wasser, Luft und Nahrung sind zumindest theoretisch durch das Grundgesetz geschützt, nicht aber das Tier. Die Freiheit der Wissenschaft, die Freiheit der Kunst und die Freiheit der Religionsausübung sind geschützt, nicht aber das Tier. Im Namen der Freiheit der Wissenschaft, der Freiheit der Kunst und der Freiheit der Religionsausübung dürfen unseren Mitgeschöpfen – ganz legal! – die schlimmsten Torturen zugefügt werden.

Im Namen der Freiheit der Wissenschaft darf ein Forscher z.B. Affenkindern die Augen zunähen, um die Nähte dann irgendwann wieder zu entfernen und zu dokumentieren, in welchem Grad die Augen gelitten haben (um nur ein Beispiel zu nennen).

Im Namen der Freiheit der Kunst darf eine »Künstlerin« während ihres Events einen Wellensittich in eine Masse aus Eigelb und Wurststückchen tauchen, um ihn flugunfähig zu machen. Ganz zu schweigen von einem anderen »Künstler«, der eine Kuh schlachtete und die Teilnehmer seines »Mysterienspiels« dazu anleitete, sich in deren Blut und Gedärmen zu wälzen.

Im Namen der Freiheit der Religionsausübung erhält ein muslimischer Metzger die Ausnahmegenehmigung, Schafe ohne Betäubung zu schächten, was in Deutschland bisher verboten war.

Und wo bleibt der Tierschutz? Das fragt nicht nur der Deutsche Tierschutzbund, viele Menschen stellen sich diese Frage, die noch nicht völlig abgestumpft und resigniert sind angesichts der nicht endenden Leiden der Tiere. Sie sind nicht willens, diese mittelalterlichen Praktiken länger hinzunehmen.

Aber: »Die Quittung für der Tiere Qual gibt es bei der nächsten Wahl!« Und diese Wahl steht im Herbst bevor. Wir alle sind aufgefordert, unsere Kräfte zu bündeln, um durch unser Wahlverhalten eine Änderung der unerträglichen Zustände zu erreichen.

Die dringlichste unserer Forderungen lautet: Tierschutz als Staatsziel ins Grundgesetz! Allerdings sollten wir auch unser Verhalten als Verbraucher überdenken. Nur wenn wir bereit sind, für ein Ei von frei laufenden Hühnern, für Fleisch – wenn es denn schon sein muss – von artgerecht gehaltenen Tieren mehr zu zahlen, werden unsere Tiere in Zukunft einigermaßen würdig leben können. Das erfordert Aufklärung und Disziplin. Aber immer mehr – besonders junge – Menschen werden sich dieser Verantwortung bewusst.

Ich bin sehr hoffnungsvoll. Diesmal wird es uns gelingen, dass der Tierschutz im Grundgesetz verankert wird.

Warum wir eine Verbandsklage brauchen

1. August 2002

Geschafft! Seit dem 1. August 2002 steht der Tierschutz nun endlich im Grundgesetz. Was wir nun erreichen müssen, ist das Verbandsklagerecht. Wenn sich Tierhalter, Tiernutzer oder Behörden nicht an die gesetzlichen Bestimmungen halten, müssen Tierschutzorganisationen das Recht haben, diesen Schutz einzuklagen. Bislang können nur Tierhalter bzw. Tiernutzer die Gerichte bemühen. Wenn es um die Belange der Tiere geht, kann nur Strafanzeige gestellt werden. Diese wird an die Staatsanwaltschaft gerichtet. In ihrer Hand liegt es dann, ein Strafverfahren einzuleiten. Wenn der Sachverhalt der Staatsanwaltschaft zu geringfügig erscheint, kann sie die Strafanzeige einstellen.

Bei der Tierschutzklage (Verbandsklage) können Tierschutzvereine dagegen stellvertretend für die Tiere klagen. Hier geht die Klage direkt vor Gericht und muss behandelt werden.

Die Tierschutzklage wird helfen,
• wenn Kommunen unberechtigte Tiertötungen anordnen,
• wenn die Behörden bei Missständen in der Tierhaltung untätig bleiben,
• wenn in der Landwirtschaft Millionen Tiere nutzlos getötet werden,
• wenn Tierversuche rechtswidrig erfolgen.

Der Beschluss dieses Gesetzes hätte zur Folge, dass Tierschutzvereine nicht mehr hilflos zusehen müssten, wenn Amtsveterinäre oder Behörden nicht gegen Tierschutzverstöße vorgehen. Sie könnten dann selbst handeln.

Im Oktober 2007 hat Bremen als erstes Bundesland die Einführung des Verbandsklagerechts für Tierschutzvereine beschlossen.

Bündnis 90/Die Grünen Berlin haben im Oktober 2007 ebenfalls einen Gesetzesantrag in den Senat eingebracht, der die Forderung nach einem Verbandsklagerecht für Berliner Tierschutzvereine beinhaltet.

Die Zeit ist überreif, dass die Tierschutzklage eingeführt wird. Sie ist eine zwangsläufige Folge der Aufnahme des Tierschutzes in das deutsche Grundgesetz.

Einzug der Grünen in den Bundestag

26. September 2002
Liebe Claudia Roth und liebe Renate Künast,
zuerst einmal ganz großen Glückwunsch zum Wahlergebnis. Phantastisch! In letzter Minute habe ich noch der FDP ein halbes Dutzend Leute abspenstig machen können. Und nun eine Frage: Könnt Ihr mich irgendwie in der neuen Regierung brauchen? Wovon ich wirklich etwas verstehe, ist die Ernährung und damit Gesundheit der Menschen (ich bin ausgebildete Gesundheitsberaterin).
In Deutschland werden bekanntlich jährlich 75 Milliarden Euro (!) für die Behandlung ernährungsbedingter Krankheiten aufgewendet, Krankheiten also, die durch eine vernünftige Ernährung zu verhindern, zu heilen oder zumindest zu lindern sind. Die Kosten im Gesundheitswesen könnten durch gezielte Aufklärung drastisch gesenkt werden und die Ernährung ist ja, wie wir wissen, durchaus nicht nur Privatsache, sondern auch ein Politikum. Durch die Art, wie ich mich ernähre, trage ich mit dazu bei, ob diese Erde zugrunde geht oder doch noch zu retten ist.
Was ich bisher als Einzelkämpferin getan habe, würde ich – falls Ihr dies wollt – gern in Eure Arbeit einbringen.
Wie auch immer, viel, viel Glück und eine dolle Umarmung, Ihr wunderbaren Frauen.
Eure Barbara Rütting

Kommentar 2010

Nach dem Einzug der Grünen in den Bundestag schrieb ich diesen überschwänglichen Brief an Renate Künast und Claudia Roth. Heute, gut sieben Jahre später, mutet er mich, die inzwischen den Politikbetrieb »hautnah« kennengelernt hat, geradezu rührend naiv an.

Meine Kandidatur

13. Februar 2003
Ein paar Rosenheimer Grüne haben mich gefragt, ob ich eventuell bereit wäre, für die Grünen für den Bayerischen Landtag zu kandidieren.
Da ich ein hilfsbereiter Mensch bin, habe ich Ja gesagt.

Gedrängel auf den Listenplätzen

20. Februar 2003
»Wenige Wochen vor der Aufstellung der Oberbayernliste für die Landtagswahl herrscht bei den Grünen heftiges Geschiebe und Gedrängel um die aussichtsreichsten Plätze«, schreibt der *Donaukurier*. »Eine wird dabei – das ist jetzt schon klar – auf der Strecke bleiben und vermutlich auf dem undankbaren siebten Wackelplatz landen. Zudem bekommen die drei Konkurrenz von der früheren Schauspielerin Barbara Rütting, die in Rosenheim-West auf Stimmenfang geht. Die 75-jährige Autorin gilt in Tier- und Umweltschutzkreisen sowie unter Friedensaktivisten als überaus populär – und zwar über Parteigrenzen hinweg. Das macht Rütting zu einer gefährlichen Konkurrentin auf der Überholspur, die von einem der hinteren Plätze zum Sprung nach vorne ansetzt und damit alte Hasen rauskegeln könnte.«

Was für ein Vokabular! Scheint in Bezug auf den parlamentarischen Alltag normal zu sein. Aber ich drängle mich nicht vor, noch gehe ich auf Stimmenfang, um alte Hasen »rauszukegeln«. Ich habe gar nicht daran gedacht, dass ich für einige etablierte Grüne eine Bedrohung darstellen könnte. Auf keinen Fall möchte ich jemanden »verdrängen«!

Rede bei einer Demonstration
gegen den Irakkrieg in Rosenheim

*Ich bin und bleibe Pazifistin und werde immer wieder meinen Mund
aufmachen gegen Gewalt und Krieg.*

20. März 2003

Liebe Freundinnen und Freunde!

»Krieg ist Krankheit – keine Lösung«, sagt der katholische Theologe
Eugen Drewermann. Erst recht ist ein Angriffskrieg keine Lösung,
wie ihn Präsident Bush jetzt vorhat – obwohl der überwiegende Teil
der Weltbevölkerung diesen Krieg nicht will. Kein Kind, keine Mutter, kein Vater will Krieg gegen andere Familien. Krieg bedeutet
Hunger, Armut, Tod! Ein sogenannter »Präventivschlag« ist zudem
eine schwere Verletzung des Völkerrechts. Dennoch sind die USA
dazu bereit. Man spricht bereits von einem Imperium Americanum,
einem amerikanischen Imperium. Und ganz locker nebenbei auch
davon, dass ein solcher Krieg ca. 500 000 Tote kosten wird. Kinder,
Väter, Mütter, Familien. All dies wird so angeregt und vergnügt
kommentiert, als handele es sich um ein Spiel am Computer.

Man wirft uns von der Friedensbewegung gern vor, dass wir naiv
seien. Es ist im Gegenteil naiv, anzunehmen, dass durch einen solchen Präventivkrieg Terroranschläge zu verhindern seien. Im Gegenteil, sie werden erst recht stattfinden. Schon jetzt müssen sich die
Länder, die einem Krieg zustimmen, bis an die Zähne schützen. Da
boomt der Verkauf von Gasmasken und Impfstoffen gegen Pocken-
viren, die Pharmaindustrie kann sich die Hände reiben. Bin Laden
soll einmal gesagt haben, kein Amerikaner wird ruhig schlafen können, solange nicht auch jeder Palästinenser ruhig schlafen kann. Und
wie kann dieses Ziel erreicht werden, dass jeder Mensch in der ganzen Welt ruhig schlafen kann? Indem nicht Symptome bekämpft
werden, sondern die Ursachen ausgeschaltet werden, nämlich die
ungerechte Verteilung von Lebensgrundlagen. Indem es Wirklichkeit wird: »Waffen zu Pflugscharen«.

Ausgerechnet der Präsident der Vereinigten Staaten spielt sich als Gutmensch und als Kämpfer gegen das Böse auf. Der Präsident, der immer wieder das Verbot der Landminen verhindert, der das Kyoto-Abkommen boykottiert. Amerika verbraucht die meisten Ressourcen! Wenn nicht endlich eine gerechtere Verteilung der Weltgüter erreicht wird, dann geht es bei den Kriegen im nächsten Jahrhundert nicht mehr um Öl, wie in diesem Irakkrieg, sondern um Wasser. Wasser wird zur Waffe. Während des Golfkriegs drosselte die Türkei den Wasserzufluss zum Irak. Davon waren Millionen irakischer Bauern betroffen. Schon jetzt ist in vielen Ländern Wasser ein Luxusgut geworden. In der südirakischen Hafenstadt Basra kostet ein Liter Trinkwasser bereits fünfzigmal so viel wie ein Liter Benzin!

Ich war noch ein junges Mädchen, da wurde mir schlagartig klar, wie Kriege gemacht werden. Sie werden gemacht! Damals wurde ein berühmter Reporter – ich glaube, es war Hemingway – nach Kuba geschickt, um über die dortigen Unruhen zu berichten. Er kabelte zurück: Es gibt in Kuba keine Unruhen, ich komme wieder nach Hause. Darauf kam die Nachricht: Bleiben Sie in Kuba – für die Unruhen werden wir sorgen! So werden Kriege gemacht, die immer auf dem Rücken der unschuldigen Menschen ausgetragen werden, ganz egal ob es sich um Kriege wie in diesem Fall um Öl oder um Kriege im Namen Gottes handelt.

Ich stelle mir gerade die Mütter vor, die dann an den Flughäfen die Särge ihrer toten Männer, Brüder und Söhne in Empfang nehmen. Als ich ein Kind war, hieß es: Gefallen für Führer und Vaterland, in stolzer Trauer. Manche Mütter haben stolz um vier tote Söhne trauern dürfen. Und ich frage mich jetzt, liebe Frauen: Warum schaffen wir es nicht, unsere Männer von diesem Wahnsinn abzubringen? Warum haben wir das in all den Jahrtausenden nicht geschafft?

Erinnert ihr euch noch an Mutlangen? Da haben wir Blockaden gegen die Pershings, gegen die amerikanischen Massenvernichtungswaffen durchgeführt. Mit Erfolg! In Mutlangen sind sie irgendwann verschwunden, aber woanders existieren sie nach wie vor. Und sind denn Atombomben keine Massenvernichtungswaffen? Waren die

Bomben auf Hiroshima und Nagasaki keine Massenvernichtungswaffen? Und womit die USA Vietnam verseucht haben, waren das
keine Massenvernichtungswaffen?

Alle großen Fortschritte sind nur dadurch entstanden, dass irgend-
jemand ein bisschen mehr tat, als er oder sie eigentlich müsste. Hören wir auf mit dem Gejammer, wie schlimm alles ist! Hören wir auf,
immer wieder die Hilfe von anderen zu erwarten und zu fordern!
Tun wir etwas mehr, als wir eigentlich müssten, jede und jeder von
uns. Denn: Wenn viele kleine Menschen an vielen kleinen Orten viele kleine Schritte tun, dann ändert sich die Welt. Aber nur dann!

Also, tun wir sie, die kleinen Schritte. Und unterstützen wir noch
mehr als bisher die Politiker, die dem ganzen Wahnsinn die Stirn
bieten und dabei bleiben: Kein Krieg im Irak – nie wieder Krieg!

Brief an meine vernachlässigten Freunde

Sommer 2003

Wie Ihr wisst, war ich nie eine große Briefschreiberin – und eine
Telefoniererin schon gar nicht. Aber dieser Sommer war besonders
heftig und ist es immer noch. Die Grünen haben mich nämlich als
Kandidatin für die Landtagswahl am 21. September aufgestellt, und
ehe ich mich versah, war ich auf Platz 9 der Kandidatenliste. Also,
wenn ich Pech habe, komme ich noch in den Landtag!

Da es nun mal ist, wie es ist, erledige ich die Sache mit der mir eigenen Inbrunst, aber dennoch gelassen. Ich bin ja nicht auf einen Posten aus, sondern möchte Inhalte vermitteln und als Landtagsabgeordnete kann ich das vermutlich mit mehr Nachdruck. Wenn es also
sein soll, wird es sein – »que será será«.

Sollte ich reinkommen, gibt es ein rauschendes Fest.

Liebe Grüße Euch allen und Umarmung, wenn gewünscht …

Eure Barbara Rütting

Was die Zeitschrift *FLIEGE* über mich zu sagen hat

Juni/Juli 2003
Ein Artikel, der mich sehr gefreut hat – weil ich mich ausnahmsweise mal verstanden fühle!

Begegnung mit Barbara Rütting und wie wir über Lachen und Weinen zum Frieden finden
»Im Mai getroffen habe ich die Kandidatin der Grünen für die Bayerische Landtagswahl diesen Herbst, Barbara Rütting. Vielleicht ist sie demnächst – mit ihren heute 75 Jahren – Abgeordnete des Bayerischen Landtags. Ihre Chancen stehen nicht schlecht. Und dass sie dann in ihrem Alter und bei ihrem Leben eine Jungfernrede halten wird – so heißt ja nach parlamentarischem Brauch die erste Rede –, würde sie amüsieren.
Wie passt so viel Aktivität in ein einziges Leben hinein? Und wie kommt dabei ein Mensch heraus, der alles andere als gestresst und abgekämpft wirkt? Man kann das Wichtigste in zwei Worten sagen: echt sein. Oder auch: authentisch sein. So sein, wie man ist – was gar nicht so leicht ist, weil eine innere und viele äußere Stimmen uns zeitlebens sagen, wie wir sein sollen, sein wollen oder sein wollen sollen.
Nur von einem Menschen, der selbst voll Leben ist, lohnt es sich, Lebensrat darüber anzunehmen, wie mehr Lachen, mehr Emotionen, mehr Freude in unser Leben hineinkommen, obwohl wir doch im Moment in besonders schweren Zeiten leben und fast jeder Mensch sich darin gefällt, zu klagen.
Warum über etwas klagen, sich beklagen, sich beschweren für unsere Seele noch nicht die beste Medizin ist, zeigt Barbara Rütting mit einem kleinen Beispiel aus ihrem Leben:
›Ich sitze an einem prächtigen Sommertag im Garten, die Zweige des Kirschbaums über mir biegen sich unter der Fülle der sich zartrosa färbenden Früchte, die Amseln jubilieren, Rosen und Jasmin duften um die Wette, die Katerchen streichen liebevoll um meine Beine, die

Hunde räkeln sich wohlig in der Nachmittagssonne, ein Bilderbuch-
himmel. Ich bin gesund, habe ein trockenes Bett und genug zu essen
... und dennoch stürzen mir plötzlich Tränen wie glühende Lava aus
den Augen. Ich lasse sie fließen. Nicht *Nun wein doch nicht so* ist angesagt, sondern *Nun weine mal ordentlich.* Endlich.‹
Warum weint sie? Barbara Rütting kann es rekonstruieren. Sie beschäftigt sich im Garten mit dem Phänomen des Lachens – beschrieben in ihrem Buch ›Lachen wir uns gesund‹ –, und dann gehen ihr
Dinge durch den Kopf, die sie in der Zeitung gelesen oder die ihr
sonstwie an die Nieren gegangen sind: ›Ich weine um den kleinen
Hasen, der unbemerkt im zugigen Käfig krank geworden und gestorben ist; um den aus dem geparkten Auto gestohlenen, im Wald
zu Tode gefolterten Hund und die Kinder, die ihn liebten und jetzt
trauern; um die Täter, die den Hund erschlagen haben; um den jungen Familienvater, der die Familie ins neue Auto zu einer Spazier-
fahrt einlud – die drei Töchterchen tot, die Frau schwer, er leicht
verletzt im Krankenhaus; ich weine um die jungen israelischen Soldaten, die ins Gefängnis gesperrt werden, wenn sie sich weigern, Palästinenser zu unterdrücken ...‹
Man muss sich das vorstellen! Da sitzt eine erwachsene Frau im Garten. Politikerin will sie werden, in den Landtag will sie einziehen,
und sie heult los über ein verendetes Karnickel oder über Zeitungs-
meldungen, wie wir sie täglich en masse als Augenfutter vorgeworfen bekommen. Ja, das muss man sich vorstellen, wenn man sich
vorstellen will, wie unsere Welt in Palästina, in Rosenheim und out
of Rosenheim menschlicher werden soll. ›Ich weine um unser aller
Einsamkeit, um den Mangel an Achtsamkeit füreinander und für
diese Welt. Um all die vertanen, nicht genutzten Chancen zum
Glücklichsein, zum Glücklichmachen.‹
Haben Sie in letzter Zeit ein schöneres Wort aus dem Munde eines
Politikers oder einer Politikerin gehört?
Also: Mitte Mai 2003, Bernau am Chiemsee, Gasthof Alter Wirt.
Hier findet eine ›etwas andere‹ Wahlkampfveranstaltung statt: kein
Plakat im Ort, kein Plakat vor dem ›Alten Wirt‹, kein Hinweisschild

Lachen ist gesund! Bei einer Talkshow des NDR mit Pilawa

im ›Alten Wirt‹, dennoch ein Raum zum Bersten voll. Hübsch ge-
deckte Tische, vollwertige Speisekarte, die Landtagskandidatin der
Grünen Barbara Rütting, 75 Jahre alt, stimmlich, körperlich und
mental so fit, wie es in ihren Büchern steht, hält eine ›etwas andere‹
Wahlkampfrede:

• Den Koch im ›Alten Wirt‹ hätte sie bei dieser Gelegenheit auf
  Vollwertküche eingeschworen, auch wenn noch nicht alles klappt,
  ein wichtiger Anfang wäre gemacht;
• man sollte jetzt bestellen, danach und bis das Essen und Trinken
  kommt, würde sie ein paar Worte sagen;
• eine Stunde spricht sie dann über gesunde Ernährung;
• kein einziges Wort über den Wahlkampf;
• kein einziges Wort über ihre Kandidatur oder dass sie vielleicht
  gar gewählt werden möchte;
• kein einziges Wort über die Partei, für die sie antritt, die Grünen.
  Nur im Vorgespräch kam von ihr der Hinweis: ›Wenn sie mich

72

haben wollen, müssen sie sich wieder ein bisschen mehr für den Tierschutz engagieren.‹

Gerade weil das übliche Wortgeklingel der üblichen Politiker fehlt (und nebenbei: überhaupt nicht vermisst wird), ist dies eine hochpolitische Rede. Vollwerternährung für den Verstand – und keine ängstlich laue Schonkost. Es geht ihr ums Wesentliche, ja, ums Eingemachte und damit gegen alles künstlich haltbar Gemachte – durch Ultrahocherhitzung, durch Gentechnik, durch fabrikmäßige landwirtschaftliche Produktion, durch Massen(mord)tierhaltung.
Was ist wesentlich? Möglichst gesund leben, möglichst gesund sterben, Respekt vor der Natur haben, von der wir ja ein Teil sind und von der wir leben. Für die Rezepte dazu: schlag nach bei Barbara Rütting.«

Aus meinem Wahlkampf-Flyer

15. September 2003
Das liegt mir am Herzen, dafür mache ich mich stark:
• Gesunde, vollwertige Ernährung für uns alle,
• Stärkung der ökologischen Landwirtschaft,
• Ausbau regionaler Produktion, Verarbeitung und Vermarktung,
• bessere Transparenz und Kontrolle bei Lebensmitteln,
• Verzicht auf Gentechnik,
• besserer Tier- und Umweltschutz,
• naturnahe Waldwirtschaft.

Warum ist eine Ernährung mit ökologischen vollwertigen Lebensmitteln so wichtig?
75 Milliarden Euro werden jährlich in Deutschland für die Behandlung ernährungsbedingter Krankheiten ausgegeben, Krankheiten, die durch eine gesunde vollwertige Ernährung zu vermeiden, zu heilen oder zumindest zu lindern wären.

Eine Ernährung mit vollwertigen, ökologischen Lebensmitteln und entsprechende Beratung gehören in die bayerischen Kindergärten, Schulen, Krankenhäuser und Altenheime. Besonders bei der Mittags- und Ganztagsbetreuung von Kindern sind sie zu fördern.
Gesundheit und Verbraucherschutz müssen vor wirtschaftlichen Interessen stehen.

Gesundheit ist (auch) ein Informationsproblem!
Deshalb brauchen wir in Bayern eine Informations- und Imagekampagne. Die VerbraucherInnen müssen besser über die Qualität ökologischer Produkte aufgeklärt werden. Eine umfassende Inhaltsangabe der Lebensmittel ist unverzichtbar.
Wo Bio draufsteht, muss auch Bio drin sein!

Und das Motto beim Einkauf muss lauten:
Mehr Klasse statt Masse!

Für ein gentechnikfreies Bayern
Genmanipulierte Nahrungsmittel bergen unkalkulierbare Risiken durch nicht rückholbare Veränderungen. Weder für Mensch, Tier noch Umwelt gibt es Langzeiterfahrungswerte.
Ich möchte, dass Bayern zur gentechnikfreien Zone wird. Das ist gut für uns alle. Damit VerbraucherInnen auf Nummer sicher gehen können, fordere ich eine eindeutige Kennzeichnungspflicht für Lebens- und Futtermittel.

Leitbild Ökoanbau
Für Bayern unterstütze ich das Ziel: 20 % Ökoanteil bis zum Jahr 2010.
Denn gerade für unsere bäuerliche Landwirtschaft bietet der Ökoanbau eine zukunftsfähige Perspektive. Im Agrarhaushalt müssen Fördermittel für ein Aktionsprogramm bereitgestellt werden.

Tierschutz und Menschenschutz gehören eng zusammen
Ohne Medikamenteneinsatz ist die industrielle Tierhaltung nicht machbar. Mehr als die Hälfte der Antibiotika-Weltjahresproduktion wird in der Nutztierhaltung verabreicht. Das bedeutet Risiken nicht nur für die Tiere, sondern auch für uns Menschen.
In Bayern ist die Zahl der Versuchstiere in den letzten vier Jahren von 91985 sprunghaft auf 201450 angestiegen.
Ein veraltetes Jagdgesetz aus dem Jahr 1938, in dem Jagdrecht vor Artenschutz geht und das Fallenjagd erlaubt, ist dringend reformbedürftig.
Nachdem der Tierschutz 2002 nun endlich im Grundgesetz verankert wurde, möchte ich auch in Bayern weitere notwendige Verbesserungen für die Tiere erreichen.

Ich setze mich ein für
- das Verbandsklagerecht für Tierschutzverbände,
- bessere Haltungsverordnungen von Schweinen, Puten, Enten und Kaninchen,
- Umstellungsprogramme für artgerechte Tierhaltung,
- Streichung der EU-Subventionen für Schlachttiertransporte,
- Begrenzung der Transportzeiten,
- Streichung der Mittel für tierexperimentelle Forschung zugunsten von alternativen Förderprogrammen,
- Artenschutz vor Jagdrecht sowie ein Verbot der Fallenjagd und des Abschusses von Haustieren,
- Verfolgung und Ahndung des Diebstahls von Haustieren (für die Pelzgewinnung und Tierversuche).

Und da mir die Kinder besonders am Herzen liegen, strebe ich an, dass Tierschutz als Lernziel im Unterricht verankert wird. Bayern kann auch hier Vorbild werden!
Denn Kinder gestalten die Welt von morgen.

Gewählt!

22. September 2003

Ich bin tatsächlich gewählt worden – mit über 15 000 Stimmen! Ein großer Teil davon sogar durch Erststimmen aus meinem »schwarzen« Stimmkreis. Den größten Batzen brachten dann allerdings die Zweitstimmen aus München und Umgebung, und das habe ich überwiegend den Tierfreunden zu verdanken, die von Haus zu Haus tingelten, um Wahlprospekte zu verteilen.

Am Abend vorher sah es noch ganz anders aus. Ich dachte, nun kann ich mich gemütlich zurücklehnen, es wird nichts mit dem Landtag. Ich fühlte mich fast erleichtert, schlief selig wie ein Murmeltier.

Währenddessen waren, wie ich höre, in der Münchner Grünen-Fraktion bei den Berichten über die Auszählung Entsetzensschreie zu vernehmen und den meisten standen wohl die Haare zu Berge, als ich deutlich aufholte. Es soll Kommentare gegeben haben wie: Das darf doch nicht wahr sein! Am nächsten Morgen ein Anruf von Bernhard Fricke von »David gegen Goliath«: »Ich gratuliere!« Ich: »Wozu?« Er: »Du bist drin!« Ich: »Wo drin?« Er: »Im Landtag!«

Warnungen gab es viele: Entweder du resignierst und wirst verbittert – oder ein Ellenbogenmensch wie alle anderen. In die angeblich unumgänglichen Machtkämpfe werde ich mich nicht verstricken lassen, sondern unbeirrbar parteiübergreifend arbeiten. Gegebenenfalls auch mal gegen die Meinung der grünen Fraktion einem guten Antrag der CSU zustimmen.

Ich behaupte, dass die Grünen ihren neuen zusätzlichen Platz im Landtag immerhin auch mir und meinen jahrzehntelangen Bemühungen um die Verbesserung von Verbraucher-, Tier- und Umweltschutz und dem Einsatz in der Friedensbewegung zu verdanken haben. Denn unter meinen WählerInnen waren nicht nur Grüne. Schließlich vertrete ich durchaus wertkonservative Inhalte im Sinne von »Hütet und bewahret die Schöpfung«.

Die vor uns liegenden Aufgaben sind zahllos, und das bei einer Zweidrittelmehrheit der CSU: Ausstieg aus der Atomwirtschaft, der

Agro-Gentechnik, der Käfighaltung der Legehennen, Verbot von Subventionen für Lebendtransporte und von Tierversuchen, um nur einige zu nennen. Zumindest kann ich Sand ins Getriebe streuen. Ich werde also tatsächlich fünf Jahre lang Abgeordnete der Grünen im Bayerischen Landtag sein. Ich, die nie »in die Politik« wollte!

Kommentare zu meinem Wahlerfolg

30. September 2003
Hier die originellsten Medienkommentare und Leserbriefe zu meinem für viele unerwarteten Wahlerfolg:

Hängematte statt Kochbuch – Grüne müssen Erfolg Barbara Rüttings verdauen
»Die joblos gewordenen Mitarbeiter aus dem Landtagsbüro hätten ihr ja auch Barbara Rüttings Erfolgsbuch ›Lachen wir uns gesund. Anleitung zum Glücklichsein‹ zum Abschied schenken können – inklusive Lach-CD –, am Ende bekam Susanna Tausendfreund bei der ›Trotzdem-Wahlparty‹ eine Hängematte als Trostgeschenk, handgeknüpft in Guatemala – ›die Rütting‹, vollwertkochende Kandidatin der Grünen, schwebte über der Party in der Münchner ›Drehleier‹ wie eine weißhaarige Nemesis. – In allen oberbayerischen Stimmkreisen hatte die 75-jährige ehemalige Schauspielerin Zweitstimmen gesammelt, auch in dem von Susanna Tausendfreund – große Verbitterung schwingt mit, wenn Tausendfreund feststellt: ›Die Wähler wählen aus dem Bauch heraus. Anstatt in sich zu gehen und zu schauen, wer im Landkreis für sie Politik macht, wählen sie lieber jemanden, dessen Rezepte sie schon mal gekocht haben.‹«

Barbara Rütting, die Trainerin für Lachen und Weinen:
»›Ich verstehe meine Prominenz als Verpflichtung. Solange ich nach Luft schnappen kann, muss ich das tun: den Mund aufmachen für die, die das nicht können oder nicht gehört werden.‹ Sie meint Men-

schen wie Tiere. Und, wenn es sein muss, auch Pflanzen. Dann packt sie das Glas ihrer Tischnachbarin und rettet die Restaurantblumen mit Mineralwasser und Bachblüten-Extrakt vor dem Verdursten.«

Auch Leser und Leserinnen melden sich zu Wort:

Deutschland ist nicht von ungefähr ganz, ganz unten.
»Und da gehört das Land auch hin, solange man sich nicht wieder auf Werte besinnt und diese dann auch lebt. Es ist einer Grande Dame wie Frau Rütting sehr, sehr hoch anzurechnen, dass sie sich in höherem Alter, statt selbstverherrlichend für Hochglanzmagazine zu posieren, für eine sehr gute Sache zur Verfügung stellt und einsetzt: dem Schutz unserer besten Freunde und für viele auch Nahrungsgrundlage, der Tiere. Ich gratuliere Frau Rütting ganz herzlich zu ihrem Einzug in den Landtag und wünsche Frau Rütting, dass ihr im Sinne des Guten eine gehässige und respektlose Kampagne erspart bleibt!«

Tierschützer freuen sich für Rütting
»Frau Tausendfreund ist nach ihrer Wahlniederlage natürlich enttäuscht. Enttäuschend ist aber, dass und wie sie und andere Grüne den Erfolg von Barbara Rütting direkt und indirekt herabsetzen. Es muss Frau Tausendfreund und etlichen Mitstreitern entgangen sein, dass sich Frau Rütting schon seit Jahrzehnten unbeirrt und konsequent für die Rechte der Tiere einsetzt – was Grüne in ihrer Mehrzahl entgegen ihren früheren Versprechungen aber nur noch abgeschwächt tun. Die mit dem Tierschutz Verbundenen freuen sich über die Wahl von Frau Rütting und darüber, dass eine Frau mit ihren Fähigkeiten und Intentionen Alterspräsidentin des Bayerischen Landtags wird. Hoffentlich bekommt sie mit ihrer eigenen Partei nicht mehr Schwierigkeiten als mit dem politischen Gegner.«

Dieser Leser verfügt ja über geradezu hellseherische Fähigkeiten!

Supererfolg bei Bayernwahl
»Was sollte eigentlich die unverschämte Bemerkung zu dem tollen Erfolg Barbara Rüttings in der Landtagswahl und ihre über 4000 Zweitstimmen allein in München: ›Das waren wohl die Fans aus der Esoterikszene‹? Seit wann ist gesunde Ernährung, Stärkung der öko-logischen Landwirtschaft, Tierschutz, Umwelt- und Verbraucher-schutz Esoterik?«

Anscheinend nicht charakterfest
»Als Grünen-Wählerin stößt mir mittlerweile dieses interne Macht-gerangel innerhalb der Partei sauer auf. Diese Frau Tausendfreund ist anscheinend nicht charakterfest genug, ihre Niederlage als solche zu akzeptieren. Im Gegenteil: Sie schiebt die Schuld anderen in die Schuhe, nur bei sich selbst sieht sie offensichtlich keine Veranlas-sung, selbstkritisch zu hinterfragen, warum die Wähler eindeutig Barbara Rütting vorgezogen haben. Im Gegensatz zu der wehleidi-gen Frau Tausendfreund kann Frau Rütting eine mehr als 30-jährige konsequente Linie in ökologischer Lebensführung und – weitaus wichtiger – ständiger Basisarbeit zu urgrünen Themen beim Bürger und in der Öffentlichkeit nachweisen. Ich für meinen Teil kann nur wünschen, dass Frau Tausendfreund nunmehr in ihrer Hängematte auf Nimmerwiedersehen verschwindet.«

»Sehr geehrte Frau Barbara Rütting!
Sollten Sie es fertigbringen, in dieser sachlichen, wohlwollenden Art mit erworbener Kompetenz Ihren Umgang mit anderen Parteien zu pflegen und so Ihren Platz im Bay. Parlament auszufüllen, haben Sie der Grünen Partei einen großen Dienst erwiesen! Dümmliches, hä-misches, überhebliches Grinsen und polemisches, böses Daherreden lassen die Grünen oft vor Hass grün erscheinen.
Mit freundlichen Grüßen von der Bauersfrau Maria«

Was für ein Spagat! Die Bevölkerung gratuliert mir, vor allem die Tierschützer freuen sich über meinen Wahlerfolg, bei den Medien

spüre ich neben Ironie sogar einen Hauch von Anerkennung – nur die Grünen sind sauer. Kein gutes Omen.
Ich werde einsam sein.

Was die »Alterspräsidentin« zu sagen hat

Sebastian Beck interviewt mich als Alterspräsidentin des neuen Landtags für die Süddeutsche Zeitung.

2. Oktober 2003
Ganz Deutschland wird auf Sie schauen, wenn Sie die konstituierende Sitzung des Landtags leiten. Haben Sie schon Lampenfieber?
Überhaupt nicht. Es ist nicht ungewöhnlich, dass ganz Deutschland auf mich blickt. Spätestens seit unseren Blockaden der Pershings in Mutlangen.

Es ist aber eine große Ehre für Sie als neue Abgeordnete.
Das schon, aber ich finde, ich habe mir das auch verdient. Ich habe keine Parteikarriere gemacht und auch nach wie vor keine Absicht, eine zu machen, mich aber 30 Jahre lang für Umwelt, Tierschutz und Ernährung eingesetzt. Meine Arbeitswoche hat 60 Stunden. Das ist jetzt eine Belohnung für die Schufterei.

Eine späte Belohnung.
Ja. Meine Arbeit war auch immer von vielen Angriffen, Hohn und Spott begleitet, wie: Die Rütting, die spinnt doch. Deshalb hat mich mein Wahlergebnis jetzt auch besonders gefreut.

Warum sind Sie dann aber nicht früher in die Politik gegangen?
Ich hatte gar nicht die Absicht, in die Politik zu gehen, weil die Politiker keinen besonders guten Ruf haben. Es heißt ja, Politik verdirbt den Charakter. Ich finde, zu Recht.

Sie haben die Klausur der Grünen-Landtagsfraktion in Ambach miter-
lebt. Sind Ihre Vorurteile gegen die Politik bestätigt worden?
Also, die Politik ist ein Haifischbecken. Die Klausur war in etwa so,
wie ich das früher bei Petra Kelly erlebt habe. Vielleicht etwas weniger liebevoll. Nun, das ist ja auch okay. Allerdings, vor der Wahl habe
ich schon zu hören bekommen: Die alte Schachtel soll doch ihre
Klappe halten, die wählt doch sowieso keiner. Oder: Die Geierwally
will in den Landtag – das schrieb zum Beispiel die Süddeutsche Zeitung. Von der Fraktion werde ich inzwischen wohl akzeptiert.

Welche Aufgaben haben Sie übertragen bekommen?
Erstens bin ich natürlich Tierschutzbeauftragte, dann stellvertretendes Mitglied im Ausschuss für Ernährung und Landwirtschaft, im
Ausschuss für Gesundheit und Soziales und Mitglied im Landesgesundheitsrat. Ob ein Verbraucherausschuss kommt, weiß ich noch
nicht.

Was können Sie im Landtag erreichen, was Sie so nicht erreichen konn-
ten?
Ich habe ein größeres Forum. Bisher war ich immer Einzelkämpferin. Jetzt habe ich eine persönliche Referentin und ein Regionalbüro
und vermutlich größere Medienwirksamkeit.

Sie kennen die Mehrheitsverhältnisse. Die CSU wird jede Abstimmung
gewinnen.
Wir werden immer wieder bohren. Es gibt ja auch bei der CSU ent-
täuschte Tierschützer, die zu mir gesagt haben: Wenn du das machst,
dann wähle ich wieder. Jetzt sind die Hoffnungen natürlich so groß,
dass ich sie gar nicht erfüllen kann. Gestern kam ein Brief, darin
stand: Millionen Tiere atmen auf, weil ich jetzt im Landtag bin.

Sie vertreten sehr moralische Positionen …
… wertkonservative Positionen …

… aber praktische Politik ist die Kunst des Kompromisses. Schaffen Sie den Spagat?

Ich denke schon. Ich will liebevoll und sanft mit den Menschen umgehen. Ich werde absolut meine Menschlichkeit bewahren, und ich kann sehr gut versöhnen. Da sehe ich eine große Herausforderung.

6. Oktober 2003 – Meine Eröffnungsrede im Landtag

Als Älteste im Landtag und somit automatisch Alterspräsidentin hatte ich die 15. Legislaturperiode mit einer Rede zu eröffnen.

Ich bin in das »Hohe Haus« spaziert, als wäre es ein Filmstudio, Rolle: Alterspräsidentin, ohne eine Spur von Aufregung. Meine Rede hatte ich mir schließlich selbst geschrieben. Ließ mir seelenruhig unter dem Blitzlichtgewitter der Fotografen und Fernsehkameras auf meinem »Thron« hoch oben über dem Plenum erklären, auf welche Knöpfe ich wann zu drücken hätte, wo die zu begrüßenden Honoratioren säßen, wo die Medien, wann ich eventuell mit der Glocke bimmeln müsste, falls es Tumulte gäbe, nickte vergnügt dem unten eintreffenden Ministerpräsidenten Stoiber zu und nahm amüsiert die über dem Raum liegende knisternde Spannung wahr. Fast die Hälfte der mir genannten zu Ehrenden hatte ich in der Liste bereits gestrichen, sonst hätte die Begrüßung endlos gedauert. Auch die Begrüßung des Bayerischen Ministerpräsidenten Dr. Stoiber, des Landesbischofs Dr. Friedrich, des Kabinetts, der Abgeordneten, der Medien und vieler anderer erspare ich meinen Lesern und steige gleich in meine Rede ein.

Also: Kamera läuft, Ton läuft, Klappe: Alterspräsidentin Rütting, die Erste.

Meine Damen und Herren, der Bayerische Landtag ist mit 48 Frauen wieder ein Stück weiblicher geworden. Ich glaube, das kann einem Parlament nur guttun … Die Älteste eine Grüne und die beiden

Jüngsten CSU-Abgeordnete – mir kommt das recht konstruktiv und vielversprechend vor.

(Heiterkeit und Beifall bei der CSU)

Wir sollten zeigen, dass alle davon profitieren, wenn junge und alte Menschen miteinander arbeiten, sich zuhören und voneinander lernen. So heftig wir in den nächsten Jahren vielleicht diskutieren werden und müssen, eines sollten wir nie vergessen: Wir sind den Bürgerinnen und Bürgern, die uns gewählt haben, verantwortlich. Wir sind aber auch denen verantwortlich, die uns nicht gewählt haben. Wir tragen die Verantwortung auch für die beachtliche Zahl all derer, die gar nicht wählen wollten, weil sie den Parteien nicht oder nicht mehr vertrauen. Daran dürfen unterschiedliche politische Ziele und Prioritäten nichts ändern. Es muss möglich sein, dass wir bei unserer Arbeit für die Bürgerinnen und Bürger Bayerns hin und wieder über unseren parteipolitischen Schatten springen, ganz egal wie schwarz, wie rot oder wie grün er ist.
Sachfragen sind fast immer Machtfragen. Die beste Absicht ist belanglos, das beste Gesetz hilft nicht weiter, wenn man dafür keine Mehrheit findet. Egal, wie unterschiedlich unsere Meinung über Sachfragen und manchmal auch über Gesinnungsfragen sein mag, es ist eben diese Auseinandersetzung, die unserem Parlament und unserer Tätigkeit hier einen Sinn gibt.
Erstmals nach dem Zweiten Weltkrieg verfügt in Deutschland eine Fraktion über zwei Drittel der Sitze im Landesparlament. Mir fallen dabei David und Goliath ein. Das Bild stimmt jedoch nicht ganz, denn unsere Schleuder soll zwar treffen, aber nicht verletzen. Bekanntlich beruht das Mehrheitsprinzip in der repräsentativen Demokratie darauf, dass Minderheiten zu respektieren und notfalls zu schützen sind, gleichgültig wie sehr sie einem vielleicht auf die Nerven gehen.

Meine sehr verehrten Damen und Herren, dass ich heute zu Ihnen sprechen darf, verdanke ich all denen, die mich gewählt haben, und meinem Alter. Keine besondere Leistung, könnte man meinen; alt werden alleine ist vielleicht tatsächlich noch kein Verdienst. Es kommt wohl darauf an, wie man alt wird, ob resigniert oder mit dem Mut, immer wieder Neues zu wagen. Und zu Letzterem möchte ich meine Altersgenossen und Altersgenossinnen ermuntern.

(Allgemeiner Beifall)

Sie gehören nicht zum alten Eisen. An meinem 60. Geburtstag habe ich gesagt:»Ich bin entschlossen, die kommenden Jahre zu den schönsten meines Lebens zu machen.« Bisher hat das tatsächlich funktioniert – ich bin jetzt 75 –, und ich hoffe auf weitere schöne Jahre mit Ihnen gemeinsam.

(Allgemeiner Beifall – Heiterkeit beim BÜNDNIS 90/DIE GRÜNEN)

Ich meine, gemessen an den schmerzlichen historischen Erfahrungen, die meine Altersgenossen und ich machen mussten, gemessen am Grauen eines totalitären Regimes, gemessen am Schrecken des Zweiten Weltkriegs und an den Geburtswehen der Bundesrepublik Deutschland, ist es recht respektabel, was wir Älteren zu einer friedlicheren Welt beigetragen haben: Die Massenvernichtungswaffen in Mutlangen sind abgezogen worden, die Wiederaufbereitungsanlage in Wackersdorf wurde verhindert, die Mauer ist gefallen. Deutschland ist Teil eines neuen, alten friedlicheren Europa geworden. Gerade die Blockaden in Mutlangen waren für alle, die sich wie ich stark in der Friedensbewegung engagiert haben, ein ganz wichtiger Abschnitt, ein Symbol für den Verzicht auf Gewalt und für einen anderen, liebevolleren Umgang miteinander. Unser Motto lautete damals:»Das weiche Wasser bricht den Stein.« Sanftheit, verbunden mit Durchhaltevermögen, täte hie und da auch einem Parlament ganz gut, denke ich. Es gibt bekanntlich zwei Arten von Politikern, die Realos und die Fundis – die Politologen sprechen von Profis und Puristen. Puristen wollen auch das verwirklichen, was nicht oder noch nicht machbar ist. Profis dagegen wissen genau, was durchsetzbar ist und was nicht, und sie wissen vor allem, wie man etwas durchsetzt. Gelegentlich neigen sie allerdings dazu, Notwendiges allzu schnell dem unterzuordnen, was sie für machbar, für mehrheitsfähig und bezahlbar halten. Ich meine, beide brauchen einander, wenn aus ihrem Gegensatz vernünftige Politik werden soll.

Quereinsteiger wie ich sehen manchmal parlamentarische Verstrickungen besser als die Insider. Helmut Schmidt hat einmal auf die Frage nach der Gefährdung unserer politischen Kultur gesagt, dass die Vita der Politiker, die noch den Terror der Nazis erlitten haben, die noch den Schrecken eines von Deutschland entfesselten Krieges erlebt haben, die gehungert haben, die nicht wussten, woher sie ein Paar Schuhe nehmen sollten, wenn die einzigen durchgelaufen waren, dass sich die Vita dieser Politiker ganz erheblich von der Vita derjenigen unterscheidet, denen es im Wirtschaftswunder und danach immer besser und besser gegangen ist. Angst, Hunger und Mangel nicht am eigenen Leib gespürt zu haben, so Helmut Schmidt, könne leicht zur Blindheit gegenüber Wesentlichem führen, zu falschen Prioritäten. Es könne schließlich sogar den Umgang miteinander und damit die politische Kultur beschädigen.

Gerade heute, in all den Diskussionen um das Machbare, habe ich mit vielen anderen die berechtigte Sorge, dass Notwendiges durch bloße Rentabilitätsabwägungen vom Tisch gefegt wird. Das reicht von der Kinderbetreuung über die Fragen der Kranken- und Pflegeversicherung bis zur Altenversorgung, vom Schutz der Umwelt bis zum Tierschutz. Besonders der Schutz der Tiere wurde bisher sträflich vernachlässigt. »Wem es nur um Rentabilität geht, der muss schleunigst die Frauenkirche abreißen und an ihrer Stelle einen Supermarkt errichten«, hat ein kluger Kopf gesagt, nämlich Helmut Schmidt. Rentabilitätsdenken, meine Damen und Herren, wird vollends unerträglich, wenn es allein danach fragt, ob ein Gesetz, eine Maßnahme oder eine politische Absicht Stimmen bringt oder nicht.

Ich vermute, dass es in einem Parlament wie diesem mehr Gemeinsamkeiten gibt, als für die Bürger draußen immer erkennbar ist: Zum Beispiel die gemeinsame Sorge, dass die repräsentative Demokratie zur bloßen Parteiendemokratie verkommt. Die gemeinsame Sorge, dass die Transparenz des demokratischen Prozesses immer mehr durch parteipolitische Propaganda ersetzt wird. Die Sorge, dass eine undurchschaubare Demokratie immer mehr bürgerliche Freiheit einschränkt und dass die Unabhängigkeit der Justiz durch parteipolitische Interessen gefährdet wird – eine Unabhängigkeit, die, wie wir alle wissen, neben der Gewaltenteilung und einer Dezentralisierung der Macht zum Fundament jeder repräsentativen Staatsverfassung gehört.

Meine Damen und Herren, vor vielen Jahren habe ich ausgerechnet als Berlinerin die Geierwally gespielt. Als ich vorgestern bei mir in Bernau meinen Müll zum Wertstoffhof brachte, gratulierten mir auch der Sepp und der Schorsch zu meinem Wahlerfolg. Der Schorsch ist zuständig dafür, dass der Müll anständig getrennt wird, und die Geierwally ist nach wie vor sein Lieblingsfilm. Und die sitzt jetzt im Landtag. Ich bin also wieder in Bayern gelandet. Hier gibt es zwar keine Geier mehr und hoffentlich auch keine Pleitegeier, aber es gibt Adler. 90 Adler kreisen in Bayerns schönem blauen Himmel, über einem hoffentlich auch in Zukunft grünen Land.

Ich danke Ihnen für Ihre Aufmerksamkeit.

(Lebhafter allgemeiner Beifall)

Kamera aus, Ton aus, Szene im Kasten, gestorben! (So heißt das im Filmjargon, wenn die Szene nicht wiederholt werden muss.)

Ich stieg von meinem »Hochsitz« herunter, schüttelte dem in der ersten Reihe sitzenden Ministerpräsidenten Stoiber die Hand, der sich als Bewunderer outete, nahm erfreut die Glückwünsche von SPD-Chef Maget und Minister Schnappauf entgegen und setzte mich auf meinen Abgeordnetenplatz, den ich nun fünf Jahre lang einnehmen würde.

Interview mit der tz

Das erste Interview nach der Landtagseröffnung

6. Oktober 2003
… Bei den Grünen sind Prominente ja eher verdächtig – haben Sie mit der Partei schon Ärger gehabt?
Natürlich, das gibt es immer. Es gab ja auch genug hämische Presseberichte.
Aber ich war ja nicht nur Schauspielerin, sondern habe erfolgreiche Bücher zum Thema Gesundheit geschrieben, mich immer politisch engagiert: Bei der Pershing-Blockade in Mutlangen, beim Protest gegen die Wiederaufbereitungsanlage in Wackersdorf, ich habe mich bei Schering gegen Tierversuche angekettet … Seit 30 Jahren ackere ich wirklich in einer 60-Stunden-Woche für diese Themen. Und meine Wähler kennen diesen Einsatz von mir genau. Nur bei den Grünen gab es einige, die wussten das nicht und dachten: »Jetzt kommt diese Filmtussi.« Aber bei der Grünen-Klausur habe ich – denke ich – viele dieser Kritiker überzeugen können. Da wurde mir gesagt: Wir sind froh, dass wir angesichts des Generationenkonflikts jetzt eine Ältere in der Fraktion haben. Den vielen resignierten älteren Menschen kann ich ein Beispiel dafür geben, dass man auch im Alter aktiv sein kann. Ich will auch noch riskant leben, wenn ich hundert bin! Ich will ein pralles Leben führen, nicht nur so dahindümpeln.

Politiker-Leben heißt normalerweise: Stress, Schlafmangel, zu viel Nikotin und Alkohol … Sie sind ja gelernte Gesundheitsberaterin. Meinen Sie, dass Sie Ihren neuen Kollegen etwas übers gesündere Leben beibringen können?
Ich habe selber bisher nicht gerade ein stressfreies Leben gehabt, kenne auch das Politikerproblem des Schlafmangels. Als Ausgleich helfen mir Yoga und Meditieren. Ich werde gerade beweisen, dass man sich auch in schwierigen Situationen durch die Ernährung fit

halten kann. Ein gewisses Maß an Zeit für meine Hunde, für die Schönheit des Lebens will ich mir aber auch noch erhalten.

7. Oktober 2003 – Pressekommentare zu meiner Eröffnungsrede

Die Älteste hatte das erste Wort
»Gleich mit dem ersten Satz ihrer mit Spannung erwarteten Rede hatte Schauspielerin Barbara Rütting, die gestern Abend als Alterspräsidentin die erste Sitzung des neu gewählten Bayerischen Landtags eröffnete, viele Lacher auf ihrer Seite: ›Die Älteste ist eine Grüne, die beiden Jüngsten sind CSU-Mitglieder – mir kommt das recht konstruktiv und vielversprechend vor.‹ Richtig darüber lachen konnten allerdings nur einige Schwarze und Grüne. In der arg dezimierten Landtagsfraktion der SPD dagegen gab es betretene Mienen. Rütting hatte als älteste Abgeordnete das erste Wort. Ihr folgte als zweiter wichtiger Redner der bisherige CSU-Fraktionsvorsitzende Alois Glück, nachdem er auch von großen Teilen der Opposition zum neuen Landtagspräsidenten gewählt worden war ...«

Beifall für Barbara Rütting – sie hatte den Landtag souverän im Griff: die neue Grünen-Abgeordnete
»Man hätte meinen können, sie hätte ihr Leben lang nichts anderes gemacht. Ohne eine Spur von Nervosität oder Lampenfieber eröffnete Schauspielerin Barbara Rütting gestern als Alterspräsidentin die erste Sitzung des 15. Bayerischen Landtags. Ein Erfolg – diese Abgeordnete für die Grünen. Nach der Sitzung konnte sich die 75-Jährige vor Glückwünschen kaum retten ... ›Es gab auch einige, die sagten – warum sind Sie nicht bei der CSU, wir könnten Sie so gut brauchen‹, so Barbara Rütting. Doch so charmant wird die politische Zusammenarbeit nicht bleiben. ›Das war ein Triumph‹, sagt die 75-Jährige, ›aber ich will natürlich auch meine Inhalte durchbringen.‹«

Barbara Rüttings neue Rolle
»Alterspräsidentin Barbara Rütting legte einen souveränen Auftritt hin. Die Grüne leitete die Sitzung mit einer Selbstverständlichkeit, als ob sie nie etwas anderes gemacht hätte. Und im Gegensatz zu vielen anderen Abgeordneten kann die gelernte Schauspielerin auch noch klar und deutlich formulieren. Aber auch inhaltlich stieß ihre Rede auf Zustimmung.«

Landtags-Eröffnung: Sanftmut hielt nicht lange an
»Aus dem Stand heraus könnte sie Landtagspräsidentin werden: Barbara Rütting, Ex-Schauspielerin, Ernährungsberaterin, Psychotrainerin und frischgebackene Grünen-Abgeordnete leitete die konstituierende Sitzung des Landtags am Montagabend souverän, als hätte sie die letzten Jahre nichts anderes getan. So mag es mancher bedauert haben, als ›die Rütting‹ nach der Wahl des bisherigen CSU-Fraktionsvorsitzenden Alois Glück zum neuen Landtagspräsidenten

ihren Stuhl ganz oben im Plenarsaal auch schon wieder räumen musste. Noch nie hatte der Landtag einen so außergewöhnlichen Alterspräsidenten gehabt. Die oberbayerischen Wähler hatten die 75-jährige, in Bernau am Chiemsee lebende Berlinerin aus dem Stand heraus für die Grünen in den Landtag gewählt. Als Alterspräsidentin predigte Barbara Rütting den 180 Abgeordneten indes Sanftheit: ›Sanftheit verbunden mit Durchhaltevermögen täte hie und da auch einem Parlament ganz gut.‹ Auch den 124 Abgeordneten der CSU mit ihrer Zweidrittelmehrheit gefiel die ungewöhnliche Ansprache der ungewöhnlichen Alterspräsidentin offenbar gut. Doch kaum waren die warmherzigen Worte verklungen, hatte die Parteipolitik den Landtag wieder fest im Griff: Die Grünen scheiterten mit ihrem Antrag, den dritten Vizepräsidentenposten zu bekommen, an der CSU.«

Interview für die bayerische Staatsregierung

Dieses Interview führte Waltraud Tascher.

10. Oktober 2003
Frau Rütting, Sie sind derzeit das wohl bekannteste Mitglied der Grünen-Fraktion. Trotzdem sind Sie in keinem Ausschuss mit Sitz und Stimme vertreten. Wollten Sie nicht oder hat man Sie nicht gelassen?
Den richtigen Ausschuss für mich gibt's zurzeit noch gar nicht. Aber das kann sich ändern: Sollte ein Verbraucherschutzausschuss eingerichtet werden, dann werde ich die Grünen dort vertreten. Bis dahin bin ich stellvertretendes Mitglied sowohl im Gesundheits- als auch im Landwirtschaftsausschuss. Dort kann ich ja auch Anträge stellen. Außerdem bin ich in der Fraktion zuständig für Tierschutzfragen und Mitglied im Landesgesundheitsrat. Es geht mir nicht darum, in einem Ausschuss große Reden zu schwingen, ich bin eher uneitel. Im Landtag will ich lieber wenig quasseln und dafür viel tun!

Sie haben sich schon vor 30 Jahren, als das noch nicht so populär war wie heute, für Vollwerternährung interessiert. Warum?
Ich suchte nach einem Weg, mein Rheuma loszuwerden. Die Krankheit war bei mir mit etwa 30 ausgebrochen – ein Jahr lang hab ich's mit Medikamenten versucht, dann hatte ich genug. Seit ich mich vollwertig ernähre, bin ich beschwerdefrei.

Wie hat man Sie in der Fraktion aufgenommen?
Am Anfang eher skeptisch – ich war halt die Quereinsteigerin und die Filmtussi. Dass ich nicht die Ochsentour durch die Parteigremien machen musste, hat vielleicht einige irritiert. Denen muss ich allerdings sagen: Ich habe auch meine Ochsentour hinter mir, eine sogar 30-jährige, habe viele Anfeindungen über mich ergehen lassen müssen wegen meines Einsatzes für gesunde Ernährung, für Tierschutz und Frieden. Das war teilweise mit viel Einsamkeit verbunden, hat mich aber auch gestärkt. Ich freue mich, dass ich jetzt aus meiner Isolation als Einzelkämpferin rauskomme.

Ihre Rede als Alterspräsidentin hat fraktionsübergreifend Eindruck hinterlassen.
Ja, das freut mich auch. Selbst CSU-Abgeordnete haben mir gratuliert. Ein CSUler hat mich sogar aufgefordert, mich vor Ort in der Landtagsgaststätte um gesundes Essen zu kümmern.

»Wer mich beleidigt, bestimme ich!«

18. Oktober 2003
Vielleicht ganz gut, dass man nicht weiß, was wo überall über einen geredet wird. In der Schauspielzeit war ich darüber erhaben, las schließlich gar keine Kritiken mehr, weil sie sich oft diametral widersprachen, abhängig vom Horizont des Rezensenten. Als Abgeordnete muss ich mich natürlich mit den Reaktionen meiner Wähler und Wählerinnen beschäftigen.

Ein besorgter Fan schickt mir ein – man muss schon sagen: Pamphlet, in dem der Autor unter dem Titel »Sekten, Ma und Sterne« aber auch kein einziges gutes Haar an mir lässt. Eine schlechte Schauspielerin sei ich gewesen, meine drittklassigen Filme seien zu Recht in der Versenkung verschwunden, ich hätte eine Affinität zu rechtsextremen, antisemitischen, autoritären Gruppen usw. Ausgerechnet ich, die ich mich gemeinsam mit einem meiner besten Freunde, dem Zukunftsforscher Robert Jungk – einem Juden! –, bei zig gemeinsamen Friedenskundgebungen als Linke und Kommunistenschwein beschimpfen lassen musste!

Dass ich mir auf der Suche nach einer ökologischen spirituellen Lebensgemeinschaft alle möglichen Gruppen angesehen habe, wie die in Findhorn, Tamera in Portugal, das Zegg und vor allem den Ashram von Bhagwan/Osho in Pune, Indien, habe ich lang und breit in meinen Büchern über mein Trial-and-Error-Leben beschrieben – ebenso mein Sannyasinsein samt schönem Namen »Ma Anand Taruna« – da gibt es nichts aufzudecken!

Soll ich den guten Mann nun wegen Rufschädigung und Verleumdung verklagen? Wie ich die Gerichte kenne, würden seine Behauptungen als Meinungsäußerungen gewertet. Und Meinungsäußerungen kann jedeR ungestraft von sich geben.

Also: Hoffen wir, der ganze Quatsch verschwindet irgendwann aus dem Internet.

Ach ja, und da ist ja auch noch das wunderbare Lebensmotto eines meiner Lieblingskollegen aus der Filmzeit, Klaus Kinski: »Wer mich beleidigt, bestimme ich!«

»Deutsche Rentner – krank, nutzlos, unerwünscht?«

23. Oktober 2003 – Die Rentnerdiskussion
Zu diesem Thema lud mich die ARD in eine Talkshow mit Guido Westerwelle ein. Ich sagte zu – versprach mir davon eine Gelegenheit, meine Themen anzubringen, dass man nämlich auch ge-

sund alt werden kann, im Alter nicht krank und nutzlos sein muss etc.

Wie ich im Nachhinein erfuhr, löste es in der Fraktion großen Ärger aus, dass ich und nicht einer unserer grünen Rentenexperten angefragt wurde. Und prompt gab es nach der Sendung Beschwerden. So faxte ein Basisgrüner an die Fraktion: »Wer stoppt Barbara Rütting?« Ein anderer soll geäußert haben: »In anderthalb Jahren haben wir die fertiggemacht!«

Ich versuche eine Analyse dieser Talkshow, weil tatsächlich nicht alles so gut lief, wie ich mir vorgestellt hatte.

Eine Mitteilung an die Grünen-Fraktion

Nach der Talkshow mit Westerwelle hagelte es Angriffe von grüner Seite. Ich war zwar nicht so gut, wie ich hätte sein können, aber auch nicht so schlecht, wie ich jetzt hingestellt werde.

Grundsätzlich: Ich bin immer dann gut, wenn ich in Ruhe gelassen werde und über die Dinge sprechen kann, von denen ich etwas verstehe bzw. die mir am Herzen liegen. Unter diesem Aspekt fühlte ich mich auch der Gegenüberstellung mit Westerwelle gewachsen. Die Sendung hieß ja: Deutschlands Rentner – krank, unnütz, unerwünscht? Sinngemäß wollte ich sagen: Die Rentner müssen nicht krank dahinsiechen. Denn Gesundheit ist ein Informationsproblem. Als Gesundheitsberaterin sehe ich es als meine Aufgabe an, ihnen zu helfen, gesund alt zu werden. Und ich weiß, wovon ich spreche – hatte mit 30 Jahren bereits Rheuma, in meiner Familie starben die meisten Frauen an Krebs, ich bin also auch da vorbelastet und habe es mir in den Kopf gesetzt, zumindest zu versuchen, einmal gesund zu sterben. Mir blutet das Herz, wenn ich sehe, wie viele künstliche Hüften nicht nötig wären, wie viele Bypässe, transplantierte Organe etc. – ganz abgesehen von den ständig zunehmenden Depressionen und Suizidversuchen gerade im Alter –, wenn die Menschen sich gesünder ernähren würden. 75 Milliarden Euro werden jährlich für die Behandlung ernährungsbedingter Krankheiten ausgegeben, Krankheiten also, die durch falsche Ernährung hervorgerufen und durch die Umstellung auf eine vollwertige gesunde Ernährung zu verhindern, zu heilen oder zumindest zu lindern wären.

Das ist mein Credo, davon bin ich überzeugt und damit überzeuge ich die Menschen. Unter anderem deshalb haben mich schließlich 15 000 gewählt.

Weil nun nicht unsere Rentenexperten, sondern ich zu der Talkshow mit Westerwelle eingeladen worden war, brach in der Fraktion die totale Panik aus. Ich wurde mit Informationen zur Rentenpolitik überschüttet – sogar noch per Mail am Flugplatz in der Business Lounge kurz vor dem verspäteten Abflug, mit Informationen, die vor allem in der Kürze der Zeit gar nicht zu bewältigen waren und die auch nicht mein Thema sind und sein können. Sonst hätte ich vermutlich diese Talkshow genauso cool gemeistert wie die Eröffnung des Landtags.

Der Anfang lief gut. Ich sagte, dass die katastrophale Situation in Bezug auf die Renten nicht nur der rot-grünen Regierung angelastet werden könne, sondern dass dafür 16 Jahre Kohl und schließlich auch die FDP mitverantwortlich seien. In dem Moment, als Westerwelle sinngemäß sagte, die rot-grüne Koalition habe am Freitag zur Rentnersituation dies gesagt und am Sonntag das, fing das Gespräch an, schiefzulaufen. Ich hätte sofort sagen müssen: Herr Westerwelle, das müssen Sie mit unseren Rentenexperten besprechen, ich bin hier zuständig für Punkt 1 der Talkshow, nämlich ob Rentner krank sein müssen. Das müssen sie nämlich nicht, siehe oben. Ich möchte ihnen Mut machen, sich nicht zum alten Eisen werfen zu lassen, möchte mich für ein Miteinander von Jung und Alt einsetzen, denn ein solches ist nötig. Ich möchte darauf hinweisen, dass beide Seiten Kompromisse machen müssen, dass alle auch mehr Eigenverantwortung übernehmen sollten, auch und gerade was die eigene Gesundheit betrifft. Es kann nicht gut sein, auf Teufel komm raus abzuzocken, nach dem Motto: Du musst dem Staat schaden, wo du nur kannst. (Das sagte tatsächlich eine Rentnerin zu einer anderen, ich habe es selbst gehört.)

Diese Chance habe ich leider, um die Fraktion zufriedenzustellen, verpasst und muss mir nun Kommentare anhören, ich hätte mich als

(noch dazu inkompetente) Rentenexpertin aufgespielt. Die Angriffe kamen übrigens nur von grüner Seite. Lockerer sah es die Presse: »Die politische Unerfahrenheit und vielleicht auch Ehrlichkeit von Barbara Rütting nervt ihre bayerischen Fraktionsmitglieder. Im ARD-Talk bekannte die Landtags-Neue und frisch gekürte Alterspräsidentin: ›Ich kenne zig Frührentner, die schwarzarbeiten und Rente kassieren.‹«
Diese Bemerkung, offensichtlich nicht parteikonform genug, war wohl besonders Stein des Anstoßes. Selbstverständlich hatte ich damit nicht die bzw. alle Frührentner verunglimpfen wollen.
Das sogenannte Volk hat mich offensichtlich (wieder einmal) besser verstanden und total anders reagiert als die Grünen. Die berühmten Taxifahrer und die Leute auf der Straße fanden sich von mir vertreten und haben gratuliert!
Ein Mann schrieb:
»Sehr verehrte Frau Rütting, ich kenne auch einige Frührentner, aber auch Arbeitslosen- und Sozialhilfeempfänger, die nebenbei schwarzarbeiten. Sie könnten es nicht, wenn es nicht Arbeitgeber und Privatleute gäbe, die sich ihrer bedienen. Ich kenne hier einen Immobilienmakler, der seit Langem nur Schwarzarbeiter bei seinen Haus- und Wohnungsumbauten und -renovierungen beschäftigt. Ich darf das sagen und behaupten, Sie anscheinend aber nicht! Nehmen Sie bitte kein Blatt vor den Mund – zeigen Sie die Missstände auf, damit sich bei uns endlich einmal etwas ändert!«

Lernen wir doch aus diesem Beispiel. Bitte lasst mir meine Authentizität – dann werden wir gemeinsam erfolgreich sein.
Und noch etwas: Nach dieser zermürbenden Fraktionssitzung, anschließendem verspätetem Abflug, Bombardierung mit grünen Rententhemen per Mail noch am Flugplatz in der Business Lounge, Eintreffen im Studio gerade fünf Minuten vor der Sendung hätten weniger Medienerfahrene als ich vermutlich vor Nervosität keinen Pieps mehr hervorgebracht.

Tierquälerei im Hühnerkäfig

24. November 2003

»Was kümmert mich mein Geschwätz von gestern« – diesem von Politikern offensichtlich ungemein gern befolgten Zitat, dessen Urheber, soweit ich weiß, Adenauer ist, scheint auch Herr Dr. Stoiber zu huldigen. Obwohl er für Bayern einem Verbot der tierquälerischen Hennenhaltung zugestimmt hat – es stand ja eine Wahl bevor! – will er nun die Verordnung wieder aufweichen.

Mit einem offenen Brief und einem ausgestopften Huhn protestierte ich vor der Staatskanzlei.

Offener Brief an den Ministerpräsidenten des Freistaates Bayern,
Dr. Edmund Stoiber

Sehr geehrter Herr Ministerpräsident,

Am 6. Juli 99 wurde in einem bahnbrechenden Urteil des Bundesverfassungsgerichts die bis dahin gültige Legehennenverordnung, mit der die tierquälerische Käfighaltung von Legehennen legitimiert wurde, für unvereinbar mit dem Tierschutz erklärt und mit sofortiger Wirkung aufgehoben.

Der Bund hat die Vorgaben des Bundesverfassungsgerichts an eine tiergerechte Hennenhaltung mit einer Verordnung umgesetzt, die eine faktische Abschaffung der Käfighaltung bedeutet. Bayern hat im Bundesrat der neuen Verordnung zugestimmt.

Auch die Verankerung des Tierschutzes im Grundgesetz, der Bayern im vergangenen Jahr zugestimmt hat, verlangt einen besseren Schutz unserer Nutztiere. Gerade Bayern, das fraktionsübergreifend den Tierschutz auch in der Landesverfassung verankert hat, sollte sich vehement dafür einsetzen, dass einmal erreichte – den verfassungsrechtlichen Vorgaben entsprechende – Standards bei der Tierhaltung nicht wieder massiv ausgehöhlt werden.

Wie Sie wissen, befürwortet der überwiegende Teil der Bevölkerung die Abschaffung der Käfighaltung von Legehennen. Respektieren Sie die Meinung der Bürgerinnen und Bürger, denn mehr als

80 Prozent lehnen diese tierschutzwidrige Haltungsform eindeutig ab.

Nun stellt jedoch Bayern die Ergebnisse der Beratungen des Bundesrats-Agrarausschusses vom 10.11. zu den Verbesserungen, die einen der wichtigsten Tierschutzerfolge der vergangenen Jahre darstellen, nämlich den Ausstieg aus der Käfighaltung – in Frage.

Durch die Zustimmung zur Streichung der Mindesthöhe, der Verkleinerung der Mindestfläche, der Verlängerung der Übergangsfrist auf Ende 2009 sowie der Schlussabstimmung zur Verordnung hat Bayern also eine unverständliche Kehrtwendung seiner getroffenen Entscheidung vollzogen und agiert in Fragen des Tierschutzes höchst unglaubwürdig. Wenn sich Bayern zudem öffentlichkeitswirksam für Zirkuselefanten einsetzt, sich aber für 35 Millionen Legehennen nicht interessiert, stellt sich die Frage, ob Tierschutz nicht nur aus wahltaktischen Gründen betrieben wird.

Am 28.11.03 findet die Abstimmung über die Änderungsvorschläge im Bundesratsplenum statt.

Ich appelliere an Sie, Herr Ministerpräsident, sich dafür einzusetzen, dass Bayern in dieser entscheidenden Sitzung den Anträgen nicht zustimmt und dass diese Anträge keine Mehrheit finden.

Ich appelliere an Sie in Ihrer Verantwortung als Ministerpräsident, sich im Sinne glaubwürdiger Politik und im Sinne des Tierschutzes für die Beibehaltung des Käfigverbotes von Legehennen ab 2006 einzusetzen. Sprechen Sie sich eindeutig und unmissverständlich gegen die beabsichtigten Verschlechterungen, gegen die Verlängerung der Übergangsfrist für herkömmliche Käfige bis Ende 2009 und gegen die Einführung »ausgestalteter Käfige« in Deutschland aus! Setzen Sie ein Zeichen, dass Bayern im Tierschutz seriöse Politik betreibt und nicht vor den Lobbyinteressen der Eierbarone einknickt.

Mit freundlichen Grüßen

Barbara Rütting, MdL

Radeln für den Umweltschutz – Alterspräsidentin und Eisbär

Die neue Kennzeichnungspflicht für Eier

Ende November 2003

Was wir seit Jahren gefordert haben, ist endlich erreicht. Ab dem 01.01.2004 schafft die neue Kennzeichnungspflicht – die Angabe der Haltungsform, des Ursprungslandes und des Erzeugerbetriebes auf jedem einzelnen Ei – mehr Transparenz. Mit der Entscheidung beim Eierkauf bestimmen VerbraucherInnen direkt über die Haltung der Tiere: artgerecht (0 = ökologische Freilandhaltung, 1 = Freilandhaltung, 2 = Bodenhaltung) oder tierquälerisch (3 = Käfighaltung). Auch auf der Eierschachtel ist die Haltungsform anzugeben. Das Nein der VerbraucherInnen zum Käfig-Ei – die Abstimmung an der Ladentheke – unterstützt zugleich die Politik von Renate Künast, nämlich das Verbot der Käfighaltung. Ein Erfolg für den Tierschutz und ein wichtiges Symbol grüner Agrarpolitik mit der Wende zur artgerechten Tierhaltung.

Zur Erinnerung: Bayern unterstützte das Verbot der Käfighaltung, nachdem wir mit unseren Anträgen Druck auf die Staatsregierung ausgeübt hatten. Doch am 28.11.2003 die Kehrtwende: Bayern stimmte im Bundesrat für die Beibehaltung der Käfige. Unser Dringlichkeitsantrag, einer Verschlechterung der Legehennenhaltung nicht zuzustimmen, wurde von der CSU-Fraktion abgelehnt. Die Tiere sollen im Käfig bleiben, die Tierquälerei in der Landwirtschaft weitergehen. Umso wichtiger ist nun die Aufklärung der VerbraucherInnen. Wir haben einen Flyer zur Kennzeichnung und zum Herumge-Eiere der Staatsregierung erarbeitet, der über uns zu beziehen ist.

Bürgersprechstunde mit MdL Barbara Rütting

1. Dezember 2003

In den Bürgersprechstunden werden die kuriosesten Beschwerden und Forderungen vorgetragen. So will »mein« Postbote Franz Wendlinger nicht, wie die Post es in Zukunft von ihm verlangt, die Adressaten der auszutragenden Briefe mit dem Auto bedienen, sondern weiterhin mit dem Fahrrad fahren. Herr Wendlinger berichtet, dass die Post AG die meisten Fahrradzustellbezirke (Briefzustellung) in Verbundzustellung (Briefe und Pakete) umstellen möchte.

Die Beratungsfirma der Post argumentiert: Zurzeit fahren zwei Personen den gleichen Weg ab, eine um Briefe, die andere um Pakete zuzustellen. Doch die Häufigkeit von Paketzustellungen sei viel niedriger als die der Briefzustellung, wo man beinahe täglich jeden Haushalt anfahren muss (z.B. Telefonrechnungen, Gemeindeblatt usw.).

Postbote Wendlinger hält dagegen, durch die geplante Maßnahme würde nur moderner Personalabbau vollzogen. Abgesehen von der Umweltbelastung durch weitere Autos ergeben sich laut Wendlinger gegenüber dem Fahrrad folgende Nachteile:

• Anschaffungspreis,
• Unterhalt und Wartung (Kundendienst, Treibstoffkosten, Sommer- und Winterreifen usw.),

- geringere Laufzeiten (ca. 4 Stunden täglich), dafür vermutlich mehr Rücken- und Schulterkrankheiten.
- Im Übrigen ließe sich die Wendigkeit eines Fahrrads nicht mit der eines Autos vergleichen.

Ich habe mich hartnäckig bis hin zu den höchsten Stellen für den Antrag eingesetzt – ihm wurde schließlich stattgegeben. Postbote Wendlinger darf weiterhin mit dem Fahrrad fahren!
Mein erster Erfolg als Abgeordnete!

Eine Haferquetsche für das Kinderhaus Eichet

12. Dezember 2003
Am 12. Dezember spielte ich Nikolaus im Bernauer Kinderhaus Eichet. Bei früheren Besuchen hatte ich mit den Kindern Vollkornkekse gebacken und ihnen gezeigt, wie man aus einem Haferkorn Haferflocken quetschen kann. Die Kleinen waren davon so begeistert, dass ich ihnen nun eine Haferquetsche schenkte, sodass sie sich die Haferflocken für ihr Morgenmüsli selbst täglich frisch quetschen können.
Die Gesundheit der Kinder liegt mir besonders am Herzen. Im Kinderhaus Eichet wird großer Wert auf gesunde Ernährung gelegt. Aber im Allgemeinen gibt der Gesundheitszustand vieler Kinder in Deutschland zunehmend Anlass zur Besorgnis. Viele Kinder sind zu dick, viele leiden an Diabetes, Neurodermitis und anderen ernährungsbedingten Krankheiten.
Ich betrachte es als eine meiner vordringlichsten Aufgaben, eine gesunde vollwertige Ernährung in Kindergärten und Schulen, aber auch in Kantinen, Krankenhäusern und Altenheimen durchzusetzen. Die bayerische Staatsregierung ist gefordert, entsprechende Beratungen zu fördern. Damit wir gesund alt werden können, müssen wir in der Kindheit damit beginnen, uns gesund zu ernähren. Aber: Essen muss köstlich schmecken, lecker aussehen und gesund sein.

Tierpelz? Nein danke!

22. Dezember 2003

Tierpelz? Nein danke! Unter diesem Motto habe ich mit einigen Dutzend anderer Tierschützer in Augsburg vor dem Bekleidungshaus Peek & Cloppenburg versucht, auf das Leiden von Pelztieren aufmerksam zu machen. Ein Großteil der Pelze stammt von »Pelztierfarmen«, wo Wildtiere in engen Gitterkäfigen vegetieren und durch Vergasen oder Giftinjektionen getötet werden. Oder sie werden in freier Wildbahn mit Tellereisen und Schlagfallen gefangen – ebenso grausam, denn der Todeskampf der gefangenen Tiere ist oft lang und qualvoll. Pelztierzucht ist Tierquälerei und jedeR, der Pelze in welcher Form auch immer trägt, macht sich mitschuldig.

Die Aktion wandte sich sowohl an Verbraucherinnen und Verbraucher als auch an die Bekleidungskonzerne, die immer noch Tierpelze anbieten. Nicht nur in eigenen Pelzabteilungen mit Mänteln und Jacken, sondern auch in Form eines Großsortiments an Pelzapplikationen und Accessoires – ein modischer Trend, der durch die Hintertür Pelz wieder salonfähig machen soll.
In Deutschland werden Nerze, Füchse, Chinchillas und Nutrias in Farmen gehalten, auch in Bayern gibt es noch einige. Und das, obwohl schon 1997 ein von den Grünen eingebrachter Antrag, die tierquälerische Haltung zu verbieten, einstimmig angenommen worden war. Doch der Erlass wurde nicht einmal vollzogen. Im Gegenteil, es gibt in Oberbayern sogar einen Antrag auf Neuerrichtung einer Farm. Umso erfreulicher ist deshalb die Ankündigung von Bundesministerin Renate Künast, eine bundesweite Verordnung mit dem Verbot der grausamen Haltung zu erlassen, wie dies seit Jahren in der Schweiz der Fall ist.
Die VerbraucherInnen sollten diesen tierquälerischen Produkten eine klare Absage erteilen und die Bekleidungsbranche sollte endlich Tierpelze und Produkte daraus aus dem Sortiment nehmen. Ein po-

sitives Beispiel ist der Konzern Otto, der seit Jahren keine Echtpelze mehr führt.

»Um Gottes willen, das habe ich ja gar nicht gewusst!«, meinten einige Passantinnen entsetzt, als ich ihnen erklärte, was sich hinter dem harmlosen Wort »Gaewolf« oder »Lipi« auf dem Krägelchen ihres Anoraks versteckt – nämlich, dass dieses Fell auf brutale Weise einem Hund oder einer Katze über die Ohren gezogen wurde.

Liebe Mitschwestern: Eine Frau mit Herz trägt nicht nur keinen Nerz, sondern auch sonst keinen Tierpelz!

Die Augsburger Allgemeine *berichtete über die Aktion:*
»Da steht sie und sagt nichts. Eher ungewohnt für eine Frau, die auch Politikerin ist. Ab und zu stutzt ein Passant, schaut und erkennt sie: Barbara Rütting, die Alterspräsidentin des Bayerischen Landtags. Für rund eineinhalb Stunden kam sie in die Bahnhofstraße, um gemeinsam mit anderen Tierschützern mit Plakaten, Bildern und Broschüren die Verwendung von Tierpelzen für Mäntel, aber auch für Applikationen und Accessoires, die sogar auf Schulranzen oder Büchern auftauchen, anzuprangern. Um auf die Tierquälerei hinzuweisen, steht sie nun symbolisch hinter Gittern. Neben ihr ein ›Fuchs‹, hinter dessen Maske sich ein geläuterter Kürschner verbirgt. Es sei ein ›Relikt aus der Steinzeit, dass der Mann glaubt, seiner Frau einen Pelz umhängen zu müssen‹, sagt die Alterspräsidentin des Landtags. ›Ich mache den Mund auf für die, die es nicht können oder sich nicht trauen.‹ In Augsburg aber ging sie nicht ans Mikro, sondern setzte hinter Gittern auf die Beredsamkeit des Schweigens.«

Vor Jahren sprach mich auf dem Frankfurter Flughafen ein Pelzhändler an. Er habe eine Stinkwut auf mich und andere Tierschützer gehabt, weil wir ihm durch unsere Demos das Geschäft mit den Seehundfellen vermasselten. Daraufhin habe er sich auf Webpelze umgestellt und verdiene heute genauso gut wie früher.

Na also, es geht doch!

Demo gegen Tierpelz

Die ersten 100 Tage in der Fraktion

Januar 2004

Es wird immer klarer: Die Grünen wollten mich nur als Zugpferd für die Wahl haben. Aber »die alte Schachtel« sollte bloß nicht in den Landtag kommen! Die Konflikte waren von Anfang an vorprogrammiert. Ich habe den lieben KollegInnen einen Brief geschrieben und ein erstes Resümee meiner Landtagsarbeit gezogen:

Eine Kollegin mailte süffisant, sie hätte auch gern ihren »persönlichen Mitarbeiter zur Begleitung (nach Berlin) dabeigehabt, um den Betrieb und die Leute in Berlin mal kennenzulernen«.
Ich habe den Eindruck, dass den meisten von Euch – mit Ausnahme des Arbeitskreises Ökologie, der ja meiner Bitte auch sofort zugestimmt hat – nicht klar ist, warum ich meine Mitarbeiterin dabeihaben wollte. Als Quereinsteigerin und absolute Newcomerin im Landtag verfüge ich logischerweise über keinerlei parlamentarische Erfahrung und über eben diese verfügt diese Mitarbeiterin, die ich seit über zehn Jahren aus der praktischen Tierschutzarbeit kenne.

Ich hätte sie für den Berlinbesuch der Fraktion gebraucht, nicht um »den Betrieb und die Leute in Berlin mal kennenzulernen« und auch nicht, weil ich zu blöd bin, mitzuschreiben, was dort gesagt wird, sondern weil ich im Bereich Tierschutz-, Nutztierhaltungsverordnung, Bundesrat versus Bundesministerium für Verbraucherschutz, Ernährung und Landwirtschaft und dem, was sich alles auf EU-Ebene abspielt oder Gentechnik etc. betrifft, eben (noch) ein Neuling bin.

Die gesamte deutsche Bevölkerung ist offensichtlich darüber informiert, was ich in den letzten drei Jahrzehnten für Menschen-, Umwelt- und Tierschutz geleistet habe – nur die bayerischen Grünen haben das nicht mitgekriegt. Also muss es mal gesagt sein.

Dass meine Wahl ein Schock für viele Grüne war, ist ja bekannt.

Ich stelle ein paar Aussprüche zusammen:

»Die alte Schachtel soll doch die Klappe halten, die wählt ja sowieso keiner.«

Als ich auf Platz 9 gewählt wurde, meinte Margarete Bause zu mir: »Du willst doch nicht wirklich in den Landtag?« Und nachdem ich gewählt worden war: »Du nimmst doch die Wahl nicht an?«

Die Reaktionen in der Fraktion in der Nacht, als die Stimmen gezählt wurden und sich abzeichnete, dass ich in den Landtag kommen würde: »Das darf doch nicht wahr sein, eine Katastrophe« etc.

Margarete Bause: »Kann man ihr nicht nahelegen, auf das Mandat zu verzichten?«

Und: »Ihr mit eurem Scheiß-Tierschutz. Deine blöden Hühner sind mir egal ...«, etc., etc.

Mit stoischer Gelassenheit habe ich das alles hingenommen und werde es auch weiterhin tun, da mich weder Lob noch Tadel berühren. Aber dass ich mich in der Fraktion wohlfühle, kann ich nicht gerade behaupten. Der Umgangston ist aggressiv und bissig – außer im Arbeitskreis Ökologie, und da bedanke ich mich bei allen für liebevolle Unterstützung.

Aber sonst: Meine Pressemitteilungen werden fast immer abgelehnt, ebenso meine Vorschläge für den Basisbrief.

Als ich nun einen Finanzantrag für den Druck meines Hühnerflyers stellte – für gerade mal 1000 Euro (!) –, ging es wieder los: *Du wirst die 10 000 Stück nicht loswerden … Man sollte die Eiergeschichte mit einer größeren Aktion koppeln – und eventuell mit der noch zu engagierenden PR-Frau (!), damit es professioneller wird … Der Flyer muss dem Bundesrechnungshof Genüge tun … etc.*

Da hat mich dann endlich doch ein berechtigter Zorn gepackt. Der Flyer wurde schließlich genehmigt und musste sogar, da er sehr gut bei den Menschen ankam, mehrmals nachgedruckt werden!

Es ist nun aber einmal so und Ihr müsst es wohl oder übel akzeptieren: Ich bin gewählt worden. Vor allem, damit endlich im Tierschutz etwas vorangeht, und dafür werde ich mich mit allen Kräften einsetzen, auch wenn es Euch nicht passt.

Zum Führungsstil im Vorstand: Der wird nicht nur von mir, sondern von so gut wie allen als autoritär empfunden. Dass die Themen für eine Klausur einseitig vom Vorstand festgelegt werden, ohne dass Wünsche der Abgeordneten zur Kenntnis genommen werden, ist ein weiterer Punkt. Ebenso die grundsätzlich jedem grünen Politikverständnis Hohn sprechende Behandlung der Mitarbeiter überhaupt.

Ihr wisst (oder wisst auch nicht), dass ich von Anfang an Mitglied der Grünen war. Ich trat aus wegen der Abkehr von dem Ziel der Gewaltlosigkeit und fehlendem Verständnis für den Tierschutz. Dann bin ich – wie andere auch – zähneknirschend wieder eingetreten (die Grünen sind noch das kleinste Übel). Vor allem, um Renate Künast bei ihren Bemühungen um Verbraucher- und Tierschutz zu unterstützen.

Ganz zu Anfang habe ich gesagt: Ich möchte wenig quasseln, aber viel tun. Und dabei bleibt es. Gequasselt wird sowieso zu viel.

Bayern muss gentechnikfrei bleiben

11. Januar 2004

Kürzlich hat sich das Europäische Parlament in der Frage der sogenannten »Koexistenz« von gentechnisch veränderten Kulturpflanzen (GMO) und konventionell bzw. ökologisch erzeugten Kulturpflanzen für eine Wahlfreiheit für Landwirte und Verbraucher ausgesprochen. Reinheit des Saatguts und eindeutige Haftungsregelungen sind die zentralen Forderungen an die Kommission und die Mitgliedsstaaten.

»Jetzt red' I« – unter diesem Motto habe ich in Bernau zu einer Gesprächsrunde eingeladen. Eines der zwei brandaktuellen Themen, die zur Diskussion stehen: »Überrollt uns die Gentechnik oder schaffen wir in Bayern eine gentechnikfreie Zone?«

2004 fallen in Europa auf dem Gebiet der Gentechnik wichtige Entscheidungen.

Die Notwendigkeit, Bayern nach dem Vorbild von bereits neun anderen europäischen Regionen (in Italien, Frankreich, Österreich, England sowie Mecklenburg-Vorpommern) zur gentechnikfreien Zone zu machen, wurde von allen bejaht. Positiv beurteilt wurden die Beispiele aus Österreich, wo bereits jetzt parteiübergreifend in mehreren Bundesländern die gesetzlichen Voraussetzungen geschaffen wurden, großräumig gentechnikfreie Regionen zu errichten. Da die Staatsregierung dies noch nicht in Angriff genommen hat, liegt es an uns, Druck zu machen, und zwar unabhängig von Kirchturmdenken und Parteipolitik. Dringend notwendig ist die Vernetzung der bereits vorhandenen Initiativen sowie verstärkte Öffentlichkeitsarbeit. Die mit der Anwendung der Gentechnik verbundenen Risiken für Mensch, Tier und Umwelt sind nach wie vor nicht einschätzbar. So könnten gentechnisch veränderte Produkte Allergien bei Verbraucherinnen und Verbrauchern auslösen. Daher sind Maßnahmen für verbindliche Haftungs- und Schadensersatzregelungen in die Wege zu leiten. Hersteller und Inverkehrbringer von gentechnisch veränderten Organismen sind entsprechend dem Verursacherprinzip mit Aufwand, Kosten und Risiken zu belasten. Raps bewahrt zum Beispiel seine Keimfähigkeit zwölf Jahre im Boden. Auch kann Bienen, die Flächen bis zu 160 km² beweiden, nicht vorgeschrieben werden, nur unveränderte Blütenpflanzen anzufliegen und die gentechnisch veränderten Raps- und Kartoffelblüten links liegen zu lassen. Honig als gesundes, schmackhaftes und wirtschaftlich wichtiges Produkt muss gentechnikfrei bleiben. Ich möchte, dass wir auch in Zukunft gentechnikfreie Lebensmittel essen können.

Der Saal im »Alten Wirt« in Bernau war brechend voll. Quer durch alle Berufe und Parteien waren sie gekommen, neben dem Bernauer Bürgermeister auch Bürgermeister der Umgebung, ebenso Landwirte – sowohl konventionell wie ökologisch produzierende –, Imker, Vertreter des Bundes Naturschutz und viele Bürger und Bürgerinnen, die sich nicht nur interessiert zeigen, sondern auch engagieren wollen.

Versuchstierhaltung an Münchner Uni schließen!

12. April 2004

Wir Landtagsgrünen fordern eine Schließung der Versuchstierhaltung in der Chirurgischen Klinik der Münchner Ludwig-Maximilians-Universität: Die Haltungsbedingungen im Keller der Münchner Uniklinik führen bei den Tieren zu schweren Verhaltensstörungen. So gibt es kein Außengehege, Tageslicht kann nur durch dicke Glasbausteine in die gekachelten Räume gelangen. Die Haltung führt beispielsweise bei Muttertieren dazu, dass sie ihren Nachwuchs nicht annehmen, daher werden die Jungen bereits kurz nach der Geburt von den Müttern isoliert. Mit einem Antrag, der morgen im Hochschulausschuss des Landtags behandelt wird, wollen wir Grünen die Staatsregierung drängen, diese Versuchstierhaltung aufzulösen.

Ins Gewicht dürfte fallen, dass die Gehege nicht mehr den Anforderungen entsprechen, die im Europäischen Übereinkommen zum Schutz der für Versuche und andere wissenschaftliche Zwecke verwendeten Wirbeltiere festgelegt wurden. Die Zustände sind mit den neuen europäischen Standards keinesfalls vereinbar. So fordern die neuen Bestimmungen beispielsweise, dass die Tiere in sozial stabilen Gruppen gehalten werden müssen. Auf den Freistaat Bayern kommen im Zuge der neuen Bestimmungen ohnehin erhebliche Investitionen zu. Gerade vor dem Hintergrund der aktuellen Sparzwänge wäre es also nur folgerichtig, die Versuchstierhaltung in der Münchner Uni lieber heute als morgen zu schließen.

Wissenschaftsminister Goppel lud mich ein, mit ihm gemeinsam die Versuchstierhaltung zu besichtigen. Wir kamen unangemeldet – und wurden unter fadenscheinigen Gründen nicht zu den Tieren gelassen.
Der Wissenschaftsminister wurde nicht vorgelassen! Das spricht doch Bände!

Wie ich zur Tierversuchsgegnerin wurde
Es ist Jahrzehnte her. Während einer Theatertournee sah ich auf irgendeinem Marktplatz ein Auto stehen, beklebt mit entsetzlichen Fotos von sogenannten Versuchstieren. Tierschützer und Tierschützerinnen versuchten, die Vorübergehenden mit Flugblättern auf diese Gräuel aufmerksam zu machen – wie die meisten wandte auch ich mich ab, ging weiter, fühlte instinktiv, wenn ich mich darauf einlasse, wird mein Leben nie wieder sein, wie es war.
Ich hatte das Thema zwar verdrängt, wurde aber immer wieder davon eingeholt, bis es kein Entrinnen mehr gab. Ich konnte nicht mehr schlafen und nicht mehr arbeiten, nur noch weinen, monatelang. Ein Fernsehteam mit dem damals noch ziemlich unbekannten Regisseur Clemens Kuby kam, um eine glückliche Barbara Rütting auf ihrem idyllischen Bauernhof zu filmen – ich musste es nach Hause schicken, weil ich so verheult war. Schnitt mir die gefärbten Haare bis auf die Wurzeln ab, wusste ich doch nun, dass auch für Kosmetika und Haarfärbemittel Tierversuche gemacht werden. Mit den Haaren schnitt ich auch die Schauspielkarriere ab. Es folgten

zahllose Demos gegen Tierversuche, bis zur Ankettungsaktion am Tor des Berliner Schering-Konzerns am 9. 11. 1982.

Inzwischen bin ich zu der Erkenntnis gekommen, dass Tierversuche grundsätzlich verboten werden müssen. Sie haben die Menschen nicht gesünder gemacht, sogar, wie immer mehr Forscher einsehen, in eine Sackgasse geführt. Der Mensch ist eben keine Maus. Entweder sind die Tiere uns nicht ähnlich, dann führen die Versuche in die Irre, oder die Tiere sind uns ähnlich – dann sind diese Quälereien ethisch verwerflich. So einfach ist das.
Ein Schlüsselerlebnis war für mich der Brief eines Wiener Eisenbahners. Ich hatte gerade begonnen, mich mit der ganzen Umweltproblematik zu befassen, wie wir mit uns selbst, der Natur und den Tieren umgehen, und war so verzweifelt über das Maß an Elend, dass ich aufgeben wollte, weil ich dachte, ich gehe sonst kaputt. Der Eisenbahner nun schrieb, er müsse täglich die Käfige mit Versuchstieren umladen, die zum Teil tot oder verstümmelt sind oder sich gegenseitig angefressen haben. »Ich flehe Sie an«, schrieb er, »geben Sie nicht auf. Wenn ich meinen Mund aufmache, verliere ich nur meinen Job – wenn Sie aber Ihren Mund aufmachen, hört vielleicht einer hin.«
Damals habe ich mir vorgenommen: Ich als sogenannte Promi werde meinen Mund aufmachen für alle, die das nicht selbst können oder nicht gehört werden – und das werde ich tun, bis ich tot umfalle. Vielleicht hört einer hin.

Wenn viele kleine Leute viele kleine Schritte tun, verändert sich die Welt

Unter dieser Überschrift schreibt Claus Biegert in Natur und Kosmos:

April 2004
»Münchner Ostbahnhof, Gleis 8, Schneetreiben, später Abend. Auf einem Wartesitz eine Frau in Winterkleidung, unter der Mütze schaut weißes Haar hervor. In der Hand ein Dreiecksstück Pizza, mit Gemüse belegt, fast kalt. Szenenanweisung für ein Schauspiel? Nein, Momentaufnahme aus dem Arbeitstag von Barbara Rütting. Oft kommt sie erst gegen zehn Uhr abends aus dem Landtag, fragt sich dann am Bahnsteig: Warum tue ich das alles? Doch die Antwort hat sie schon vorher parat: ›Wenn viele kleine Leute an vielen kleinen Orten viele kleine Schritte tun, dann wird sich die Welt verändern.‹ Dieser oft bemühte Satz hilft ihr gegen Resignation. Und wenn der Nachtzug nach Bernau dann einfährt und die Pizza gegessen ist, dann weiß sie, dass sie auf dem richtigen Gleis ist: dem Gleis des Lebens, das sie selbst noch im Alter kurvenreich in Höhen und Tiefen führt, sodass sie am Ende ihrer Tage dann einmal sagen kann: ›Bin ich froh, dass ich mich eingemischt habe.‹
Derzeit mischt sich die 76-Jährige in den Speiseplan des Restaurants im Bayerischen Landtag ein: So viel Fleisch, und keine Vollwertkost – wie kann da gute Politik gemacht werden? Essen ist für Barbara Rütting weit mehr, als den Hunger zu stillen. ›Vegetarier sein ist nicht nur eine persönliche Entscheidung, es ist auch ein Einwirken auf die Politik. Grausame Tiertransporte werden überflüssig, wenn eine Gesellschaft nicht täglich nach Fleisch verlangt.‹ Tierschutz ist Menschenschutz, lautet ihr Postulat. Dafür erntet die grüne Abgeordnete kaum grünen Beifall.
Sich für Tiere einzusetzen mag zwar politisch korrekt sein, auf der politischen Bühne aber geht es um große und wichtige Dinge, nicht um Schweine oder Hühner. Die Quereinsteigerin Rütting hat nichts zu verlieren und will nicht nach oben. Macht interessiert sie nicht,

sie will nur für ihre Ziele kämpfen. Frau Mühlegg, die Küchenchefin des Landtags, ist überrascht. Das erste Vollwertgericht habe mehr Zuspruch erfahren als erwartet. Die Schauspielerin Rütting, die seit Jahrzehnten in keine andere Rolle mehr geschlüpft ist, strahlt glücklich, als hätte es gerade Zuschauerbeifall gegeben.

Soll man die Kämpferin für die Rechte der Tiere fragen, mit welchem Tier sie sich identifiziert? Als habe sie's geahnt, sagt sie mit ihrer klaren, vollen, redegewohnten Stimme unvermittelt: ›Ich komme mir vor wie ein Maulwurf! Ich wühle und ernte Irritation. Oft bin ich halt zu früh dran. Vielleicht ist das meine Aufgabe im Leben: den Boden zu lockern für die Nachkommenden, damit diese dann darauf arbeiten können, wenn die Zeit reif ist.‹

Ökologisches Manifest einer Frau, die sich nicht verbiegen lässt. Und deren geistiges Zuhause weiterhin die Friedensbewegung ist.

Heute wird es wieder spät für den Maulwurf. Als verbraucher-, ernährungs- und tierschutzpolitische Sprecherin der Grünen-Fraktion, außerdem Mitglied im Landesgesundheitsrat und Gefängnisbeirätin – da bleibt oft nur der letzte Zug nach Bernau.«

Kennzeichnungspflicht für Genfood

18. April 2004

Seit dem 18. April 2004 müssen europaweit Lebensmittel und auch Futtermittel, die mehr als 0,9 % gentechnisch veränderte Organismen (GVO) enthalten, als »gentechnisch verändert« gekennzeichnet werden. Das gilt auch für unverpackte Waren sowie in Restaurants und Kantinen. Das ist die positive Nachricht. Jetzt können VerbraucherInnen mit ihrem Kaufverhalten mitbestimmen, ob gentechnisch veränderte Produkte weiter Einzug halten.

Kennzeichnungspflichtig sind alle Lebensmittel, Zutaten oder Zusatzstoffe, die aus GVO hergestellt sind (z.B. Öl aus gentechnisch veränderten Sojabohnen, Traubenzucker und Glukosesirup aus gentechnisch veränderter Maisstärke), alle Lebensmittel, die GVO enthalten (z.B. Joghurt mit gentechnisch veränderten Bakterien, Weizenbier aus gentechnisch veränderter Hefe), sowie alle Lebensmittel, die selbst ein gentechnisch veränderter Organismus sind (z.B. Kartoffeln, Maiskolben, Fisch). Allerdings steht die Kennzeichnung nur im Zutatenverzeichnis oder auf dem Etikett. Wer also wissen will, was er kauft, muss genau hinsehen. Wie so oft: Das Kleingedruckte ist das Wesentliche.

Die negative Nachricht: Nicht kennzeichnungspflichtig sind Eier, Milch und Fleisch von Tieren, die mit gentechnisch verändertem Futter gefüttert wurden, und technische Hilfsstoffe wie Enzyme, die bei der Verarbeitung eingesetzt werden. Diese Lücken müssen geschlossen werden. Wer deshalb ganz sicher sein will, kauft ökologische Lebensmittel, bei denen grundsätzlich keine Gentechnik eingesetzt wird.

VerbraucherInnen wollen kein Genfood. Über 70 % der europäischen BürgerInnen lehnen solche Lebensmittel ab. Darauf haben zahlreiche Erzeuger und Handelsketten reagiert und erklärt, keine GVO-Lebensmittel zu erzeugen oder ins Sortiment zu nehmen. Die Landwirte haben erkannt, dass ihnen die Gentechnik keine Vorteile, sondern höchstens wirtschaftliche Verluste bringen kann. Deshalb verpflichten sich in ganz Bayern Bäuerinnen und Bauern sowie Vermarktungsinitiativen zu gentechnikfreiem Anbau und Produktion.

Wir Grünen fordern von der bayerischen Staatsregierung die Unterstützung der Landwirte bei der Vermarktung ihrer gentechnikfreien Produkte. Wir fordern, dass in Kindergärten, Schulen, Kantinen und Krankenhäusern nur gentechnikfreie Lebensmittel eingesetzt werden. Für die bayerischen Markenprogramme soll als Qualitätskriterium »gentechnikfrei« Standard werden. Die Anzahl der Untersuchungen auf GVO-Verunreinigungen von heimischer und Importware muss erhöht werden.

Wir fordern die Stärkung des ökologischen Landbaus als Garant für Gentechnikfreiheit. Wir wenden uns gegen einen sogenannten »Erprobungsanbau« und weitere Freisetzung von genmanipulierten Pflanzen und Mikroorganismen. Wir fordern von der Staatsregierung, ihre Blockade des Gentechnikgesetzes sowie der Sanktionsregelungen bei Verstößen gegen Kennzeichnungs- und Rückverfolgbarkeitspflichten aufzugeben, damit Verstöße gegen die Kennzeichnungspflicht geahndet werden können.

Über die Hartnäckigkeit von Leberkäs- und Schnitzelsemmel

20. April 2004

Landtagsvizepräsidentin Barbara Stamm hat heute die jährlichen Spezialitätentage eröffnet. Diesmal jedoch, o Schreck, locken Landtagsgaststätte und -kantine nicht mit Kulinarischem von Federvieh, Reh, Hirsch, Wildschwein oder Fisch. Nein – die Abgeordneten sollen drei Tage lang gesünder essen! Ihnen soll drei Tage lang das Leben mit vegetarischen Biogerichten vermiest werden! Müssen die etwa drei Tage lang auf Haxen, Schnitzel und Leberkäs verzichten und kriegen nur Körndln vorgesetzt? Dahinter steckt doch sicher »die Rütting«!

Keine Sorge, für die Skeptiker hält die Leberkästheke zur Sicherheit auch Schnitzelsemmeln bereit. Sie könnten ja sonst vom Fleisch fallen.

Da bin ich aber beruhigt.

Natürlich machen drei Tage gesunde Kost sowieso noch keine gesunden Abgeordneten. Und es sind ja nicht die Prassereien zwischen Weihnachten und Neujahr verantwortlich für Gesundheit und Wohlbefinden (und Figur!), sondern das, was mensch zwischen Neujahr und Weihnachten in sich hineinstopft.

Da hätte ich schon einige Vorschläge …

Immerhin: Auch wenn eine Schwalbe noch keinen Sommer macht, ist eine doch besser als gar keine. Meint »die Rütting« ungebremst optimistisch.

Rede im Plenum zum Antrag
»Umstellungsberatung Großküchen«

Gesunde Ernährung braucht das Land – besonders die Kinder!

22. April 2004

Sehr geehrter Herr Präsident, sehr geehrte Damen und Herren,
ich hoffe, Sie haben soeben gut und gesund gegessen und fühlen sich
jetzt fit und hellwach. Was wir essen, hat einen maßgeblichen Einfluss nicht nur auf unsere Gesundheit, sondern auch auf unsere geistige Leistungsfähigkeit. Das ist ja eine Binsenweisheit. Wenn Sie also
in der Landtagsgaststätte eines der täglichen köstlichen Vollwertge-
richte probiert haben, werden Sie merken: Danach ist man zwar angenehm satt, aber nicht »randvoll«, nicht müde, sondern geistig fit.
»Brainfood« heißt das ja neuerdings, Nahrung fürs Gedächtnis, Ge-
hirnnahrung – zur Steigerung der geistigen Leistungsfähigkeit. Der
erfreuliche Nebenaspekt: Es schmeckt nicht nur gut, hält fit und hat
positive Auswirkungen auf die Stressbewältigung – alles Effekte, die
wir gut gebrauchen können –, sondern ist durchaus erschwinglich.
Die Küchenchefin Frau Mühlegg hat mir begeistert versichert, dass
das tägliche Gericht inzwischen sehr gut angenommen wird, also ein
weiterer positiver Aspekt. »Ein voller Bauch studiert nicht gerne« –
das alte Sprichwort hat zwar seine Berechtigung, bedarf aber einer
Ergänzung: Es kommt eben ganz darauf an, was im Bauch ist, was
man isst. Der Rolle der Ernährung sollte angesichts der zunehmenden ernährungsbedingten Krankheiten endlich die entsprechende
Bedeutung beigemessen werden. Die Qualität von Lebensmitteln,
der Zusammenhang zwischen Ernährung und Gesundheit ist ein
hochrelevantes und brisantes Thema.
In den USA, die ja besonders in Bayern und von dem Ministerpräsidenten Herrn Stoiber so gerne als Vorbild zitiert werden, steht
das inzwischen auf der politischen Agenda und füllt die Titelstorys
der Medien. Denn dort wird nach Aussagen der zuständigen Behörden im nächsten Jahr die Todesursache Nummer eins Fehler-

nährung und Übergewicht sein, noch vor Rauchen mit den Folge-
krankheiten Krebs, Herzinfarkt und Schlaganfall. Wenn es uns um
eine wirklich vernünftige und zukunftsfähige Gesundheitsreform
geht, nimmt also die Frage gesunder Ernährung eine Schlüsselstelle
ein.

Herr Minister Schnappauf, ich habe mich natürlich über Ihre Pressemeldung vom 26. Februar gefreut: »30 % der Krankheiten sind
ernährungsbedingt. Bewegungsmangel und falsche Ernährung zählen heute zu unseren Krankmachern Nummer eins. Die Folgen kennen wir. Am konsequenten Handeln fehlt es aber.« Genau, Herr Minister, da haben Sie recht. Sie sagen es selbst – am konsequenten
Handeln, nämlich seitens der Staatsregierung, fehlt es. Dabei gibt es
im Rahmen der Verbraucherinitiative durchaus gute und weiterfüh-
rende Ansätze, wie die Wettbewerbe »Essen pro Gesundheit«, die
»Schulcafeteria« vom Kuratorium Schulverpflegung e.V., die leider
nicht weitergeführt werden, wie mir die Mitarbeiter von »Schulverpflegung« berichteten. Mit unserem Antrag möchten wir erreichen,
dass die engagierte Arbeit weitergeführt werden kann, insbesondere
im Bereich Außer-Haus-Verpflegung, die in den vergangenen Jahrzehnten erheblich zugenommen hat. Etwa 30 % der Lebensmittel
nehmen wir mittlerweile außer Haus, das heißt am Arbeitsplatz, im
Restaurant, in Kliniken oder Heimen zu uns. Insbesondere für Kindergärten, Tagesstätten und Schulen spielt die Verpflegung oder
Zwischenverpflegung eine immer größere Rolle. Gerade vor dem
Hintergrund der Einführung der Ganztagsschulen und damit not-
wendiger Mittagsbetreuung halten wir es für vordringlich, dass die
Schüler und Schülerinnen gesunde Mahlzeiten erhalten. Um den
Anteil ökologisch und regional erzeugter Produkte für Großküchen
zu erhöhen und die Anlaufschwierigkeiten insbesondere im Bereich
der Logistik zu vermeiden, ist professionelle Hilfestellung sinnvoll,
wie entsprechende Erfahrungen zeigen. Damit wird den Küchenlei-
tern der Einstieg erleichtert und Fehler bei der Einführung werden
vermieden.

Wie gesagt, im Bereich der Vorbeugung und Ausheilung von Krankheiten spielt Ernährung eine wesentliche Rolle. 75 Milliarden Euro pro Jahr werden in Deutschland für die Behandlung ernährungsbedingter Krankheiten ausgegeben. Krankheiten, die durch gesunde vollwertige Ernährung zu vermeiden, zu heilen oder zumindest zu bessern wären. Die Umstellung auf ökologisch erzeugte, vollwertige Lebensmittel ist ein wichtiger Schritt, um im Sinne der Vorbeugung teure Folgekosten sowohl im Gesundheits- wie Umweltbereich zu vermeiden. Besonders alarmiert müssen wir doch alle sein, weil zunehmend Kinder davon betroffen sind. Adipositas, Allergien, auch Herzkrankheiten nehmen zu. Die Kinder erkranken an Diabetes Typ 2, also Altersdiabetes, und das heißt lebenslange Medikation und eine verkürzte Lebenserwartung.

Herr Minister Schnappauf, Frau Ministerin Hohlmeier, Kolleginnen und Kollegen: Die Ganztagsschulen in Bayern zu installieren, ohne auch ein vernünftiges Konzept für die Verpflegung der Schülerinnen und Schüler anzubieten und auch die notwendigen politischen Rahmenbedingungen dazu zu schaffen, ist deshalb unverantwortlich. Mir schreiben inzwischen massenweise besorgte Eltern, die nicht wollen, dass ihre Kinder mit Fastfood, Tiefkühlware aus der Mikrowelle oder Convenience-Produkten abgefüttert werden. Auch Schulen und Lehrer fordern eine gesunde und vollwertige Ernährung und finden seitens der Staatsregierung keine Unterstützung. Köche berichten mir, dass sie in Schulkantinen mit zwei Euro je Mahlzeit ein Kind abspeisen müssen. Sie schicken Ihre Kinder auf die Waldorfschule, Frau Ministerin Hohlmeier, wo im Sinne einer ganzheitlichen Erziehung auf Ernährung großer Wert gelegt wird. Umso inakzeptabler ist Ihre Bemerkung, dass für die Verpflegung in der Ganztagsschule halt ein Betrag von 2,50 Euro pro Kind auszureichen habe. Sie sollten doch in Ihrer gewohnt durchsetzungsfähigen Art und Weise die vernünftigen Forderungen der Eltern und Schulen aufnehmen und unterstützen und nicht den berechtigten Anspruch nach vollwertiger und gesunder Mittagsverpflegung als unverhältnismäßig zurückweisen. Damit machen Sie sich und Ihre Politik unglaubwürdig. Der Bund gibt Ihnen übrigens insgesamt 600 Millionen Euro für Ganztagsschulen, die nehmen Sie doch allzu gerne in Anspruch! Allerdings dürfen die nicht alle für die G8 verbraten werden! Aber für gesunde Ernährung, die ursächlich mit Leistungs- und Konzentrationsfähigkeit zusammenhängt, hat Bayern kein Geld übrig, das ist schon unfassbar.

Wir wollen mit unserem Antrag zunächst einmal erreichen, dass jetzt die nötigen Voraussetzungen und die entsprechende Beratung für Großküchen sowie die logistische Unterstützung geschaffen werden, damit unsere Kinder gesunde und vernünftige Lebensmittel bekommen. Gleichzeitig unterstützt dieser Projektbereich die regionalen Erzeuger gesunder ökologischer Lebensmittel, da ihnen über Absatzmöglichkeiten in den Kantinen Planungssicherheit gegeben wird.
Ernährung ist ein Politikum. Die beste präventive Gesundheitspolitik für unsere Kinder – die noch dazu enorme Folgekosten spart – ist die richtige Ernährung, in Kindergärten, Horten, Schulen, der Universität. Das Gleiche gilt aber natürlich auch in Krankenhäusern oder Altersheimen und für alle Großküchen und Kantinen. Bei der Beratung unseres Antrags im Ausschuss gab es seitens der Fachkräfte Ihres Hauses durchaus Übereinstimmung. Lassen Sie uns doch gemeinsam dafür sorgen und stimmen Sie unserem Antrag zu. Eine richtige Ernährung ist die beste Vorsorge für die Gesundheit unserer Kinder.

Esst weniger Fleisch!

Ein Interview, das die tz *mit mir führt*

27. April 2004
Haben Sie schon einmal so einen Tiertransport miterlebt?
»Mit anderen Tierschützern bin ich schon mehrmals solchen Transporten hinterhergefahren, bis nach Triest. Es ist schrecklich: Die Tiere werden nicht richtig getränkt. Sie werden für diese Transporte mit Anti-Stress-Medikamenten und Antibiotika voll gestopft – das essen die Verbraucher nebenbei alles mit. Wir sind deshalb dafür, dass die Subventionen für Lebendtransporte überhaupt wegfallen – denn nur dadurch lohnen sich solche Transporte überhaupt. Außerdem fordern wir Grünen, dass die Tiere nicht länger als acht Stunden durch Europa gekarrt werden dürfen.

Warum lehnen Sie den gestern diskutierten Vorschlag einiger anderer EU-Staaten ab, statt eines Zeitlimits mehr Pausen für die Tiertransporte festzulegen?
Jeder Tierarzt wird bestätigen, dass diese Pausen nichts bringen. Die Tiere entspannen sich überhaupt nicht, selbst zwei Stunden Ruhe bringen da gar nichts. Sie sind nervös, sie trinken nichts, sie essen nichts. Wir verlangen, dass die Höchstdauer von Lebendtransporten acht Stunden nicht überschreitet. Durch die Osterweiterung werden viele bei uns im Tierschutz erreichte Erfolge leider wieder zunichte gemacht, es wird große Rückschläge geben.

Viele Menschen haben ja das Problem, dass sie immer weniger Geld zur Verfügung haben. Verstehen Sie, dass die dann doch lieber Billigfleisch kaufen, egal, wo's herkommt?
Viele sagen: »Ach Gott, die armen Tiere!« – und kaufen dann doch die billigen Eier oder das billige Fleisch. Früher gab's einmal in der Woche den Sonntagsbraten – und heute essen die meisten jeden Tag Fleisch. Ich plädiere deshalb dafür, den Fleischkonsum zu reduzieren

Schluss mit den Subventionen für Lebendtransporte!

und dafür den Erzeugern mehr zu zahlen. Wenn jeder ein bisschen was tut, lässt sich das ganze Elend mit den Tiertransporten sofort zum Guten wenden. Die Lebensmittel sind im Grunde genommen zu billig: 1960 haben wir 30 % des Haushaltsbudgets für Lebensmittel ausgegeben, heute sind es nur 12,3 %. Wir kaufen das beste Öl für das Auto und das schlechteste für den Salat.

In diesen wirtschaftlich schwierigen Zeiten kommen Sie aber mit diesen Argumenten immer weniger durch, weil doch alle aufs Geld schauen müssen, oder?
Ich beweise in meinen Kochkursen, dass man mit Bioprodukten genauso günstig kochen kann wie mit konventionell erzeugten Lebensmitteln! Das Teure ist das Biofleisch, aber da plädiere ich einfach für Reduzieren oder ganz Weglassen. Deshalb ist es ja so fatal, dass die Bayerische Staatsregierung die Stellen für Ernährungsberater am Landratsamt streicht, die sie vor zwei Jahren wegen der BSE-Krise extra eingerichtet hat. Ich habe im Bayerischen Landtag einen

Antrag eingebracht, wonach wenigstens Kantinen und Großküchen – vor allem für Kindergärten und Schulen – weiter über gesunde Ernährung beraten werden sollen. Die CSU hat den Antrag leider abgelehnt. Wir bekommen hier aber bald amerikanische Zustände: In den USA sind die Leute inzwischen so dick, dass schon breitere Särge gebaut werden müssen!

Mein Leserbrief in der *Chiemgauzeitung*

15. Juni 2004

Zur Verabschiedung des Gentechnikgesetzes

Unsere Bauern müssen für qualitative Lebensmittel mehr Geld bekommen, diesen Standpunkt vertrete ich in allen meinen Büchern, auf allen Vorträgen, bei allen Diskussionen. Und appelliere unermüdlich an die VerbraucherInnen: Esst ein Ei oder ein Schnitzel weniger und zahlt stattdessen ein paar Cent mehr für ein Huhn, das nicht auf der Größe einer DIN-A4-Seite sein Dasein fristen muss, sondern in der Natur seine Körner picken darf, ein paar Cent mehr für ein Schnitzel von einem Rind oder Schwein, das artgerecht gehalten wurde. Das würde den Bauern zugutekommen, der eigenen Gesundheit, den Tieren und der Umwelt! Wir müssen unsere Bauern unterstützen, indem wir das kaufen, was in der Region und saisonal wächst.

Es ist für mich ein Anliegen, auch im Bayerischen Landtag parteiübergreifend zu arbeiten, da ich mich vor allem den Wählern und Wählerinnen verpflichtet fühle. So bin ich selbstverständlich bereit, auch mit den CSU-Bauern und -Bäuerinnen gemeinsam zu einer Demonstration gegen die niedrigen Milchpreise auf die Straße zu gehen. Ebenso müssen wir uns gemeinsam parteiübergreifend gegen die Übergriffe der Gentechnik-Lobby wehren – alle miteinander, konventionelle wie Biobauern und die Imker. Denn der Anbau von gentechnisch veränderten Pflanzen schadet uns allen!

Augen auf, liebe Verbraucher und Verbraucherinnen. Seit dem 18. April haben Sie die Wahl: Boykottieren Sie gentechnisch veränderte

Nahrungsmittel, wählen Sie gentechnikfreie Produkte! Nutzen wir unsere Macht als VerbraucherInnen!

Müsli, Yoga und Mitmischen

Interview mit Sylvie-Sophie Schindler vom Münchner Merkur

17. Juni 2004
… Schauspielerin, Bestseller-Autorin, Gesundheitsberaterin und Grünen-Landtagsabgeordnete Barbara Rütting erklärte auf der Seniorenmesse, mit welchen Tricks man länger gesund bleiben kann. Die Besucher erlebten eine Frau, die mit 76 Jahren ihr »Wohlfühlalter« erreicht hat und deren positive Ausstrahlung ansteckend ist. Unserer Zeitung verriet sie ihr Geheimrezept.

Aus Ihren Augen strahlt die pure Lebensfreude. Warum ist Ihr Leben so schön?
Jeder Tag schenkt neue Erfahrungen. Ich finde das aufregend, gerade die kleinen Momente. Es macht mich glücklich, wenn ich mit meinen beiden Hunden spazieren gehe und die Vögel in den Bäumen singen höre. Auch das Glücklichsein kann man trainieren.

Das hört sich so an, als ob man vor dem Alter keine Angst haben müsste.
Überhaupt nicht, das wird uns ständig eingeredet. Falten und Osteoporose, so stellt man sich einen alten Menschen vor. Und wer redet über die Fülle von Möglichkeiten, die man im Alter hat? Die Senioren heutzutage sind sehr aktiv. Jeder hat es selbst in der Hand, mit den Jahren nicht einzurosten.

Was kann ich tun, um mich im Alter noch wohler zu fühlen?
Man muss aktiv bleiben. Der größte Feind des Menschen ist die Bequemlichkeit. Dabei ist es leicht, dem Leben eine positive Wendung

zu geben. Dazu gehört vitalstoffreiche und vollwertige Ernährung, ausreichend Bewegung wie Yoga, Meditation, positives Denken.

Ernährung nimmt in Ihren Büchern eine zentrale Rolle ein.
Mein Motto heißt: Essen wir uns gesund. Unsere Nahrung ist unser Schicksal. 50 % aller Krebserkrankungen zum Beispiel sind ernährungsbedingt. Auch Depressionen werden oft durch schlechte Ernährung verursacht.

Wie sieht gesunde Ernährung im Alter aus?
Vollkornbrot, Müsli aus frisch gemahlenem Korn, Äpfel, Sprossen und Nüsse gehören dazu. Bei Ölen nur die kaltgepressten – und weißen Industriezucker vermeiden.

Was kann man seiner Seele Gutes tun?
Neugierig sein, sich einmischen, schauen, wo man gebraucht wird. Gerade im Alter hat man die Zeit, sich zu engagieren. Es gibt viele, die Hilfe brauchen. In Deutschland vergisst man oft, wie gut es uns eigentlich geht. Dankbar sein!

Im Rückblick:
Bei dieser Seniorenmesse trafen Horst Seehofer und ich aufeinander. Er hatte in seinem Vortrag Kritik an der Wirtschaft geübt: »Mehr als die Hälfte der deutschen Betriebe beschäftigt keine Mitarbeiter über 50 Jahre – die Erfahrung der Älteren wird völlig unterschätzt.«
Kaum war er Ministerpräsident, ging er jedoch daran, den Landtag zu verjüngen, Ältere gegen Jüngere auszutauschen.
Damals auf der Seniorenmesse hatte er mich als »Schwester im Geiste« begrüßt. Wie habe ich mich darüber gefreut! Ich Naivling glaubte tatsächlich, gemeinsame Anstrengungen zur Bewahrung der Schöpfung seien möglich. Es hat sich ausgeschwestert. Längst.

»Schnappaufs Initiative nichts als heiße Luft«

27. September 2004

Wie berichtet stellten wir Grünen bereits Anfang des Jahres einen Antrag zur Umstellung von Großküchen und Kantinen auf einen möglichst hohen Anteil an ökologischen und regionalen Lebensmitteln. Darin wurde ausführlich auf die Folgeschäden und -kosten ungesunder Ernährung hingewiesen. Der Antrag wurde von der CSU abgelehnt – um jetzt von Gesundheitsminister Schnappauf unter dem Slogan »Gesund leben in Bayern« als eigene Initiative verkauft zu werden.

Darüber kann man sich natürlich ärgern, wie es die grüne Pressestelle tat. Mir dagegen ist es eher egal, wer sich letzten Endes den Erfolg auf die Fahne schreibt – also in diesem Fall wieder mal die CSU. So lautete mein Kommentar für die Pressemeldung zwar: »Es ist ja wirklich lobenswert, dass auch Minister Schnappauf die Relevanz gesunder und vollwertiger Ernährung sowie gesundheitlicher Aufklärung endlich erkannt hat – seine Initiative ist allerdings nicht zu Ende gedacht, weil über deren praktische Umsetzung und Finanzierung keine Zahlen vorliegen und es tatsächlich absurd ist, wenn er jetzt eine groß angelegte Initiative zur »größten gesundheitspolitischen Herausforderung der Gegenwart« ankündigt, nachdem die Staatsregierung erst im Frühjahr sämtliche Mittel hierfür und noch dazu die Stellen der Ernährungsberaterinnen gestrichen hat.«

Aus irgendeinem Grund – Pressemeldungen müssen schnell raus an die Medien – war diese nicht genau mit mir abgesprochen. So lautete die Überschrift »Schnappauf ohne Konzept« und der Schlusssatz »Schnappaufs Initiative ist nichts als heiße Luft«.

Diese unsachlichen und noch dazu abgedroschenen Phrasen haben mich so geärgert, dass ich noch nachts eine Entschuldigung an Minister Schnappauf schrieb. Er sagte daraufhin zu mir, das würde er nie vergessen, so etwas hätte er noch nie erlebt.

(Ich frage mich jetzt, ob ich diese Höflichkeit auch in den folgenden Jahren durchgehalten habe.)

Mein Entschuldigungsbrief
Sehr geehrter Herr Minister Schnappauf,
ich möchte mich bei Ihnen entschuldigen für den Tenor der Pressemeldung vom 27. September. Weder die Überschrift »Schnappauf ohne Konzept« noch der Schlusssatz »Schnappaufs Initiative ist nichts als heiße Luft« waren von der Pressestelle der grünen Fraktion mit mir abgesprochen. Ich hätte oder habe diesen Formulierungen nicht zugestimmt. Derartige Äußerungen widersprechen absolut meinem Stil. Wie Sie wissen und wie ich immer wieder betone, wünsche ich mir ein Klima des Miteinanders, bin ich daran interessiert, parteiübergreifend zu arbeiten, erwarte das allerdings auch von den anderen Parteien. Es sollte doch um die Verwirklichung von Inhalten gehen und nicht um Machtkämpfe.
Mit freundlichen Grüßen
Ihre Barbara Rütting

Illegale Verfütterung von Tiermehl/BSE

Wir Grünen fordern Kontrollen

8. Oktober 2004
Nach den alarmierenden Warnungen des Verbraucherverbandes Foodwatch vor Tiermehl in der Nahrungskette (übrigens: Tiermehl – das sind gemahlene Tierkadaver!) haben wir Landtagsgrünen von der Staatsregierung dringend Auskunft gefordert. Wir wollen wissen, wie es in Bayern um die Kontrollen für ein Verfütterungsverbot von Tiermehl steht. Weil Tiermehl als Hauptursache für die Rinderseuche BSE gilt, wurde als Konsequenz auf die europaweite BSE-Krise die Fütterung von Nutztieren mit Tiermehl verboten. Allerdings darf Tiermehl weiterhin als Dünger verwendet werden, muss

dafür aber durch entsprechende Geruchsstoffe als Tierfutter unbrauchbar gemacht werden. Foodwatch fürchtet, dass der Tiermehl-Dünger dennoch illegal als Futter zum Einsatz kommt, weil er im Vergleich zu anderen Futtermitteln wesentlich billiger zu beschaffen ist. Die Kontrollen dafür unterliegen in Deutschland den Bundesländern – deshalb wollen wir von der Staatsregierung unter anderem detaillierte Informationen darüber, in welchen Mengen in Bayern Tiermehl anfällt bzw. auch aus dem Ausland importiert wird und in wie vielen Fällen möglicherweise Verstöße ermittelt wurden.

Bayern ist mit insgesamt 128 BSE-Fällen nach wie vor BSE-Bundesland Nr. 1, auch 2004 wurden mehr als ein Drittel aller deutschen BSE-Rinder in Bayern entdeckt. Die Verbraucherinnen und Verbraucher brauchen also gerade in Bayern die Gewissheit, dass vonseiten der Staatsregierung alles unternommen wird, eine illegale Verfütterung von Tiermehl konsequent zu unterbinden.

Ein Jahr nach der Wahl

Oktober 2004

Das erste halbe Jahr war mörderisch. Kaum Zeit zu schlafen, kaum Zeit zu essen. Um eine bessere Lebensqualität für andere zu erreichen, bin ich angetreten – und die eigene bleibt auf der Strecke? Nicht gut.

Man hatte mir ja u.a. prophezeit: Du musst als Grüne einen guten Antrag 15 Mal stellen. 15 Mal wird er von der übermächtigen CSU abgelehnt, schließlich aber als eigener Antrag eingebracht und verabschiedet.

Stimmt. Das ist mir ja gerade passiert, beim Antrag für eine vollwertige biologische Ernährung der Schulkinder. Abgelehnt – und dann als eigener Antrag der CSU vorgestellt.

Der Parteikonformismus ist das eigentlich Frustrierende an diesem Job. Ich werde mich gegebenenfalls darüber hinwegsetzen, war ja von Anfang an bemüht, parteiübergreifend zu arbeiten. Macht oder

Ohnmacht einer grünen Abgeordneten im Bayerischen Landtag – eigentlich bleibt nur, Sand ins Getriebe zu streuen. Von Macht kann keine Rede sein.

Zahllose Veranstaltungen zu den Themen Ernährung, Tier- und Umweltschutz, und da speziell zur Gentechnik, habe ich in den vergangenen Monaten durchgeführt, Anträge und Anfragen ins Parlament eingebracht. Ob es jedoch um den Ausstieg aus der Atomwirtschaft, aus der Agro-Gentechnik, der Käfighaltung der Hühner, den Tierversuchen, um das Verbot von Subventionen für Lebendtransporte von Tieren geht – von den sogenannten christlichen Parteien, von den unionsgeführten Ländern ist kaum Unterstützung zu erwarten. Oder vielleicht doch, irgendwann?

Eine CSU-Abgeordnete sagte mir wörtlich, sie sei ja meiner Meinung, ich habe ja recht, aber sie könne doch nicht dem Antrag einer Grünen zustimmen. Ich habe daraufhin im Plenum vorgeschlagen: Dann frisieren Sie doch meinen Antrag um, meine Damen und Herren von der CSU, und stellen Sie ihn neu als Ihren eigenen vor!

Immer mehr bisherige CSU-WählerInnen sind mit ihren VertreterInnen im bayerischen Parlament unzufrieden, auch und besonders wenn es um den Schutz der Tiere geht. Von den christlichen Werten im Sinne von »Hütet und bewahret die Schöpfung« ist längst nichts mehr zu spüren.

Ich mache mir mit den wahrlich kleinen Erfolgen immer wieder Mut. Das tägliche Vollwertgericht auf der Speisekarte von Landtagsgaststätte und -kantine gewinnt zusehends an Beliebtheit, mit Privatschulen ist die Einführung vollwertiger biologischer Ernährung der Schulkinder geplant. Die dreitägige Ausstellung im Landtag mit Bioprodukten fand großen Anklang, der Knüller: der Tag mit Renate Künast – über 600 begeisterte Besucher! Ich muss nicht wiedergewählt werden, das ist mein Trumpf. Ich drohe: Wenn ihr nicht lieb zu mir seid, kandidiere ich 2008 noch einmal! Gelegentlich wird mir vorgeworfen, ich weiche die Grenzen zwischen den Parteien auf. Na wunderbar!

Mein Buch »Lachen wir uns gesund« ist ins Arabische übersetzt worden. Fehlt noch die Übersetzung ins Hebräische. In einem der Kapitel habe ich geschrieben: »… muss insbesondere das völkerverständigende und friedensstiftende Element des Lachens hervorgehoben werden. Ein lachender Mensch schießt nicht auf einen anderen lachenden Menschen. Das wäre ja geradezu paradiesisch: Gelächter in der Knesset und bei der Hamas, gemeinsames Lachen verbindet Bosnier, Serben und Kroaten, Menschen in Russland mit Menschen in Tschetschenien, die Fehde zwischen Katholiken und Protestanten wird einfach weggelacht … Juden, Palästinenser, Moslems, Christen, Agnostiker und Atheisten – alle vereint in einem gigantischen Gelächter … eine unrealisierbare Utopie? Durchaus nicht! Wie hat es Ben Gurion ausgedrückt: ›Wer nicht an Wunder glaubt, ist kein Realist!‹

Vielleicht habe ich Glück und mir bricht nicht vor Ende der Legislaturperiode das Herz. Die chinesischen Artisten kündigen ihre Darbietungen mit dem Slogan an: »Möge die Übung gelingen!« Sollte meine Übung also gelingen, so möchte ich mich von diesem Landtag mit einer kolossalen Lachmeditation verabschieden.

Und dann gehen, ohne mich noch einmal umzusehen …

Meine »Tierschutz-Kolumne« für den *Chiemgauer*

3. Februar 2005
… Tierschützer werden – besonders wenn sie noch dazu Vegetarier sind – gern als Fanatiker gebrandmarkt, die z.B. Hennen aus Legebatterien befreien wollen, obwohl Freilandeier angeblich stärker mit Dioxin belastet sind als Käfigeier.
Wie einseitig und irreführend die Berichterstattung der Medien zu diesem Thema oft ist, lässt sich an diesem Beispiel belegen. Verschwiegen wurde nämlich, dass das Bundesamt für Verbraucherschutz und Lebensmittelsicherheit bei Käfigeiern sogar eine größere

Belastung festgestellt hat. Demnach waren Eier aus Käfighaltung zu 9,1 %, Freilandeier zu 8,6 und Eier aus Bodenhaltung zu 4,4 % über dem Grenzwert von 3pg/g Fett belastet. Bio-Eier lagen hingegen nicht darüber.

Die Haltung von Legehennen in Käfigen wurde vom Bundesverfassungsgericht 1999 als tierquälerisch verworfen und 2001 ab 2007 verboten. Dem stimmte auch die Bayerische Staatsregierung zu. Nun aber will sie dieses Verbot gemeinsam mit den anderen unionsgeführten Ländern zu Fall bringen und fordert sogenannte Kleinvolieren – nichts anderes als geringfügig vergrößerte Käfige.

Tatsache ist: Die von *BILD* und der Käfig-Lobby in die Welt gesetzte Behauptung, Freilandeier seien grundsätzlich stärker mit Dioxin belastet als Käfigeier – und dies kurz vor Beginn der Grünen Woche und nachdem Renate Künast gegenüber dem Bundesrat standhaft am Verbot der Käfighaltung festhielt –, ist eine sehr durchsichtige Kampagne der Eierindustrie. Sie will ihre Interessen durchsetzen – nur ihre, nicht, wie behauptet, die unserer Bauern und VerbraucherInnen. Auch Umweltminister Dr. Schnappauf sagt es doch: Nicht die Hühner müssen zurück in die Käfige, sondern das Dioxin heraus aus den Böden!

Ob es um Tiertransporte geht, um die Haltung von Masthähnchen, Puten, Enten, Mastkaninchen, um Pelztiere, die Qualen der Versuchstiere – auf allen Gebieten ist Aufklärung und vor allem Verbesserung dringend nötig und dafür brauchen die Tiere die Hilfe der Medien.

Übrigens: Mein Abgeordnetenmandat im Bayerischen Landtag verdanke ich überwiegend dem Votum bayerischer TierschützerInnen, die nicht nur unzufrieden sind, sondern oft verzweifeln, weil im Tierschutz »nichts weiter geht«. Eine Wählerin schrieb mir: »Millionen Tiere werden aufatmen, weil du jetzt im Landtag sitzt.« Eine Erwartungshaltung, der ich – besonders angesichts einer Zweidrittelmehrheit der CSU – nicht im Entferntesten gerecht werden kann. Dennoch: Da ich mich immer bemühe, parteiübergreifend zu arbeiten, weil es mir in erster Linie um Inhalte und erst danach um die

Partei geht, gibt es immerhin kleine Erfolge. So war ich glücklich, dass am 3. Februar im Ausschuss für Umwelt- und Verbraucherschutz alle drei von unserer Fraktion eingebrachten Anträge – zur generellen Dioxinbelastung, zu strengeren Tierschutzkontrollen in der Intensivgeflügelzucht und die Forderung nach rauchfreien Schulen – auch von den Fraktionen der CSU und SPD einstimmig angenommen wurden.

Zur Erinnerung:
Tierschutz und Menschenschutz sind untrennbar!
Was immer den Tieren geschieht, geschieht bald auch den Menschen (alter Indianerspruch).

Schauspielerin, Körnertante, Pazifistin

Ein Artikel von Cathrin Kahlweit in der Süddeutschen Zeitung

19. Februar 2005
»›Ich bin alt – und das ist gut so‹ heißt die Talkshow, die Jürgen Fliege an diesem Mittwochmorgen in den Bavaria-Filmstudios aufnimmt, und alle geladenen Damen geben sich erkennbare Mühe, nicht alt auszusehen. Die Maskenbildnerin ist mehr als eine Stunde lang beschäftigt, weil Haare toupiert und Lippen nachgezogen werden müssen, und eine nachweislich nicht mehr junge Frau besteht während der Show mehrfach mit großem Ernst darauf, nicht ›alt, sondern höchstens älter‹ zu sein. Barbara Rütting ist an Jahren eigentlich die Älteste in der Runde – und die Jüngste zugleich: Weißer Kurzhaarschnitt, strahleäugig, im schwarzen, weiß paspelierten Wollkostüm, mit hochmodischen Pumps und toller Figur tritt die mittlerweile 77-Jährige auf wie ein junges Mädchen. Sie ist ungeduldig, ärgert sich über doofe Antworten, findet die anderen Alten ein wenig mühsam. Eigentlich wollte sie über Wohnmodelle für Senioren reden, aber sie kommt kaum zu Wort und quält sich jetzt, weil

sie ihre Zeit verschwendet. Kein Wunder, das Landtagsplenum tagt an diesem Morgen ohne die grüne Abgeordnete, eine Ausstellung von Nichtregierungsorganisationen will besichtigt sein, der Verteidiger eines Strafgefangenen aus Bernau wartet auf die Unterstützung bei der Verlegung eines Klienten in den offenen Vollzug. Am Abend muss sie noch den Bürgermeisterkandidat Christof Langer in der Gemeinde Feldkirchen-Westerham unterstützen und auf seiner Wahlveranstaltung einen Vortrag über gesunde Ernährung halten; also schnell, schnell, die Zeit zwischendurch reicht nur für einen schnellen Snack in der Landtagskantine und einen ungesunden Schokoriegel am Abend auf der Autobahn im Schneetreiben, bevor sie irgendwann gegen elf nach Hause an den Chiemsee abdüst. Manch Jüngerer hätte an einem solchen Tag schon weit früher schlapp gemacht oder ein paar Aspirin eingeworfen.

Zwei Jahre ist es her, dass ein paar Freunde sie gefragt haben, ob sie – die Heldin von Tierschützern und Ökobauern – nicht im bayerischen Landtagswahlkampf für die Grünen antreten möchte. Die Partei wollte den Promi-Bonus der früheren Schauspielerin nutzen und jenen Teil der Grünen bedienen, der sich gegen Legebatterien und Tiertransporte verkämpft. Gerade erst war Barbara Rütting wieder in die Partei eingetreten (›um unsere Verbraucherministerin Renate Künast zu unterstützen‹), aus der sie Jahre zuvor als Pazifistin wegen der Haltung der Grünen zu deutschen Kriegsbeteiligungen ausgetreten war. Die alte Dame mit der großen Fangemeinde holte überraschend so viele zusätzliche Stimmen, dass sie mit ihrem neuen Listenplatz in den Landtag einzog.

Heute, wenn sie ihre Parteifreunde ein bisschen ärgern will, dann kokettiert sie mit dem Satz: ›Wenn ihr nicht nett zu mir seid, dann kandidiere ich noch einmal.‹ Was daher rührt, dass zu Beginn ihrer Karriere als späte Quereinsteigerin ins Politikgeschäft einige jüngere Grüne unfreundlich laut darüber sinnierten, warum alte Frauen dem Nachwuchs die Plätze wegnehmen müssten. Mittlerweile hat sich die Stimmung offenbar geändert. Margarete Bause, Fraktionschefin der Grünen im Landtag, findet viele warme Worte für die

Kollegin: Barbara Rütting gehe ›mit einem anderen Verständnis an die manchmal sinnentleerten Rituale der Politik heran‹ – das ist eine feine Umschreibung der Tatsache, dass sich die Gesundheitsfachfrau Rütting mit Anträgen zu rauchfreien Schulen oder Verbandsklagen für Tierschutzverbände auch an die Kollegen der CSU wendet.

Sie mag nämlich nicht einsehen, ›dass man nicht an einem Strang ziehen kann, wenn man eigentlich einer Meinung ist. Es geht doch um die Sache‹, findet sie. Ihre Fraktionschefin Bause lobt übrigens auch, dass Barbara Rütting der Partei nutze, ›weil sie zeigt, was sie anrührt, weil sie nicht so cool ist‹, und der bayerische Landeschef Sepp Daxenberger findet gut, dass sie ›auch jene Grünen erreicht, die nicht im Mainstream mitschwimmen‹. Die beiden meinen das hörbar positiv – aber Barbara Rütting hat die gleichen Argumente auch schon als Vorwürfe entgegengehalten bekommen: Sie sei naiv, esoterisch, leicht gaga und was da sonst so an Irritationen durch die Partei und Öffentlichkeit waberte. Die *taz* erwähnte nicht ohne Hohn, dass Rütting mal kurz der ›Yogi-fliegenden Naturgesetzpartei‹ angehört habe, und die ex-grüne Renegatin Jutta Ditfurth warf ihr vor, für ›rechtsextreme Esoterik- und autoritäre Sexsekten‹ Propaganda zu machen.

Tatsächlich ist es auf den ersten Blick nicht von der Hand zu weisen, dass eine Frau, die Lachmeditationen macht, Getreidemühlen verschenkt, sich als Bhagwan-Anhängerin outete und bisweilen den Sannyasin-Namen ›Barbara-Taruna‹ benutzt, nicht unbedingt ›normal‹ wirkt. Andererseits klingt, was sie über Sekten, Yogis und Freigeister aller Art sagt, erfrischend normal. So sucht sie zum Beispiel seit vielen Jahren Menschen, mit denen sie gemeinsam ein Wohnprojekt für Alte ins Leben rufen kann, nachdem eine entsprechende Initiative in Österreich vor Jahren gescheitert war. Aber bislang hat sie die richtigen Unterstützer noch nicht gefunden: ›Die einen wollten eine WG mit freier Liebe, ein alter Hut, finde ich. Wieder andere waren nur an der richtigen Ernährung interessiert oder weniger an ihren Mitmenschen als an ihrem Hund. Und dazu kamen dann noch die Esoteriker, die meinten, alles ist egal, wenn du nur richtig denkst.‹ Kurz zusammengefasst bedeutet das für sie: Ihre Konzepte kann man nicht mit netten Spinnern umsetzen. Ziemlich normal klingt sie auch, wenn es um ihre Vollwertküchen-Ratschläge geht und um das Barbara-Rütting-Brot, das in vielen Öko-Bäckereien verkauft wird: ›Es gibt ein ganz einfaches Rezept für die richtige Ernährung: Sie sollte so natürlich sein wie möglich‹, ruft sie den etwa 40 Zuhörern bei ihrem abendlichen Vortrag über gesunde Ernährung in einer Gaststätte in Vagen bei Feldkirchen zu. ›Das heißt: Meiden Sie weißes Auszugsmehl, weißen Zucker. Ob Sie Fleisch essen, ist vor allem eine ethische Frage.‹ Eine Dogmatikerin ist sie nicht, eher eine rastlos Suchende, die sich immer wieder ›neu definiert‹. Jetzt also die Politik, ein neues Image als Macherin, als eine, die nicht nur die Moral, sondern auch einen gewissen Einfluss auf ihrer Seite hat. Also plant sie im Landtag eine Messe zum Thema ›Gutes Leben im Alter‹, posiert auf Flyern der Grünen, ein properes Huhn im Arm, gegen Käfighaltung, sitzt in Arbeitskreisen und Ausschüssen – und fragt sich bisweilen, ob sie in ihrem Alter nicht doch lieber zu Hause in Bernau bei ihren Tieren und Yoga-Übungen sein sollte. ›Die Leute denken oft, dass ich von Natur aus gesund und robust bin. Bin ich überhaupt nicht, ich hatte zum Beispiel mit 30 Jahren Rheuma und muss mir meine Fitness täglich neu erarbeiten.‹ Aber dann tauscht sie ihre todschicken Pumps doch gegen die Winterstiefel, klaubt Faltblätter und Infobroschüren zusammen und eilt hinaus in den Schnee. Sie wird 78, da hat man nicht mehr so viel Zeit.«

Gutes Leben im Alter

Grüne stellen im Landtag neue Wohnformen, Netzwerke und Betreuungsangebote für Senioren vor.

1. April 2005
Gutes Leben im Alter – unter diesem Leitmotiv bietet die grüne Landtagsfraktion am 5. und 6. April 2005 im Bayerischen Landtag ein Forum an für die unterschiedlichsten Ideen, Angebote und Pro-

jekte rund um das Thema Lebensqualität im Alter. Damit wollen wir nicht nur praktische Anregungen liefern, sondern auch für eine neue Sichtweise auf das Älterwerden werben.

Die Diskussion hat sich bislang zu sehr darauf verengt, alte Menschen als Pflegefall und Kostenfaktor abzuhandeln. Vertreter von Junger Union und Jungen Liberalen gingen sogar so weit zu fordern, dass Alte gefälligst ab 80 ihre neuen Hüften selbst bezahlen sollen. Oder sie beklagten, dass das Land von grauen Haaren regiert werde. Deshalb wollen wir aufzeigen, wie sich bis ins hohe Alter die Freiheit eines selbstbestimmten Lebens bewahren lässt.

Knapp 20 Vereine und Organisationen stellen im Landtag neue Wohnformen, ambulante Betreuungsangebote und generationenübergreifende Netzwerke vor.

Frohe Ostern, auch für die Hühner!

Anfang April 2005

Am Ostersamstag habe ich, als Osterhase beziehungsweise -häsin verkleidet, mit Bernauer Kindern die Bernauer Geschäfte besucht, die Eier von frei laufenden Hühnern verkaufen. Treffpunkt war der Naturkostladen Oberholzner. Die Kinder hatten wochenlang sehr einfühlsam mit großem Eifer Bilder gemalt, die einerseits das Leben von glücklichen Freilandhühnern und andererseits das Elend der armen Batteriehühner zeigten.

Zum Fototermin hatte sich auch Bürgermeister Daiber eingefunden. Immerhin fünf Geschäfte konnten wir mit den schönen Kinderzeichnungen beglücken und natürlich gab es für die fleißigen Künstler und Künstlerinnen jedes Mal eine Belohnung.

Die restlichen Bilder durften wir im Restaurant »Badehaus« aufhängen und auf der sonnigen Terrasse die mitgebrachten, gekochten Freilandeier bunt bemalen.

In einem Quiz konnten die Kleinen dann zeigen, was sie über die Eier-Kennzeichnung gelernt hatten, nämlich dass die Zahl 3 auf dem

Ei für Käfighaltung steht, ganz einfach zu merken durch den Slogan 3 (drei) = Quälerei (für eingesperrte Batteriehühner), 0 (Null) = cool (für glückliche Hühner aus biologischer Freilandhaltung) – auch wenn es sich nicht ganz reimt.

Die Kinder halfen sich dabei gegenseitig und so gab es keine Verlierer – jedes Kind erhielt eines meiner Kinderbücher geschenkt.

Oft sind es die Kinder, die der Mutter sagen: Mama, das Ei darfst du nicht kaufen, das ist von einem gequälten Huhn – und so die Eltern erziehen.

Mit solchen eher unspektakulären regionalen Aktionen kann ich vermutlich mehr im Bewusstsein der VerbraucherInnen bewirken als mit stundenlangen Sitzungen im Landtag. Meint eine glückliche Osterhäsin.

Brief an Umweltminister Dr. Werner Schnappauf

5. April 2005

Sehr geehrter Herr Minister Schnappauf,

zuerst einmal muss ich mich entschuldigen, dass ich mich jetzt erst für die Übersendung der Kassette über die Schülercafés bedanke. Ich bin begeistert! Und frage gleich, ob ich sie noch eine Zeit behalten kann, um sie eventuell in Schulen im Umkreis von Rosenheim vorzuführen.

Wie Sie sehen, war ich erfolgreich als Osterhase beziehungsweise -häsin unterwegs. Der Zeitungsausschnitt möge Sie in all dem Feinstaub aufmuntern.

Am 11. Mai wird mich im Landtag eine Gruppe von 25 Gesundheitsberaterinnen aus dem Nürnberger Raum besuchen. Die Frauen haben sehr interessante Projekte für die Umsetzung gesunder Ernährung in bayerischen Schulen erarbeitet, die sie Ihnen gern vorstellen möchten. Es wäre großartig, sehr geehrter Herr Minister Schnappauf, wenn Sie uns eine Viertelstunde Ihrer Zeit (an dem Tag ist Plenum) dafür schenken würden.

Darf ich noch auf die Lage der Legehennen zurückkommen? Wie Sie wissen, hat der Ausschuss für Umwelt, Gesundheit und Verbraucherschutz drei Haltungsformen von Hühnern in Freilassing besichtigt. Minister Miller hatte mir in einem Gespräch übrigens schon vorher begeistert von dem Betrieb mit 90 000 frei laufenden glücklichen Hühnern berichtet. Man war sich nach der Besichtigung allgemein einig: Die Käfighaltung muss verboten bleiben. Auch die sogenannte Kleinvoliere ist und bleibt ein Käfig. Freilandhaltung ist möglich und muss das Ziel sein. Es ist nur eine Frage der Hygiene und des Managements, ob sie funktioniert. Die von der Käfig-Lobby in die Welt gesetzte Behauptung, Freilandeier seien stärker mit Dioxin belastet als die Käfigeier, wurde glücklicherweise von »Monitor« als Lüge entlarvt, ehe größerer Schaden entstehen konnte, und auch Sie, Herr Minister, haben sich ja vehement gegen diese Behauptung ausgesprochen.

Sehr erfreut hat es mich dann zu hören, dass McDonald's in Bayern nur Freilandeier verwendet und nur Fleisch von ökologisch gehaltenen Tieren. Wieder ein Beweis dafür, dass ökologische Tierhaltung und Ökonomie sich durchaus nicht ausschließen müssen.

Sehr geehrter Herr Minister Schnappauf, nach wie vor habe ich die große Hoffnung, dass Sie sich als bayerischer Umweltminister dafür stark machen, dass die Käfighaltung der Legehennen verboten bleibt – der Dank vieler Tierfreunde ist Ihnen gewiss.
Mit nachösterlichen Grüßen
Barbara Rütting

Die CSU leistet der Tierquälerei Vorschub

Mein Antrag zum Verbot der Anbindehaltung von Pferden ist an der CSU-Mehrheit gescheitert.

Hier die Pressemitteilung:

20. April 2005
Die Grünen im Bayerischen Landtag werfen der CSU vor, nicht gegen katastrophale Haltungsbedingungen bei Pferden einzuschreiten und damit der Tierquälerei Vorschub zu leisten. Die Grünen haben in einem Antrag gefordert, die Anbindehaltung von Pferden für alle Nutzungsformen zu verbieten, und sind damit in der heutigen Sitzung des Landwirtschaftsausschusses an der CSU-Mehrheit gescheitert. »Es ist unfassbar, dass die CSU einer artfremden Ständer- und Anbindehaltung Vorschub leistet und nicht für eine Verbesserung der Haltungsbedingungen von Pferden eintritt«, erklärt Barbara Rütting, tierschutzpolitische Sprecherin. »Bayern ist Schlusslicht, was den Tierschutz angeht.«
So ist in zahlreichen Bundesländern die Anbindehaltung von Pferden schon längst verboten. Auch belegen wissenschaftliche Untersuchungen, dass die Hälfte aller Ständerpferde gravierende Verhaltungsstörungen: Apathie, Frust und Aggressivität aufweist. Bereits im Jahr 1995 hat die Sachverständigengruppe »Tierschutzgerechte Pferdehaltung« des damaligen Bundesministeriums für Ernährung, Landwirtschaft und Forsten darauf hingewiesen, dass die Anbindehaltung von Pferden nicht den Kriterien einer artgerechten Pferdehaltung entspreche.

Keine Primaten mehr in der Münchner Uniklinik

22. April 2005

Wir haben es geschafft – die tierschutzwidrige Versuchstierhaltung und -zucht von Primaten im Keller der Chirurgischen Klinik der Münchner Ludwig-Maximilians-Universität wird geschlossen.

Nach Auskunft von Staatsminister Goppel sollen die Primaten unter besseren Bedingungen untergebracht werden. Bis September 2005 soll die Umsiedlung nach Göttingen abgeschlossen sein. Ein erster Schritt – denn Ziel kann nur das Totalverbot von Versuchen an allen Affenarten sein. In mehreren Ländern, wie z.B. in Schweden, den Niederlanden und Neuseeland, sind Versuche an Schimpansen und weiteren Menschenaffen bereits gesetzlich verboten. Wir hoffen auf breite Unterstützung der Bevölkerung, zumal auch immer mehr namhafte Verhaltensforscher und -forscherinnen auf die Ähnlichkeit zwischen Mensch und Affe verweisen. Die Staatsregierung ist dringend aufgefordert, die Alternativmethoden zu Tierversuchen zu fördern.

Die Kirchen und der Tierschutz

Mai 2005

Einer der berühmten Tierschützer, der Theologe Skriver (1903–1983), war es, der ein bis heute unübertroffenes Manifest verfasste: »Der Verrat der Kirchen an den Tieren« gegen den »furchtbaren Kriegszustand zwischen Mensch und Tier, wie er sich austobt in Tieropfer, Jagd, Schlachtung, Vivisektion, Ausbeutung und Ausrottung der Arten«, und die dazu von den Amtskirchen geleistete Beihilfe.

Skriver ernährte sich aus ethischen Gründen seit seinem 17. Lebensjahr vegetarisch, später sogar vegan, also ohne jegliche tierischen Produkte. Er wurde unter der NS-Herrschaft als Mitglied der Bekennenden Kirche verfolgt und zeitweise inhaftiert. Nach dem Krieg wandte er sich gegen die Remilitarisierung der Bundesrepublik und war in der Ostermarschbewegung aktiv. Den Schutz der Tiere und die vegetarische Lebensweise sah Skriver untrennbar mit dem Leben Jesu und den ersten Christen verbunden.

»Wenn die vornehmste Pflicht eines Christen der Schutz der Schwachen ist, der Kinder, der Kranken, der Irren, Alten, der Unterdrückten, der Verfolgten, der Flüchtlinge, der Verwundeten, der Sterbenden und Leidtragenden, dann gehört dazu auch der Schutz der Tiere«, so Skriver.

Leider hat sich in der Haltung der Amtskirchen gegenüber den Tieren kaum etwas geändert.
Die Amtskirchen segnen weiterhin Hubertusjagden zum Töten von Tieren ebenso wie Militäreinsätze zum Töten von Menschen.
In meinem Brief ganz am Anfang meines Mandats an Papst Benedikt XVI. hoffte ich noch, mehr Verständnis für den Schutz der Tiere zu erreichen. Vergeblich. Ich erhielt nicht einmal eine Antwort.

Ich schrieb damals:
Lieber Heiliger Vater,
hier schreibt Ihnen die 77-jährige Alterspräsidentin des Bayerischen Landtags, wohnhaft in Bernau am Chiemsee. Und natürlich komme ich mit der Bitte, dass Sie mir eine Audienz gewähren. Ich bin in meiner Fraktion Sprecherin für Ernährung, Verbraucher- und Tierschutz. Der bisher auch von den Kirchen vernachlässigte Schutz der Tiere und eine Sensibilisierung gerade der Kinder für dieses Thema liegen mir besonders am Herzen. Ich habe mich sehr über Ihre Aussage gefreut: »… sicherlich stellt die Art und Weise, wie wir Kreaturen industriell züchten und mästen (…), eine Degradierung von Lebewesen zu reinen Gebrauchsartikeln dar, was für mich der gegenseitigen Beziehung von Mensch und Tier, wie sie in der Bibel angesprochen wird, widerspricht.«
Das ermutigt mich, Ihnen ein Kinderbuch zu schicken, das ich vor über 25 Jahren geschrieben habe und das nach wie vor aktuell ist. Es geht darin auch um Jesus und die Tiere.

Aus meiner Widmung für Sie ersehen Sie, wie sehnsüchtig Tier-schützerInnen in aller Welt sich von Ihnen Hilfe für die Tiere erhof-fen.
Viel Kraft für Ihr Amt wünscht Ihnen
Barbara Rütting

Wie gesagt: Ich erhielt keine Antwort.

Von Politikverdrossenheit keine Spur

9. Mai 2005
Am 9. Mai besuchte eine Abordnung der Priener Franziska-Hager-Schule unter der Leitung ihres Lehrers auf meine Einladung hin den Bayerischen Landtag.
Die 25 Jungen und Mädchen tankten zunächst einmal Kraft beim Mittagessen in der Landtagsgaststätte bei Dinkelvollkornnudeln mit buntem Gemüse und Honigeis mit Erdbeeren, bevor der Gale-rist Albrecht Widmann sie durch die Ausstellung »Von Angesicht zu Angesicht« führte. Die Kunstwerke zeitgenössischer Malerei und Bildhauerei setzen sich auf ganz unterschiedliche Weise mit dem Spannungsverhältnis zwischen Mensch und Tier auseinander. Die Schülerinnen und Schüler waren sichtlich beeindruckt.
Eine Stunde lang berichtete ich dann über Freuden und Leiden der Landtagsarbeit und beantwortete Fragen. Die Jugendlichen sollten in der Gemeinde mitbestimmen dürfen, regte der Bernauer Felix an. Es wurde beschlossen, dass eine kleine Abordnung Bürgermeister Klaus Daiber in diesem Sinne die Aufwartung machen würde. Ber-naus Bürgermeister könnten harte Zeiten bevorstehen!
Ein Videofilm über den Bayerischen Landtag und die Direktübertra-gung der gerade stattfindenden Debatte aus dem Plenum beendeten den Aufenthalt der Schulklasse im Landtag.
Von Politikverdrossenheit bei den 16-Jährigen keine Spur. Auf mei-ne Frage, ob sich denn jemand vorstellen könnte, nach der Erfah-

rung des heutigen Tages einmal in die Politik zu gehen, meldeten sich zwei Jungen und ein Mädchen. Ich verabschiedete mich vom Wortführer Felix als vielleicht zukünftigem Kollegen im Bayerischen Landtag.

Nach Bulgarien für Mensch und Tier

Pressemitteilung

9. Juni 2005

Als vermutlich einzige Abgeordnete des Bayerischen Landtags kann Barbara Rütting auf eine eigene Straße verweisen: Weil sie sich seit dem Mauerfall mit großem Elan für soziale und ökologische Projekte in der bulgarischen Stadt Bansko stark gemacht hat, bedankte sich das 10 000-Einwohner-Städtchen 1995 mit einer »Barbara-Rütting-Straße« für ihr langjähriges Engagement. Am 10. Juni bricht Barbara Rütting erneut mit einer großen Ladung Hilfsgüter nach Bansko auf.

In »meiner« Straße mit Bewohnern und Dr. Iliev (rechts)

Wie ich dazu kam, mich speziell für den Ort Bansko einzusetzen? Während einer Kreuzfahrt, für die ich als Gesundheitsberaterin engagiert war, um die Passagiere über gesunde Ernährung zu informieren, lernte ich den bulgarischen Arzt Dr. Iliev kennen. Er führt in Bansko Gesundheitswochen durch und lud mich ein, an einer solchen teilzunehmen. Dabei wurde ich auch mit dem Elend der Straßenhunde konfrontiert. Als ich dem Bürgermeister sagte, Bansko bräuchte doch dringend ein Tierheim, meinte der: Bei uns werden im kommenden Winter 123 Menschen verhungern, wenn keine Hilfe kommt – da kann ich nicht an ein Heim für Tiere denken!
Es gelang mir, 5000 kg von Biobauern gespendete Lebensmittel zu sammeln und nach Bansko zu bringen, die den Hungernden das Leben retteten.

Tierschutz – eine der undankbarsten Aufgaben

Juli 2005
Kann man in der bayerischen Politik als Grüne überhaupt etwas bewirken?, werde ich oft gefragt. Leider sind wir nur 15 grüne Abgeordnete von 180 und grundsätzlich wird von der CSU-Fraktion erst einmal jeder unserer Anträge abgelehnt.
Der Tierschutz gehört wohl zu den undankbarsten Aufgaben.

Die wenigen bisher erreichten Erfolge:

- Die skandalöse Versuchstierhaltung und -zucht von Primaten im Keller der Chirurgischen Klinik der Universität München wurde geschlossen.
- Die letzte Nerzfarm in Süddeutschland wurde geschlossen.
- Unser grüner Antrag für ein Importverbot von Hunde- und Katzenfellen wurde von der CSU-Fraktion zwar abgelehnt, schließlich kam aber ein Handelsverbot von der EU (die EU braucht den Druck von »unten«).

- Ich veranstalte Lesungen und Vorträge zu gesunder Ernährung und Tierschutz in Kindergärten und Schulen und besuche mit meinen Hunden Altenheime. Außerdem bin ich Schirmherrin der »Tiertafel« für Bayern (Unterstützung bedürftiger Tierhalter).

Der unglaublich starke Zuspruch aus der Bevölkerung tut gut. Ich fühle mich anerkannt und – ja – geliebt von so vielen Menschen. Also: Wenn die Wähler und Wählerinnen es wollen, kandidiere ich noch mal – allerdings ausgesprochen gelassen. Werde ich gewählt, ist das o.k., wenn nicht, auch o.k.

Was wir im Tierschutz noch erreichen müssen:
- Einführung des Verbandsklagerechts für Tierschutzorganisationen,
- Verbot von Tierversuchen an Affen als erster Schritt auf dem Weg zum Ausstieg aus dem Tierversuch,
- deutlich verstärkte finanzielle Förderung tierversuchsfreier Forschung,
- Zirkus ohne »wild lebende« Tiere,
- Zoos ohne »wild lebende« Tiere,
- Ende der Pelztierhaltung,
- Beginn des Ausstiegs aus der Nutztierhaltung,
- Förderung der vegetarischen Lebensweise,
- Etablierung einer Kultur der Tierrechte in der Gesellschaft.

Tierfeindlichkeit in Bayern

Newsletter

17. August 2005
Liebe Tierfreunde,
mit Besorgnis und Trauer nehmen wir alle die zunehmende Tierfeindlichkeit auch in Bayern zur Kenntnis. Besonders Hundebesitzern wird, zumal wenn sie ihren Hund ohne Leine laufen lassen (was

generell laut Tierschutzgesetz nicht verboten ist), häufig mit den Worten gedroht: »Den derschlag i!«

Folgendes ist leider vor Kurzem in Fischbachau passiert: Der Hund von Schweizer Touristen hatte ein Huhn gerissen. Obwohl sie den Besitzer aufsuchten, um sich zu entschuldigen und das Huhn zu bezahlen, ging dieser einen Tag später auf den Hund los und erschlug ihn mit einer Axt – vor den Augen der Eigentümer. Angeblich sagte er dazu, der Hund solle genauso leiden wie das Huhn. Es wurde Anzeige erstattet, die Staatsanwaltschaft ermittelt. Erschütternd scheint mir vor allem die Tatsache, dass der Sägewerksbesitzer den Hund nicht im Affekt, sondern einen Tag später erschlagen hat.

Die Rohheit Tieren gegenüber nimmt zu. Dieser Hund wurde erschlagen, andere vor den Augen ihrer Besitzer erschossen. Ein Jäger soll 40 Katzen in Fallen gefangen haben, ein junger Drogensüchtiger seinen zehn Wochen alten Welpen so geschlagen haben, dass ihm ein Bein brach. Pferden wurden die Augen ausgestochen.

Ist Bayern tierfeindlich? Für viele besonders ältere Menschen sind ihr Hund oder ihre Katze – beseelte, Freude und Schmerz empfindende Lebewesen – der einzige Trost spendende Lebenspartner überhaupt. Tiere werden zunehmend mit großem Erfolg als Therapeuten bei gestörten Kindern eingesetzt, dienen als Blinden- und Lawinenhunde.

Tierschutz bedeutet also immer auch Menschenschutz! Wir sollten unsere Beziehungen zum Tier gründlich hinterfragen. Eine Gesetzesänderung ist dringend nötig.

Ich lade alle – auch Bauern, Jäger und die Medien – zu einer Mahnwache in Fischbachau ein. Wir wollen nicht Rache üben und neuen Hass säen, sondern versuchen, in Zukunft mehr Verständnis füreinander zu entwickeln, und still an die Opfer denken.
Barbara Rütting

»Wie tierfeindlich ist Bayern?«

Die Pressekonferenz – ein erschütternder Dialog der Versöhnung

22. August 2005

Die Aktion schien zunächst unter keinem guten Stern zu stehen. Im Einvernehmen mit der örtlichen Polizei kam man überein, auf die Mahnwache zu verzichten, da das Betreten des Privatgrundstücks als Hausfriedensbruch geahndet werden könnte. Dann sagte zunächst der eine, dann auch noch ein zweiter Gasthof ab – man stünde für eine Pressekonferenz nicht zur Verfügung. Ich versuchte also am Abend vorher, die Tierschützer über die Situation zu informieren. Infolgedessen traf dann auch nur eine Handvoll von ihnen ein, dazu aber Gemeinderäte und der Bürgermeister von Fischbachau.

Es wurde schließlich die Erlaubnis erteilt, auf der Terrasse eines Gasthofes Platz zu nehmen. Der Versuch, die Ursachen für die zunehmende Tierfeindlichkeit und speziell für das Erschlagen des Hundes zu ergründen, nahm eine unerwartete Wendung, als ich sagte, ich hätte gewünscht, der »Täter« wäre ebenfalls erschienen. Darauf antwortete ein junger Mann: »Der bin ich.« Er sei fassungslos angesichts seiner schrecklichen Tat. Es ginge ihm wie vermutlich einem Vietnam-Soldaten, der gemordet hatte und nicht begreifen konnte, warum. Betroffenheit, Bestürzung und Tränen auch bei uns Tierschützern nach diesem Geständnis. Die sogenannte Pressekonferenz entwickelte sich zu einem spektakulären Versöhnungsdialog, der wohl für alle Beteiligten als Sternstunde in Erinnerung bleiben wird.

Folgende Vorschläge wurden vorgestellt und diskutiert:
- Hundehalter (Einheimische wie Touristen) müssen mehr Verständnis für die Bauern und Jäger entwickeln. Dazu gehört: Hundekot muss entsorgt werden (in einigen Gemeinden werden Tüten und sogenannte Hundeklos dafür bereitgestellt). Verstöße sollten wie in England streng bestraft werden.

144

- Die weitere Vermehrung der bereits zu vielen Hunde und Katzen muss eingeschränkt werden. Hunde- und Katzenhalter werden ersucht, ihre Tiere zu kastrieren.
- Ein Hundeführerschein für alle Hundehalter. Wer sich einen Hund anschafft, wird einer Prüfung unterzogen und auf seine Pflichten sowie seine Verantwortung hingewiesen.
- Die Forderung der Tierschützer nach einer Gesetzesänderung lautet nach wie vor: Verbot des Abschusses von Haustieren (Hunden und Katzen) und des Aufstellens von Fallen. Zwischenzeitlich sollten sich Jäger verpflichten, falls sie ein Haustier erschossen haben, dies dem Jagdverband zu melden, damit der Besitzer anhand des Halsbands ermittelt und benachrichtigt werden kann. Er kann sein Tier dann abholen und begraben. Dies sollte ohne Namensnennung des betreffenden Jägers erfolgen.
- An den Schulen sollte das Fach »Tierschutz« im Unterricht eingeführt werden, wie dies bereits in Österreich der Fall ist. Schon Kinder müssen dafür sensibilisiert werden, dass ein Tier ein beseeltes Lebewesen ist, das es zu schützen gilt. Die kleinen Tierschützer von heute sind die Menschenschützer von morgen!
- An den Schulen, bei Behörden und anderen Institutionen sollten Trainings eingeführt werden, damit Menschen grundsätzlich lernen, Konflikte besser zu bewältigen. Ziel sollte sein, dass es nicht immer wieder zu Aggressionsstaus und daraus resultierenden gewalttätigen Handlungen kommt.

Die kleine Gruppe ging anschließend zur Wallfahrtskapelle in Fischbachau, wo der »Täter« und ich Kerzen für den erschlagenen Hund und alle leidenden Lebewesen anzündeten. Resultat dieses traurigen Ereignisses war, dass sich alle ohne Aggressionen und Beschimpfungen begegnen konnten. Jeder wurde sich seiner Verantwortung den Tieren gegenüber bewusster. Es konnte ein weit über diesen Fall hinausgehendes gegenseitiges Verständnis aufgebaut werden, um einem besseren Miteinander von Mensch und Tier näherzukommen.

Hühner kratzen an Merkels Image

Pressemitteilung

27. August 2005

Die Abgeordnete der Grünen im Bayerischen Landtag Barbara Rütting kippte der Kanzlerkandidatin einen Container in Legebatterien gestorbener Hennen vor die Tür der CDU-Bundesgeschäftsstelle in Berlin. Merkel will die vom Verfassungsgericht als Tierquälerei und schweren Verstoß gegen das Tierschutzgesetz bewertete und daraufhin verbotene Käfighaltung nach einem Wahlsieg wieder »beseitigen«, obwohl die Mehrheit der Deutschen die tierquälerische Käfighaltung inzwischen ablehnt und bereit ist, für ein Ei eines in einer Voliere artgerecht gehaltenen Huhns mehr zu zahlen.

Für diese von der Albert-Schweitzer-Stiftung initiierte und lange vorbereitete Aktion bin ich extra nach Berlin geflogen – wie immer bei den Tierschutzaktionen natürlich auf eigene Kosten.

Tierschützer aus ganz Deutschland hatten einige Dutzend in Legebatterien verendete Hühner besorgt und diese, in Plastiktüten verpackt, in Containern nach Berlin gebracht. Diese toten Hühner kippte ich vor die Geschäftsstelle der CDU. Jedes Mal, wenn eine/r der MinisterInnen das Gebäude verließ, hielt ich ihm/ihr ein Huhn vor die Nase und versuchte, ihn oder sie an das Versprechen zu erinnern, dass die Legebatterien ab 1. Januar 2009 verboten sind.

Nur einige wenige ließen sich auf ein Gespräch ein, so Saarlands Ministerpräsident Peter Müller – die meisten zogen es vor, wortlos das Weite zu suchen. So auch die Kanzlerkandidatin Frau Dr. Angela Merkel. Ein totes Huhn in der Hand, lief ich hinter ihr her: Frau Dr. Merkel, erinnern Sie sich an Ihre Versprechen aus der Zeit als Umweltministerin! Und lassen Sie nicht zu, dass ein Verbot der Käfighaltung wieder gekippt wird!

Sie stieg wortlos in ihre Limousine – und weg war sie.

Protest mit verendeten Käfighühnern vor der CDU-Zentrale in Berlin

Eine einzige Zeitung berichtete über diese Aktion, und zwar eine aus der ehemaligen DDR. Im Fernsehen wurde sie totgeschwiegen.
Ich schrieb Frau Dr. Merkel anschließend einen Brief. Er blieb ohne Antwort.

Brief an Angela Merkel
Sehr geehrte Frau Dr. Merkel,
als Sie Umweltministerin waren, haben Franz Alt und ich Ihnen 750 000 Unterschriften für einen ökologischen Marshallplan überreicht. Sie ermunterten mich damals sinngemäß, in meinen Bemühungen zum Wohl von Mensch, Umwelt und Tier nicht nachzulassen und Politikern gegenüber ruhig unbequem zu sein. Weil ich das nach wie vor bin und auch bleiben werde, wurde ich von der Bevölkerung in den Bayerischen Landtag gewählt und bin dort Sprecherin für Ernährung, Verbraucher- und Tierschutz.
Ich halte mich für durchaus wertkonservativ und stelle mit großer Sorge fest, wie weit Sie sich immer mehr gerade von den christlichen

147

Werten entfernen, die da heißen »Hütet und bewahrt die Schöpfung«. Wie ist es möglich, dass Sie das Verbot der Käfighaltung, dem sämtliche unionsgeführten Länder zugestimmt haben, »beseitigen« wollen? Sie wissen doch auch, dass selbst die sogenannte »Kleinvoliere« nichts anderes ist als ein etwas vergrößerter Käfig. Ende 2004 kauften nur noch 46 % der Deutschen Eier von Hühnern aus Legebatterien und die Zahl sinkt ständig. Die Menschen sind zunehmend bereit, ein paar Cent mehr zu zahlen für Eier von Hühnern, die nicht auf dem Platz von der Größe einer DIN-A4-Seite dahinvegetieren müssen, sondern einigermaßen artgerecht leben dürfen.

Sie wollen redlich sein, das betonen Sie immer wieder. Bitte handeln Sie entsprechend. Knicken Sie nicht ein vor den Hühnerbaronen, die nichts interessiert als der Profit. Halten Sie, wie ja auch viele Ihrer Fraktionskollegen, am Verbot der herkömmlichen Käfighaltung fest. Millionen Wähler, die sich dem Tierschutz verbunden fühlen, werden es Ihnen danken.

Mit freundlichen Grüßen

Barbara Rütting

Was immer wieder gefragt wird

Antworten auf die Fragen von Politik-Forum – *vor der Bundestagswahl*

September 2005

Was sind Ihre Aktivitäten im Bayerischen Landtag?

Als Sprecherin der Grünen für Ernährung, Verbraucher- und Tierschutz bin ich ständig mit Dutzenden von Themen konfrontiert: Beschwerden über Streichungen von Geldern für Kindergärten, Schulen und Altenheime; Klagen von Patienten über mangelnde Vertretung im Landesgesundheitsrat; Hilferufen verzweifelter Tierschützer zu Tierschutzproblemen; Veranstaltungen für eine gentechnikfreie Landwirtschaft; Petitionen von unzufriedenen BürgerInnen zu Handymasten, von Müttern gegen den Impfzwang an ihren Kindern, von Bauern gegen den Impfzwang an ihren Kühen gegen die Blauzungenkrankheit; Ersuchen von Häftlingen der JVA an mich als Gefängnisbeirätin um Straferleichterungen usw.

Wo ich mich am wohlsten fühle?
Richtig gut geht es mir nie irgendwo. Ich war und bleibe überall eine Außenseiterin. Und das ist gut so. Am liebsten wäre es mir, Parteien wie Religionen würden überflüssig, weil wir uns einfach alle anständig benehmen.

Wie ich Rückschläge verkrafte?
Schwer. Immer wieder gibt es Anfälle von Verzweiflung und Mutlosigkeit. Warum tue ich mir das alles an, statt endlich ein gemütliches Leben zu genießen? Die Antwort ist einfach: Weil es getan werden muss!

Was ich von einer neuen Regierung erwarte?
Es sieht ja so aus, als ob wir Grünen in die Opposition gehen werden. Und das ist gut so. Wir können nicht mit Parteien koalieren, die für Atomkraft, Gentechnik und tierquälerische Massentierhaltung eintreten und unsere total entgegengesetzten alternativen Ziele ständig blockieren.

Was ich mir vorgenommen habe?
Genauso weiterzumachen wie bisher und mich nicht verbiegen zu lassen. Die Grünen haben sich immerhin gemeinsam mit der SPD dem Irakkrieg verweigert. Friedenssicherung ist für mich, die den Zweiten Weltkrieg miterlebt hat und aktiv in der Friedensbewegung ist, absolut vorrangig. Es gilt, immer wieder den Mund aufzumachen, aufmüpfig zu bleiben. Steter Tropfen höhlt den Stein.

Mein schlimmstes Erlebnis?
Der Schock bei Kriegsende, als ich begriff, dass mein geliebter Vater ein Nazi war, der auf eine verbrecherische Bande hereingefallen ist. Dieser Schock hat mich für mein ganzes Leben traumatisiert.

Ob ich noch Träume habe?
Aber ja! Ich möchte in einer Lebensgemeinschaft von Jung und Alt mit Tieren leben. In ökologisch intakter Umwelt, in der ich – die letzte Katze, den letzten Hund im Arm – im Kreise liebevoller Wahlverwandter zufrieden diese schrecklich-schöne Welt hinter mir lassen kann. In dem Wissen, dass meine geliebten Tiere nicht ins Tierheim kommen, sondern im Kreise vertrauter Menschen bis an ihr seliges Ende leben können.

Was ist ein Frauenthema, was weibliche Politik? Was ist weiblich, was männlich?
Als Schauspieler oder Schauspielerin ist mann/frau wohl eher androgyn oder entwickelt sich jedenfalls in diese Richtung. Wir können sowohl die sogenannten weiblichen als auch die männlichen Eigenschaften in uns entfalten und leben. Rivalität und Machtkämpfe gibt es bei Männern wie Frauen. Ich bin eher ein Team-Mensch als ein Führungstyp, also das, was als weiblich gilt. Und das gedenke ich auch zu bleiben, obwohl diese Eigenschaft gerade in der Politik oft als Schwäche ausgelegt wird.

Mein Lebensmotto?
Vermutlich so etwas wie Kants »kategorischer Imperativ«. Oder: Auch wenn morgen die Welt unterginge, würde ich heute noch das berühmte Apfelbäumchen pflanzen. Ich fühle mich als zwar kleines, aber wichtiges Glied eines großen Ganzen. Und zu dessen Glück möchte ich beitragen.

Das Geheimnis meiner jugendlichen Ausstrahlung?
Falls ich eine habe – es gibt kein Geheimnis! Ich bin gar nicht besonders gesund und erst recht nicht robust, viel zu empfindlich. In meinem Buch »Bleiben wir schön gesund« habe ich die Tipps gesammelt, mit denen ich mir bisher immer wieder auf die Beine geholfen habe. Im Alter von 30 Jahren hatte ich Rheuma, Herz- und Gelenkprobleme, musste also seither täglich etwas für meine Gesundheit

tun. Ich habe auch das Lachen wieder lernen müssen, nachdem es mir zwischenzeitlich vergangen war – nachzulesen und nachzulachen in meinem Buch »Lachen wir uns gesund« (mit Lach-CD).

Was mich glücklich macht?
Die Zuneigung so vieler auch unbekannter Menschen – und die unerschütterliche Liebe meiner Hunde.

Wen ich bewundere?
Buddha und Gandhi.

Warum ich in die Gesellschaft für Humanes Sterben eingetreten bin?
Weil ich seit jeher überzeugt bin, dass die einzige Freiheit des Menschen darin besteht, sein Leben selbst zu beenden. Diese Erkenntnis tröstet mich seit meiner Kindheit. Wer das Dahinsiechen von Menschen erlebt hat, die sterben wollen, es aber nicht dürfen, kann dem Recht auf humanes Sterben eigentlich nur zustimmen. Zur Feier des 20-jährigen Bestehens der Gesellschaft für Humanes Sterben am 7. November in Frankfurt werde ich übrigens die Laudatio halten, nachdem Peter Glotz, der Mitglied war und zugesagt hatte, gestorben ist. Ein Zitat meines spirituellen Meisters Bhagwan/Osho lautet: »Und dann gehen, ohne sich noch einmal umzusehen.« So stelle ich mir auch meinen Abgang vor.

Woran ich glaube?
Ich glaube an gar nichts, halte aber nichts für unmöglich.

Neues zum Tierschutz in Bulgarien

Newsletter

September 2005
Liebe Freundinnen und Freunde,
zunächst einmal das Erfreuliche: Wie Ihr ja wisst, haben unsere Bemühungen Erfolg gehabt. Der Bürgermeister des Dorfes Brodilovo teilte über die Generalkonsulin mit, dass die Dorfversammlung am 11. März beschloss, das Frühlingsritual definitiv zu beenden – Ihr erinnert Euch: Es war bisher Sitte, Hunde zu strangulieren und an der Menge des dabei von den Tieren ausgeschiedenen Urins die Fruchtbarkeit der Besitzer zu feiern. Das Verbot dieses Rituals ist zwar nicht mehr als ein Tropfen auf den heißen Stein, aber immerhin ein Tropfen.

Die Tiere und auch die bulgarischen Tierschützer brauchen weiterhin unsere Hilfe. Ich war mit Vertretern des Europaausschusses in Bulgarien, unter anderem mit 36 Säcken Hilfsgütern – Medikamenten, Kleidung, Wäsche und Kinderspielzeug.

Die Not von Tier, aber auch Mensch in Bulgarien ist noch immer unglaublich groß, ebenso die Korruption. Ein Rentner muss von 45 Euro im Monat leben – jemand, der im ganz legalen Tötungslager Hunde erschlägt, verdient 500 Euro im Monat. Es liegen erschütternde Berichte über diese Tötungslager vor: Berichte von Studenten, die als Mediatoren eingesetzt werden, aber auch heimlich gedrehte Videoaufnahmen. Tierschützer werden brutal zusammengeschlagen. In einer der Pressekonferenzen berichtete eine Frau, dass sie wegen ihres Tierschutzengagements so misshandelt wurde, dass sie deutlich sichtbare bleibende Lähmungen davongetragen hat. Es ist uns gelungen, ein Gespräch bei dem uns sehr wohl gesonnenen deutschen Botschafter in Sofia zu führen, der unsere Tierschutzanliegen unterstützt. Ebenso bei Vertretern des Generalstaatsanwalts. Dort wurden die Sachverhalte, wie zu erwarten, zwar abgestritten, man versprach jedoch, das Gesprächsprotokoll unseres Besuchs zu prüfen, ebenso unsere Forderung nach sofortiger Schließung der

Tötungslager und die Möglichkeit, stattdessen alle Straßenhunde zu kastrieren und dann freizulassen. Es kommt leider immer wieder vor, dass selbst kastrierte Tiere erneut eingefangen und ohne die gesetzlich vorgeschriebene Aufbewahrungsfrist von 14 Tagen sofort getötet werden.

Nur flächendeckende Kastration kann das Elend der streunenden Hunde beenden. Das Töten hingegen hat die Population nicht dezimiert, im Gegenteil. Übrigens: Das Töten eines Hundes kostet das Doppelte einer Kastration, stellt also – neben dem Export der Hundefelle – einen einträglichen »Geschäftszweig« dar.

Liebe Freundinnen und Freunde, bitte denkt daran: Ein harmlos aussehendes Pelzkrägelchen am Anorak trägt vielleicht den Phantasienamen »Gaewolf«. Das aber bedeutet Hund und diesem ist vermutlich das Fell bei lebendigem Leibe abgezogen worden. Unsere Bundesministerin Renate Künast ist hier schon initiativ geworden. Sie hat ein EU-weites Einfuhrverbot für Hunde- und Katzenfelle eingefordert. Falls dem nicht zugestimmt werden sollte, lässt sie die Möglichkeit eines nationalen Einfuhrverbotes nach Deutschland überprüfen. Die letzten Jahre haben uns gezeigt: Die unionsgeführten Länder blockierten alle Verbesserungen für unsere Tiere. Geht es nach ihnen, bleiben die Hühner im Käfig, gibt es keinen Lichtblick für die Tiere. Auch in Bayern ist das so. Ein aktuelles Beispiel: Soeben wurde unter Minister Goppel in Erlangen das neue Zentrum für Tierversuche eröffnet, Gesamtkosten 26 Millionen Euro. Doch für die in unseren Anträgen geforderte Förderung von Alternativen zu Tierversuchen ist kein Geld vorhanden. Die Proteste der TierschützerInnen bei der »feierlichen Eröffnung dieses Zentrums« haben ein sehr positives Medienecho gefunden.

Zum Schluss doch noch etwas Erfreuliches. Der Besuch beim Bürgermeister in Bansko verlief sehr positiv. Nachdem die Stadt sich eigentlich (aus Geldmangel) von dem Projekt »Tiere helfen Menschen helfen« distanzieren wollte, gelang es uns, Bürgermeister und Gemeindevertreter doch dafür zu gewinnen. Bansko stellt ein Grundstück zur Verfügung. Das Gebäude, in dem behinderte Menschen und streunende Tiere zusammentreffen, darf gebaut werden. Es würde ganze 20 000 Euro kosten und könnte ein Modell für andere Staaten werden. 6000 Euro sind bereits vorhanden. Ein Hamburger Tierarzt bietet an, kostenlos Kastrationen vorzunehmen. Mein Vorschlag, dass die in Bansko tätigen Investoren sich an dem Projekt beteiligen, wurde begrüßt. Bansko boomt. Zurzeit liegt die Arbeitslosigkeit bei null. Überall wird gebaut, und zwar sehr schön.

Auch die mir gewidmete Barbara-Rütting-Straße macht gute Fortschritte. Immer mehr Restaurants bieten vegetarische Speisen an. Bansko, ein tolles Skigebiet, braucht Touristen. Ich habe deshalb immer wieder durchklingen lassen, dass gerade deutsche Touristen sehr tierlieb sind und Gegenden, in denen Tötungslager für Hunde existieren, meiden würden – und seien sie noch so attraktiv.

Abschließend noch eine große Bitte: Macht Druck mit weiteren Protestbriefen an den Generalstaatsanwalt und bittet auch den deutschen Botschafter um Unterstützung. Bulgarien will zur EU, nutzen wir die Chance, sie kommt nie wieder!

Mit tierschützerischen Grüßen

Barbara Rütting

Zu Gast bei Barbara Rütting im Bayerischen Landtag

Mitglieder der Gesellschaft für Gesundheitsberatung (GGB) besuchten mich im Landtag. Solche Einladungen gehören zu meinen sehr unterschiedlichen Aufgaben.
Ein Bericht von Eva Mey in Der Gesundheitsberater *9/2005:*

September 2005
Barbara Rütting, wie wir sie kennen – immer unter »Biostrom«
»Das Gesundheitsforum Erlangen organisierte am 11. Mai 2005 eine Reise in den Bayerischen Landtag: Die Abgeordnete Barbara Rütting,

selbst aktives Mitglied der GGB, hatte die Gesundheitsberater zu einem Informationsbesuch nach München eingeladen. Die Spannung in der Reisegruppe war groß, als die Ankunft im Maximilianeum näher rückte. Barbara Rütting erwartete die Gäste bereits mit einem Vollwertbüfett, das selbst gebackene Brot steuerten die Erlanger bei. Nach dem köstlichen Mittagsimbiss stand eine Führung durch die Ausstellung ›Von Angesicht zu Angesicht‹ im Landtag auf dem Programm. Es wurden Kunstwerke gezeigt, die sich auf unterschiedliche Art und Weise mit dem Spannungsverhältnis von Mensch und Tier auseinandersetzen.

Und dann ging's zur Sache:

›Wir *schnappen* uns Minister Schnappauf‹, sagte Barbara Rütting, ›bevor er in die nächste Sitzung verschwindet.‹ Und tatsächlich: Das Erlanger Team hatte Gelegenheit zu einem kurzen Gespräch mit dem Minister und überreichte ihm eine Mappe mit aktuellen Schülerprojekten in Sachen Mittagsbetreuung. Sie beinhalteten ein vollwertiges Ernährungsangebot an verschiedenen Schulen im Raum Erlangen und Bamberg. Die Gruppe bat Schnappauf, sich für diese hochrangige gesundheitspolitische Aufgabe einzusetzen. Und selbst Minister Beckstein hörte aufmerksam zu und interessierte sich sogar für ein Vollkornbrötchen.
Anschließend folgte noch eine Gesprächsrunde mit Barbara Rütting. Sie informierte sich ausführlich über die Arbeit der GesundheitsberaterInnen in Franken. Eine Filmvorführung über den Landtag schloss die Informationsveranstaltung ab. ›Wir haben viel mitgenommen von unserem Besuch bei Barbara‹, darin war sich das Erlanger Team einig! Bereichernd war vor allem der direkte Kontakt mit einer Landtagsabgeordneten, die voller Elan und Kämpfergeist steckt und überparteilich Brücken schlägt, um gemeinsame Projekte voranzutreiben. Und das mit 77 Jahren! Kompliment, Barbara!«

Geburtstagsrede bei der DGHS

Diese Rede bei der DGHS (Deutsche Gesellschaft für Humanes Sterben) steht bereits in meinem Buch »Ich bin alt und das ist gut so«. Da mir das Thema extrem wichtig erscheint, wiederhole ich sie hier – allerdings stark gekürzt.

7. November 2005

Meine sehr geehrten Damen und Herren, liebe Mitglieder und Freunde der Deutschen Gesellschaft für Humanes Sterben – der DGHS. Selbst Mitglied, ist es mir eine ganz große Freude, heute hier den Festvortrag zum 25. Geburtstag der DGHS zu halten.

Der Tod gehört zum Leben. Mir ist der Tod seit meiner Kindheit vertraut. In meinem winzigen Heimatdorf war mein Vater Lehrer und Lehrers wohnten natürlich neben dem Friedhof. So erlebte ich bereits als Kind sämtliche Beerdigungen mit und weiß noch genau, wie einmal ein neues Grab ausgehoben wurde, in dem eine Schwester meiner Großmutter geruht hatte. Sie war als kleines Mädchen gestorben. Man hatte ihr ihre Lieblingspuppe mit in das Grab gegeben. Diese Puppe nun hatte unversehrt überlebt – die körperliche Hülle des Kindes hingegen war vergangen.

Ich dachte mir schon damals: Irgendetwas von uns bleibt übrig, ist unvergänglich – wie die Liebe dieses kleinen Mädchens zu seiner Puppe. Vermutlich ist der Vorgang des Sterbens so ähnlich wie die Verwandlung einer Raupe in einen Schmetterling. Die Raupe hat Angst vor dem Übergang in eine neue Form – der Schmetterling aber flattert selig hinauf in den blauen Himmel.

In meinem nicht immer leichten Leben, das vor allem in der ersten Hälfte von Lebensüberdruss und Todessehnsüchten begleitet war, schien der Gedanke geradezu tröstlich, dass ich dieses Leben selbst beenden könnte. Ich behaupte nach wie vor, der Freitod ist die einzige Freiheit, die der Mensch überhaupt hat.

156

Dennoch wird dieses Thema in unseren Breitengraden so stark verdrängt wie kaum ein anderes. Der Sterbende lügt, um seine Lieben zu schonen, obwohl er weiß, dass er gehen muss; die Angehörigen lügen, um den Sterbenden zu schonen. Ich meine, da könnten wir von anderen Kulturkreisen lernen. Ich wünsche mir, dass mein Tod zu einem Fest wird, dass ich ihn bewusst erleben kann, im Kreise lieber Menschen – meinen letzten Hund, meine letzte Katze im Arm, bei Kerzen und Musik. Am liebsten wäre mir natürlich, ich würde es schaffen, wie ein Yogi einfach mit dem Atmen aufzuhören. Vielleicht gelingt es mir.

Zur aktuellen Situation: Es tut sich etwas. In der Geschichte der Bundesrepublik Deutschland hat es wohl noch nie so eifrige Diskussionen zum Thema Sterben und Sterbehilfe gegeben wie seit Beginn unseres neuen Jahrhunderts und in den vergangenen Monaten. Der Ruf nach einer gesetzlichen Regelung der Sterbehilfe wird lauter …

Heutige Umfragen zeigen, dass 70 % der Bevölkerung eine Sterbehilfe befürworten und eine Gesetzesänderung verlangen.

Ich danke der DGHS, dass sie für dieses Recht kämpft. Ich bin Mitglied geworden, weil ich verzweifelt mit ansehen musste, dass meine eigene Mutter nicht in Würde sterben durfte.

Ich will nicht so sterben müssen wie meine Mutter. Ich will, dass mir geholfen wird, wenn ich mein Leben selbst beenden will. Ich weiß, das klingt für viele provokant – aber dieses Recht gestehe ich ja auch meinen geliebten Haustieren zu, wenn ihr Leben unerträglich geworden ist. Und ich nehme es für mich ebenfalls in Anspruch.

Artikel 1 des Grundgesetzes lautet: »Die Würde des Menschen ist unantastbar. Sie zu achten und zu schützen ist Verpflichtung aller staatlichen Gewalt.« Dieser Verpflichtung wurde bislang nicht ausreichend nachgekommen.

Das Grundgesetz der Bundesrepublik Deutschland und das Bundesverfassungsgericht unterstreichen: »Der Mensch darf keiner Behandlung ausgesetzt werden, die ihn zum bloßen Objekt degradiert.« Und: »In der Regel kommt es entscheidend darauf an, was der Betroffene empfindet.«

Es ist nicht Sache von Staat oder anderen Gruppen, dem einzelnen Menschen seine Empfindungen auszureden. Vielmehr müssen wir diese Würde-Empfindungen ernst nehmen!

Als Abgeordnete im Bayerischen Landtag stehe ich mit meiner Meinung natürlich ziemlich allein, bekomme aber seit einem Fernsehauftritt viele Hilferufe von verzweifelten Menschen, die nicht mehr leben wollen, sich aber auch nicht vor einen Zug werfen oder erhängen wollen. Das zeigt, wie wichtig eine Institution wie die DGHS ist und dass die Politiker Stellung zu den Problemen nehmen müssen, selbst wenn ihnen diese unangenehm sind.

Zweifellos genügt es nicht, nur die Schmerzbekämpfung zu fördern. Auch die Hospizbewegung hat nicht auf alle Fragen eine Antwort. Die DGHS zeichnet sich dadurch aus, dass sie in einem sehr breiten und integrativen Ansatz sowohl Sterbebegleitung und gute Palliativmedizin als auch eine rechtsstaatlich abgesicherte passive, aktive indirekte und aktive direkte Sterbehilfe fordert. Jedes Leben stößt eben an Grenzen, jede medizinische Machbarkeit auch. Maßgeblich muss das Selbstbestimmungsrecht (und damit auch die Selbstverantwortung) des betroffenen Patienten bleiben. Diesen Grundgedanken hat die DGHS in ihrer Satzung verankert. Dieser Grundgedanke wird auch immer wieder von Verfassungsrechtlern bestätigt, nicht zuletzt auch von höchsten Gerichten wie dem Bundesgerichtshof ...

Ich danke der DGHS und allen für sie Wirkenden für ihren Einsatz. Leben wir ein pralles Leben mit allen Höhen und Tiefen, mit allen Freuden und Schmerzen. Es geht ja nicht darum, unbedingt mehr Jahre ins Leben zu bringen, sondern mehr Leben in die Jahre. Dazu wünsche ich uns allen viel Glück.

Gegen Kürzung sozialer Arbeiten

Apfelkerzen für den Bayerischen Landtag. Pressemitteilung

11. November 2005
Die von den Kürzungen der Zuschüsse für soziale Arbeiten betroffenen sechs Bezirksstellen der Diakonie im Kirchenkreis München/Oberbayern haben sich zu einer gemeinsamen Initiative »Lichtstärkeimpulse« zusammengeschlossen. Am Aktionstag Donnerstag, 10.11. in Rosenheim unter dem Motto »Stark für Andere« beteiligte sich auch die Bernauer Landtagsabgeordnete Barbara Rütting mit einer Lesung. Barbara Rütting kaufte ein Dutzend der in der Inneren Mission in Herzogsägmühle aus Wachsresten hergestellten Apfelkerzen für den Bayerischen Landtag, um, wie sie unter dem Applaus der Zuschauer sagte, ihren Kollegen und Kolleginnen gerade in Anbetracht der Kürzungen von Zuschüssen für soziale Arbeiten zur »Erleuchtung« zu verhelfen.

Gedanken zum Phänomen »Angst«

Grußwort zur 74. Tagung für Naturheilkunde in München

12./13. November 2005
»Angst essen Seele auf« ist der Titel eines berühmten Films von Rainer Werner Fassbinder. Angst ist jedem von uns vertraut, häufig erweist sie sich im Nachhinein als eher unbegründet. Obwohl ich 1982 meine Theaterkarriere bewusst beendete, plagt mich heute noch, mehr als 20 Jahre später, immer wieder der alte Albtraum: Ich kann die Bühne nicht finden, kenne das Stück nicht, in dem ich die Hauptrolle spiele, weiß nicht einmal, wie es heißt, kann den Text nicht, habe kein Kostüm an. Im letzten Moment wirft mir jemand ein paar stinkende Lumpen über, dann reißt mir auch noch der Riemen eines Schuhs. Ich denke: Das muss ich irgendwie in die Rolle einbauen.

Aber in welche Rolle? Ich höre das Murmeln des Publikums und aus der Gasse den Ruf: Vorhang auf! In manchen Traumvariationen improvisiere ich noch irgendeinen Unsinn, bis das Publikum kopfschüttelnd und lachend das Theater verlassen hat.

Angst, zu versagen, nicht zu genügen: immer wieder, trotz aller Erfolge in immerhin mehreren Karrieren.

Wir haben sogar Angst vor dem Glück. Geht es uns eine Weile gut, kriecht gleich die Angst hoch: »Das kann ja nicht andauern, dieses Glück« – und prompt klemmt man sich den Finger ein oder baut einen Autounfall. »Das musste ja kommen, ich wusste es doch, ich habe eben kein Glück!«

In seinem Buch »Die Angst vor dem Glück – warum wir uns selbst im Weg stehen« beschreibt Dr. Rainer Tschechne, dass wir alle ein unbemerktes Programm in uns tragen, das immer wieder die gleichen Misserfolge und Stresssituationen hervorruft. Wir verhindern unbewusst ungewohnte Erfolge und Glückssituationen, obwohl wir alle Glück und Erfolg herbeisehnen. »Lieber das alte Unglück als neue Unsicherheiten!« Angst macht in gewisser Weise sicher – wie die Unzufriedenheit. Dabei sind beide Gefühle nötig, damit ich etwas in meinem Leben verändere. Ich muss mir bewusst machen, warum ich Angst habe oder unzufrieden bin. Ich muss die Glückskiller aufspüren, die Angst vor dem Glück durchbrechen. Nach meiner Erfahrung gelingt das am ehesten, indem ich mich im Loslassen übe. Vor allem muss ich die Vorstellung von mir als perfekter Person loslassen und mich in meiner Unvollkommenheit annehmen. Ein spannender Prozess, der nie abgeschlossen ist.

Ich wünsche uns allen eine interessante angstfreie Tagung – mit viel Glück!

Meine Rede in Genf zum Robbenmassaker

4. Dezember 2005

»Man darf nicht aufhören anzufangen und man darf nicht anfangen aufzuhören.«

Diesen Spruch habe ich heute Morgen im Internet gelesen. Ich habe mein Mandat im Bayerischen Landtag nur angenommen, weil ich hoffte, dort mehr zum Schutz der Tiere verbessern zu können als wie bisher mit außerparlamentarischen Aktionen. Gerade vor einer Woche habe ich daran gedacht, mein Mandat bei Halbzeit der Legislaturperiode zurückzugeben, diesen Gedanken dann aber doch wieder verworfen, weil dann praktisch kein Anwalt der Tiere mehr im Landtag zu Worte käme.

Die sogenannte christlich-soziale Partei handelt nicht nach dem Grundsatz »Hütet und bewahrt die Schöpfung«, sondern nach dem zerstörerischen anthropozentrischen Spruch »Macht euch die Erde untertan«. Sämtliche Anträge zur Verbesserung der Lebensbedingungen von Mensch, Tier und Pflanze werden grundsätzlich abgelehnt. Alles, was wir unter Umweltminister Jürgen Trittin und Renate Künast erreicht haben, versucht die neue Regierung rückgängig zu machen. Ich kann nur hoffen, dass die Bevölkerung sich nicht für dumm verkaufen lässt. Leider liegt eine Einstellung wie »Geiz ist geil« im Trend. Alles muss immer noch billiger sein, vor allem die Lebensmittel. Hier tut Aufklärung not: Leute, esst ein Ei weniger, ein Schnitzel weniger, Eier von artgerecht gehaltenen Hühnern, Fleisch von artgerecht gehaltenen Schweinen oder Rindern – wenn es denn unbedingt Fleisch sein muss. Das kommt eurer Gesundheit zugute, den Tieren, der Umwelt und letztlich auch den hungernden Menschen. Denn immer noch gilt: Das Vieh der Reichen frisst das Brot der Armen. Etwa sieben bis zehn Kilo pflanzliches Eiweiß werden als Futtermittel benötigt, damit ein Kilo tierisches Eiweiß entstehen kann. Eine ungeheure, verantwortungslose Verschwendung.

Sie werden mir nachfühlen können, dass ich mich über jeden aufgedeckten Skandal wie jetzt den sogenannten Gammelfleisch-Skandal freue. Damit die Menschen aber wirklich umdenken, müssen ihnen wahrscheinlich erst die eigenen Kinder tot vor die Füße fallen. Immerhin – die überaus geduldige Natur fängt an zurückzuschlagen: BSE, Schweinepest, Salmonellen, Dioxin, Vogelgrippe und Klimakatastrophen sind die ersten Beispiele.

Am ehesten zu erreichen sind die Kinder. Viele Kinder leben inzwischen vegetarisch, nach dem Grundsatz: »Tiere sind meine Freunde und meine Freunde esse ich nicht!« In der Woche vor Weihnachten werde ich als Abgeordnete mit Kindern in Weihnachtsmännerkostümen Münchner Geschäfte besuchen, die ihre Pelzabteilung bereits geschlossen haben. Wir werden uns bei ihnen mit einem kleinen Stofftier als Geschenk bedanken und sie bitten, in Zukunft auch auf Echtpelz-Verbrämungen an Jacken und Mänteln zu verzichten, sie einfach nicht mehr zu kaufen.

Vor Jahren haben berühmte Models aus Protest nackt posiert: »Lieber nackt als Pelz«. Sie alle sind wieder umgefallen – sowohl Prada als auch Dolce & Gabbana bieten wieder Pelzjacken an, auch solche von Robben.

Speziell zur Situation der Robben: Der damalige Umweltminister Jürgen Trittin hat bereits 2003 bei seinem kanadischen Kollegen gegen das Abschlachten der Robben protestiert, allerdings hauptsächlich mit dem Argument der Nachhaltigkeit. Damals war die Öffentlichkeit so entsetzt, dass sich niemand mehr in einer Jacke oder einem Mantel aus Robbenfell auf die Straße traute.

Ob Hühner, Schweine, Kaninchen, Katzen, Hunde, Affen, die Versuchstiere, die Robben – alle leiden entsetzlich unter dem Menschen. Dabei müssten wir uns nur klar machen, dass alles mit allem zusammenhängt, dass alles, was ich anderen Lebewesen antue, auf mich zurückfällt.

Ich hoffe sehr, dass unser Tribunal dazu beiträgt, dass die Menschen endlich aufwachen.

Meine Aktivitäten neben der üblichen Landtagsarbeit

So sahen meine letzten Monate aus – ein ganz schönes Arbeitspensum:

Mai–Dezember 2005

1. Mai 2005	BR-alpha, zu Gast beim Alpha-Forum Extra: hr »Was gibt's denn da zu lachen? Humor in der Krise«
1.–3. Mai 2005	Besuch in Brüssel beim Projektmanager für den Tierschutz in Osteuropa
3. Mai 2005	ARD, zu Gast bei »Menschen bei Maischberger«, Thema: »Heiliger Zorn«
6. Mai 2005	Teilnahme am Umwelttag in Bad Aibling
9. Mai 2005	München, Bayerischer Landtag: Vernissage der Tierschutz-Ausstellung der Grünen Fraktion »Von Angesicht zu Angesicht«
2. Juni 2005	Bernau, »Barbara Rüttings Gesundheitsstammtisch« mit Bäuerinnen der Umgebung: »Unsere Un-Kräuter: Gesund und lecker und was wir alles daraus machen können!«
11.–13. Juni 2005	Reise nach Bulgarien zur Unterstützung des Projekts »Hilfe zur Selbsthilfe«
16. Juni 2005	München, Messe M.O.C., Vortrag: »Bleiben wir schön gesund«

163

18. Juni 2005	München Luitpoldpark beim Jahrestreffen von Pro Animale e.V.
24. Juni 2005	Wunsiedel, Fichtelgebirgshalle, Filmvorführung »Die Geierwally«
24. Juni 2005	Wunsiedel, Gast bei der Premiere »Die Geierwally« der »Luisenburg Festspiele«
25. Juni 2005	Teilnahme an der Jahreshauptversammlung der Verkehrswacht im Rosenheim Kultur- und Kongresszentrum
1. Juli 2005	BR-alpha, zu Gast bei »alpha-forum«
12. Juli 2005	Rosenheim, Rathaus, Politisches Sommerplenum des Frauenforums
8. Juli 2005	München, Bayerischer Landtag, Veranstaltung mit Bärbel Höhn: »Besser essen – besser lernen«
20. Juli 2005	München, LMU, Eröffnung des Kompetenzzentrums Ethik
27. Juli 2005	Bernau, Barbara Rüttings Gesundheitsstammtisch im Gasthof »Alter Wirt« zum Thema »Das Leben ist schön«
28. Juli 2005	München, Bayerischer Landtag, »Tierschutzpolitischer Gesprächsabend« mit Staatssekretär Matthias Berninger, BMVEL

29. Juli 2005	Radegund, Österreich, bei Salzburg, Besuch im Tierheim von Pro Animale e.V.
25. August 2005	Rosenheim, Heißer Wahlkampfauftakt gemeinsam mit Bundesministerin Renate Künast
6. September 2005	Wasserburg, »DER SOMMER WIRD GRÜN mit einem gentechnikfreien Vollwert-Snack«, mit Barbara Rütting und Adil Oyan
8. September 2005	Traunstein, Sailerkeller, Wahlkampfveranstaltung »Wählen wir uns gesund«
11. September 2005	Traunstein, Stadtplatz, Teilnahme am bundesweiten Aktionstag »Tafeln gegen Gentechnik«
15. September 2005	Bernau, Barbara Rüttings Bürgersprechstunde
15. September 2005	Bernau, Barbara Rüttings Gesundheitsstammtisch, »Vom Wesen und Wirken des Wassers – Gute Wasserqualität aus ganzheitlicher Sicht«
17. September 2005	Bad Aibling, gemeinsame Aktion mit dem KV Rosenheim »Tafeln! Für Bio – gegen Gentechnik«
19. September 2005	München, Bayerischer Landtag, Klausur des Arbeitskreises Ökologie und Ökonomie der Grünen im Bayerischen Landtag

165

20.–22. September 2005	Ansbach, Herbstklausur der Fraktion
26. September 2005	München, Sitzung des Landesgesundheitsrates
27. September 2005	München, Frauen-Gesundheits-Zentrum e.V., Vortrag: »Gutes für jeden Tag! Was nährt Körper und Seele?«
5. Oktober 2005	München, Regierung von Oberbayern, Verleihung des Bayerischen Tierschutzpreises
21.–23. Oktober 2005	Lahnstein, Jahrestagung der Gesellschaft für Gesundheitsberatung GGB: »Auf der Suche nach Sinn«
1. November 2005	ARD, zu Gast »Bei Maischberger«: »Sterbehilfe – Wem gehört mein Leben?«
7. November 2005	Frankfurt am Main, Vortrag bei der Jahreshauptversammlung der DGHS (Deutschen Gesellschaft für humanes Sterben)
9. November 2005	München, Stadtbibliothek, Vortrag »Was nährt Körper und Seele«
12. November 2005	München, Hilton München Park, Grußwort bei der Tagung des Heilpraktikerverbandes Bayern e.V.
23. November 2005	Bernau, Barbara Rüttings Gesundheitsstammtisch »Zurück zur Gesundheit«

1. Dezember 2005	Nürnberg, Besuch und Vortrag im Wohnstift Vitalis
4.–5. Dezember 2005	Genf, 15, rue de Varembé, Rede beim Internationalen Tierhof für Tierrechte – Robbenmassaker in Kanada
8. Dezember 2005	München, Neue Messe, Teilnahme an der Podiumsdiskussion »FOOD AND LIFE 2005«
12. Dezember 2005	München, Bayerischer Landtag, Moderatorin beim »Tierschutzpolitischen Gesprächsabend«

Tierweihe in Bernau

Weihnachten 2005
Veranstalten wir doch eine Tierweihe für die Tiere in Bernau und Umgebung und die Tiere des Familienzirkus Aron, der bedingt durch das Schneechaos in Bernau überwintern muss, schlug ich dem katholischen Bernauer Pfarrer Bacher vor. Er war begeistert.
So versammelten sich trotz klirrender Kälte etwa drei Dutzend Hunde, einige Katzen und Meerschweinchen – alle in Gesellschaft ihrer Herrchen und Frauchen – in Bernau vor dem alten Feuerwehrhaus. Der Zirkus Aron war vertreten durch sehr majestätisch dreinblickende Lamas, geführt vom Zirkusleiter.
Nach der Ansprache von Bürgermeister Daiber stimmte Pfarrer Bacher mit Gitarrenbegleitung das Lied an: »Er hält das Leben in der Hand«. Ich erzählte die Geschichte aus dem Alten Testament, in der eine Eselin die Botschaft Gottes besser versteht als der berühmte Seher Beleam. Diese Geschichte zeigt, dass die Tiere, sehr zu Unrecht manchmal als »dumme Gans« oder »blöder Hund« bezeichnet, oft

167

über mehr Gespür verfügen als wir Menschen und dass sie als empfindende Lebewesen unserer Liebe und unseres Schutzes bedürfen.
Pfarrer Bacher zitierte den berühmten Tierfreund Franz von Assisi,
dessen Loblied »Laudate si, o mio signor« man gemeinsam an-
stimmte, gefolgt vom Gesang einer schamanischen Sängerin. Pfarrer
Bacher segnete alle Tiere von nah und fern. Der junge Feuerschlu-
cker des Zirkus beendete unter großem Applaus die trotz so unter-
schiedlicher Tiere ungemein harmonisch verlaufene Tierweihe, bei
der 500 Euro zusammenkamen. Sie werden dringend benötigt, um
weiterhin den Tieren und Menschen vom Zirkus Aron über den
Winter zu helfen.
Pfarrer Bacher: »Was woanders nicht gelingt, eine Koalition von
Schwarz und Grün – in Bernau ist es möglich.«

Heftige Proteste gegen Pelzhandel

15. Februar 2006
Mit einer groß angelegten Kampagne will die »Offensive gegen die
Pelzindustrie«, ein Zusammenschluss von Tierrechtlern aus dem ge-
samten deutschsprachigen Raum, den Pelztierhandel abschaffen.
»Lieber nackt als Pelz« – unter diesem Motto posierten noch vor
nicht allzu langer Zeit berühmte Models auf Plakaten. Zahlreiche
Mode- und Kaufhausketten haben sich inzwischen aus dem Ge-
schäft mit echten Pelzen zurückgezogen. Die Pelzindustrie jedoch
versucht, den Trend umzudrehen – und die Models tragen wieder
Pelz!
Es darf aber nicht wieder in Vergessenheit geraten: Ein Großteil der
Pelze stammt von »Pelztierfarmen«, wo Wildtiere in engen Gitterkäfigen vegetieren und durch Vergasen oder Giftinjektionen getötet
werden. Oder sie werden in freier Wildbahn mit Tellereisen und
Schlagfallen gefangen – ebenso grausam, denn der Todeskampf der
gefangenen Tiere ist oft lang und qualvoll. Pelztierzucht ist und
bleibt Tierquälerei und jeder, der Pelze in welcher Form auch immer

Demo gegen
Pelzhandel

trägt, macht sich mitschuldig am entsetzlichen Leid unschuldiger Tiere. Die Zahl der jährlich weltweit ihres Fells wegen umgebrachten Tiere wird auf über 50 Millionen geschätzt.

Ich war wieder bei den Aktionstagen in München und Rosenheim dabei. Und kann nur wiederholen: Tierpelze zu tragen ist ein Relikt aus der Steinzeit. Wir brauchen heute keine Tierpelze, um uns zu wärmen, es gibt wunderbar leichte Webpelze, für die kein Tier leiden muss!

Mein Grußwort zum 20-jährigen Bestehen der ökumenischen Kranken- und Bürgerhilfe Bernau

24. März 2006 – Ökumenische Kranken- und Bürgerhilfe Bernau
Gratulieren macht immer Spaß – und hier und heute können
wir das gleich dreimal: Geburtstag feiern die Ökumenische Kran-
ken- und Bürgerhilfe, das Seniorenheim Aicherhof und die
Einrichtung 10 Jahre Mobile Dienste. Auch von mir einen herz-
lichen Glückwunsch! »Den Wert einer Gesellschaft erkennt man daran, wie sie mit ihren Schwachen umgeht« – ein berühmter Satz, den
man nicht oft genug wiederholen kann. Die Schwachen in der Gesellschaft sind die Kinder, die Alten und die Tiere. Auch das hören
wir immer wieder: Die starken Schultern müssen sich mehr aufbür-
den, weil die schwachen Schultern dies oft nicht können. Um es vorwegzunehmen: Es ist schön, in Bernau zu leben – das kann ich als
1999 nach Bernau »Zugroaste« aus vollem Herzen sagen.
Erlauben Sie mir nach all den verdienten Lobreden auf die drei Ju-
bilare auch einige nachdenkliche Worte. Es gibt offenbar zwei Gruppen von Menschen: Die einen tun mehr als ihre Pflicht, die anderen
das Gegenteil, nämlich weniger als das absolute Minimum. Teilweise zerstören sie sogar mutwillig das, was die Ersteren aufgebaut haben. Was mir zunehmend Sorgen bereitet, ist die, wie ich meine,
immer stärker werdende Verrohung der Jugendlichen, der Vandalis-
mus auch hier in Bernau. Er richtet sich gegen Gegenstände (ausgerissene und umgeworfene Tafeln im Kurpark), gegen Pflanzen (liebevoll angepflanzte Blumen ausgerissen), gegen Tiere (im Kurpark
ausgelegte vergiftete Köder) und gegen Menschen. Ich habe selbst
gesehen, wie Kinder einer alten, blinden Frau Sand ins Gesicht ge-
schüttet haben.
Wie gesagt, die einen opfern sich auf und die anderen haben keinen
Bock drauf. Auch die Schere zwischen Arm und Reich wird ständig
größer. Dabei wäre genug für alle da! Von Gandhi stammt der Satz:
»Die Erde hat genug für jedermanns Bedürfnisse, aber nicht genug
für jedermanns Gier.«

Es ist einfach grandios, was immer wieder von den Frauen aus Bernau und den umliegenden Orten anlässlich der Flohmärkte gebacken und gebrutzelt wird. Die Hilfeleistungen sind enorm. So konnte ich 36 Säcke mit Kleidung, Spielsachen und Medikamenten im Zuge meiner Hilfsaktionen mit nach Bulgarien nehmen, gesammelt von unseren fleißigen Frauen. Wie können wir es schaffen, die zwischenzeitlich etwas in Vergessenheit geratenen Werte Hilfsbereitschaft, Teilen und Toleranz bereits unseren Kindern und Jugendlichen stärker zu vermitteln? Sie würden ja dann auch den alten Menschen zugutekommen.

Im *Chiemgauer* habe ich heute gelesen, dass wieder einmal mit einem Luftgewehr mehrere Katzen erschossen worden sind. Diesmal von einem Landwirt. Es ist erwiesen, dass diejenigen, die später Straftaten, speziell Sexualdelikte begehen, so gut wie alle in ihrer Jugend Tiere gequält haben. Ich wünsche mir auch in Bernau mehr Mitgefühl für Hunde und Katzen, die gerade für ältere Menschen oft die einzigen Lebensgefährten sind.

Vor einer Woche war ich in einem Seniorenheim in Nürnberg. Die Bewohner und Bewohnerinnen dort werden regelmäßig von Hunden und Kaninchen mit ihren Frauchen und Herrchen besucht. Sie sitzen dann in einer gemütlichen Umgebung bei entspannter Musik und streicheln die Tiere. Alle Therapeuten bestätigen die gesundheitsfördernde und Depressionen abbauende Wirkung solchen Umgangs alter Menschen mit Tieren. Ich wünsche mir, dass immer mehr Seniorenheime ihren neuen Bewohnern erlauben, ihre geliebten Haustiere mitzubringen. Herzzerreißende Szenen spielen sich ab, wenn diese zurückgelassen und ins Tierheim abgeschoben werden müssen.

In Bernau wird ja ein neues Projekt »Betreutes Wohnen« gestartet. Ich wünsche mir, dass Bernau hier wie schon so oft Trendsetter wird und dass die zukünftigen Bewohner mit ihren geliebten Haustieren dort einziehen dürfen.

Und uns allen wünsche ich nun viel Glück und Erfolg für die nächsten 20 Jahre!

28. März 2006 – Eröffnungsrede zur Ausstellung »Geliebt, gequält, getötet« im Bayerischen Landtag

Meine Damen und Herren, liebe Freundinnen und Freunde, liebe Tierrechtler!

Ich freue mich, dass Sie so zahlreich erschienen sind, obwohl das Thema dieser Ausstellung ja alles andere als gemütlich ist. Es geht ausschließlich um die Ausbeutung unserer nichtmenschlichen Mitgeschöpfe, der Tiere. Es ist wunderbar, dass der Galerist Albrecht Widmann, der sich seit Jahrzehnten für die Rechte der Tiere einsetzt und zahllose Tiere gerettet hat, nun wieder mit einem enormen Einsatz an Energie diese Ausstellung zustande gebracht hat.

Ich begrüße die Vertreter der Medien, deren Hilfe und Unterstützung die Tiere so dringend brauchen. Und natürlich vor allem die Künstler, die sich mit dem Thema intensiv auseinandergesetzt haben, gegrüßt seien aber auch alle, die sich still und unauffällig im Hintergrund für die Rechte der Tiere einsetzen.

Ich habe das Mandat für diesen Landtag angenommen, weil ich mir davon eine größere Plattform versprach, das Thema Tierschutz auch politisch zu artikulieren. Und tatsächlich gibt es zumindest kleine Erfolge zu verbuchen. So wird im Konsens mit Staatsminister Dr. Goppel die skandalöse Pavianhaltung in den Kellerräumen der Chirurgischen Klinik der Münchner Ludwig-Maximilians-Universität in der Nußbaumstraße geschlossen. Noch in diesem Monat beginnt die Umsiedlung der Primaten in das Primatenzentrum Göttingen. Dort werden ihnen allerdings ebenfalls Schweineherzen eingepflanzt, weil angeblich erforscht werden muss, wie lange ein Affe mit einem Schweineherz überlebt – natürlich angeblich zum Wohl des Menschen. Aber wenigstens können die Tiere in Göttingen in Freilandgehegen leben.

Wie Sie sicher gehört haben, experimentieren Forscher des Max-Planck-Instituts daran, eine Schimäre zwischen Mensch und Affe zu schaffen, indem sie Affen menschliche Nervenzellen ins Gehirn spritzen. Und das, obwohl gerade wieder bewiesen wurde, dass Mensch und Menschenaffe zu 99 % genetisch übereinstimmen. Woraus eigentlich nur eines zu folgern wäre: Entweder ein Versuchstier ist dem Menschen nicht ähnlich, dann ist der Versuch sinnlos; oder es ist uns ähnlich, dann dürfen wir den Versuch nicht machen. Übrigens kam vor Kurzem die Nachricht, die Versuche seien abgebrochen worden, da die Affen vier Wochen nach dem Eingriff Gehirntumore entwickelt hatten und getötet werden mussten.

Nicht, ob Tiere denken können, sollte die Frage lauten, sondern ob sie leiden können. Jeder normale Mensch wird das bejahen, aber einigen anderen ist diese Einsicht offenbar abhandengekommen. Sie ähneln dem Philosophen Descartes, für den die Schreie der Tiere nicht mehr bedeuteten als das Quietschen einer Maschine.

Aber nicht nur das Verhältnis der Wissenschaftler, auch das der Kirchen zu den Tieren wird von den hier ausstellenden Künstlern zu Recht hinterfragt. Ein ehemaliger Pfarrer spricht vom Verrat der Kirchen an den Tieren. Die Kirchen haben den Tieren über Jahrhunderte die Existenz einer Seele abgesprochen. Ich bin überzeugt, würde Jesus heute leben, er würde sämtlichen gequälten Tieren die Türen ihrer Gefängnisse öffnen und sie befreien. Und dafür würde man ihn ins Gefängnis sperren. Ich setze allerdings einige Hoffnung in den neuen Papst, der sich positiv zum Tierschutz geäußert haben soll.

Wie sehr wir gerade von den sogenannten Wissenschaftlern immer wieder belogen werden, zeigt folgender Vorfall: Am 4. Juni 1983 schilderte ich bei einer Kundgebung am Marienplatz Versuche im Max-Planck-Institut, worauf mir das Institut mit einer Klage wegen Verleumdung drohte. Ich konnte darauf verweisen, dass ich nichts anderes getan hatte, als aus dem Werk eines Professors eben dieser Gesellschaft zu zitieren. Ein Professor Unterharnscheid hatte in einer Schrift minutiös geschildert, wie er immer wieder Katzen das Gehirn zertrümmerte, um die Zeiträume ihrer Bewusstlosigkeit bis zu ihrem schließlich eintretenden Tod zu messen. Daraus sollten Rückschlüsse auf Hirnverletzungen bei Boxern gezogen werden. Von einer Klage war dann nicht mehr die Rede.

Ich wünsche mir, dass viele Lehrer mit ihren Schülern diese Ausstellung besuchen. Mir liegt sehr viel an der Sensibilisierung der Kinder für den Schutz der Tiere. Der kleine Tierschützer von heute ist der Menschenschützer von morgen. Ich bitte Sie, sich wenigstens für einige Minuten den Videofilm über Versuche an Affen anzusehen. Ich freue mich auf anregende und informative Stunden mit Ihnen gemeinsam und danke Ihnen noch einmal, dass Sie gekommen sind ...

Letzte Pelztierfarm in Bayern geschlossen

Newsletter

28. März 2006
Liebe Freundinnen und Freunde,
da wir ständig mit Horrornachrichten über die Behandlung von Tieren überschüttet werden, möchte ich Euch gleich zu Anfang mit einer Freudenbotschaft begrüßen: Im Herbst wird die letzte Pelztierfarm in Bayern geschlossen – eine Nerzfarm. Es gibt keinen Nachfolger! Dann ist nur noch eine Chinchillafarm übrig, wo die Tiere zu Zuchtzwecken gehalten werden. Liebe Freunde, in diesem Fall haben sich unsere Mühen gelohnt. Es gilt aufzuklären und immer wieder aufzuklären, bis endlich keine Frau mehr Tierpelz am Körper tragen wird.
Zu den Problemen, die uns nach wie vor den Schlaf rauben: Das Robbenschlachten geht wieder los – ich habe vor ein paar Tagen mit Franz Weber von der Franz-Weber-Stiftung telefoniert, dem es vor Jahren gemeinsam mit Brigitte Bardot gelungen war, das Massaker zu stoppen. Nachdem unsere Anklage in Genf gegen Kanada im Herbst nichts genützt hat und selbst Paul McCartneys Appell vergeblich war, hat Franz Weber keine Hoffnung mehr auf ein Verbot der neuerlichen Robbenschlachterei. Er ist mit einem kleinen Eisbrecher unterwegs, um das Desaster wenigstens zu dokumentieren.

Immer die gleichen Argumente, wenn wir eine Verbesserung der Putenhaltung fordern, das Ende des Schnabelkürzens. Liebe Freunde, um es vorwegzunehmen: Der Hauptgrund für das Elend der Tiere ist letzten Endes immer wieder die unersättliche Gier der Verbraucher und deren mangelndes Bewusstsein für die Leiden der Tiere. Die Tierversuche nehmen weiter zu, an der Charité will ein Forscher mit Affen experimentieren. Für Tierversuche werden riesige Summen ausgegeben, für Alternativen dagegen lächerlich wenig. Und – aktuell und besonders alarmierend: Es gibt Bestrebungen, das Verbot der Käfighaltung wieder aufzuheben. Am 7. April wird im Bundesrat darüber abgestimmt. Bitte protestiert massenhaft!
Eure
Barbara Rütting

1. April 2006 – Halbzeit für mich als Abgeordnete
Am 21. September 2003 wurde ich in den Bayerischen Landtag gewählt. Eine »Spielzeit« riskiere ich, mehr nicht, das war von Anfang an klar. Fest steht: Die außerparlamentarische Arbeit liegt mir mehr als die parlamentarische. Ich kette mich lieber gegen Tierversuche am Tor eines Pharmakonzerns an und beteilige mich an der gesetzwidrigen Freilassung von 7000 Hühnern, als stundenlang fruchtlose Debatten in Ausschüssen und Plenum über mich ergehen zu lassen. Zumal so gut wie sicher ist: Kommt ein Antrag von uns Grünen, wird er sowieso abgelehnt.
Meine Bilanz: Mehr Frust als Lust!

3. April 2006 – Familienzirkus Aron wieder auf Tournee
Der Familienzirkus Aron – Vater, Mutter und sieben Kinder – musste bedingt durch das Schneechaos in Bernau überwintern. Die Schneemassen hatten das Zelt zum Einsturz gebracht und Auftritte monatelang unmöglich gemacht. Die Bevölkerung der umliegenden Orte half Menschen und Tieren mit Geld- und Futterspenden über die

harte Zeit. Mein Beitrag bestand darüber hinaus vor allem im Wäschewaschen – denn auch die Waschmaschine hatte ihren Geist aufgegeben. Die Familie hat sieben Kinder! Dutzende von Waschmaschinen waren schnell gefüllt, meine ganze Wohnung war vollgehängt mit trocknenden Strampelhöschen, T-Shirts und Artistenkostümen. In Bad Aibling konnten nun bei schönstem Frühlingswetter die heiß ersehnten ersten Auftritte stattfinden, verbunden mit einer Tiersegnung und bejubelt von Groß und Klein. Ich bedankte mich bei der tapferen und immer fröhlichen Zirkus-Familie nicht nur für die grandiosen artistischen Leistungen von internationalem Niveau, sondern auch für die wirklich beispielhafte Tierhaltung: Im bunten Clownskostüm mit spitzem Hut kontrollierte ich die Eintrittskarten und ließ mich vom Messerwerfer unter den Entsetzensschreien der ZuschauerInnen mit Messern »umwerfen«.

Auch so etwas gehört zur Aufgabe einer Landtagsabgeordneten!

Meine Rede zur Eröffnung der Ausstellung »Gutes Leben im Alter«

5. April 2006

Wann ist ein Mensch alt? Wenn er graue oder weiße Haare bekommen hat? Wenn die Frau einen Witwenbuckel kriegt, der Mann einen Bauch? Nein, die Ursache für beides ist ernährungsbedingtes Fehlverhalten.

In diesen Zeiten des Jugendwahns, in denen sich Teenager zum Geburtstag von den Eltern eine Busenvergrößerung oder ein Facestyling wünschen, sind die Schlagzeilen der letzten Monate kaum noch verblüffend. So verkündete ein junger Politiker: Ab 80 sollen sich die Alten, wenn sie künstliche Hüften brauchen, an den Kosten beteiligen. Alte, legt den Löffel weg und verscherbelt euer Tafelsilber. Bayern darf nicht länger von grauen Haaren regiert werden etc. Alles Forderungen von Bübchen, die Anfang 20 sind – zwei aus der JU, einer von den jungen Liberalen. Aus den Reihen der Jusos hörte ich ähnliche Töne noch nicht. Bei den Grünen allerdings habe ich es selbst zu spüren bekommen, als ich für die Landtagswahl 2003 aufgestellt worden war … Alle wollen alt werden, aber keiner will alt sein. Und offensichtlich findet mensch, wenn schon ein Haar, dann doch lieber ein blondes, braunes, rotes oder schwarzes als ein graues Haar in seiner Suppe.

Noch vor einigen Jahren lautete das Klischee über Alte: Sie fahren in Bussen zu Kaffeefahrten und lassen sich da abzocken. Alle in Beige gekleidet, die Männer alle mit den gleichen beigen Schirmmützen auf dem Kopf. Beige ist bekanntlich die Farbe derjenigen, die sich angepasst haben, die nicht (mehr) auffallen wollen. Diese Alten tragen orthopädische Schuhe, humpeln oder gehen am Stock und schimpfen auf die Jungen. Heute triumphiert ein neues Alten-Klischee: Diese neuen Alten sind topfit, joggen, zanken sich mit der Enkelin um die lila Strumpfhose, genießen ihr Leben auf Teufel komm raus und verprassen ihre Rente auf Mallorca und auf Kreuzfahrten. Nach uns die Sintflut!

Zwischen diesen beiden Gruppen gibt es aber eine dritte: Menschen, die sich, schon bevor sie alt sind, Gedanken machen, wie sie ihr Altwerden oder Altsein anders gestalten können: mit mehr Lebensqualität nicht nur für sich selbst, sondern auch für andere. Die Vorstellung, das Leben in einem herkömmlichen Alten- oder gar Pflegeheim verbringen zu müssen, lässt viele schaudern. Tatsache ist, wir werden immer älter. Ein Radiokommentator sagte vor Kurzem: Die Medizin hat solche Fortschritte gemacht, dass immer mehr Menschen Pflegefälle werden. Ein Versprecher?

Vor etwa 30 Jahren besuchte ich eine alte Frau in einem sozialen Altersheim. Daraufhin schwor ich mir, alles dafür zu tun, dass Menschen künftig anders alt werden können. Dass Altern mehr bedeuten muss, als dahinvegetierend einsam auf seinen Tod zu warten. Ende der Achtzigerjahre versuchte ich deshalb, in Österreich eine Lebensgemeinschaft von Wahlverwandten zu schaffen, Jungen und Alten, Menschen und Tieren im Einklang mit der Natur. Vielleicht war ich zur falschen Zeit am falschen Ort. Inzwischen existieren viele solche Lebensgemeinschaften …

Viele Menschen leben heute als Singles, frei- oder unfreiwillig. Es gibt immer mehr Patchwork-Familien, was darauf hinzudeuten scheint, dass die Kleinfamilie nicht mehr genügt. Zurück zur Großfamilie, die man sich selbst aussucht – könnte das die Lösung sein? Neue Wohn- und Lebensgemeinschaften, nicht nur für die Altwerdenden, sind gefragt. Der »neue Mensch« ist gefragt, der sich als verantwortungsbewusster Teil eines großen Ganzen sieht und sich für das Wohl alles Lebendigen auf dieser Erde einsetzt …
In diesem Sinne wünsche ich der Ausstellung viel Erfolg.

Rede zum Internationalen Tag des Versuchstieres in München

22. April 2006

Sehr geehrte Damen und Herren, liebe Freundinnen und Freunde! 1982, also vor 24 Jahren, habe ich mich mit anderen Tierschützern am Tor des Berliner Pharmakonzerns Schering angekettet, um auf die auch in diesem Unternehmen durchgeführten Tierversuche aufmerksam zu machen. Damals wusste die Öffentlichkeit so gut wie nichts über diese Verbrechen. Das wenigstens ist uns Tierschützern gelungen – die Bevölkerung ist sensibilisiert, niemand kann heute mehr behaupten, nichts von den Leiden der Versuchstiere zu wissen. Dennoch begegnet uns immer wieder die irrige Meinung: »Aber sie nützen doch dem Wohl der Menschen!« Heute begehen wir den Tag des Versuchstieres. Es ist eine Schande, dass wir diesen Tag immer noch begehen müssen, dass er nicht längst der Vergangenheit angehört – einfach weil die Menschen und auch die Wissenschaftler endlich begriffen haben, dass der Versuch am lebenden Tier nicht nur grausam, sondern auch unwissenschaftlich ist, dass er nicht dem Wohl der Menschen dient, dass er die Medizin nicht weitergebracht, sondern im Gegenteil in die Irre geführt hat und weiterhin führt. Gandhi hat die Vivisektion, also den Versuch am lebenden Tier, als eines der schwärzesten Verbrechen der Menschheit bezeichnet.

1986 bereits, also wieder vor 20 Jahren, haben international renommierte Mediziner und Wissenschaftler eben diese Erkenntnis in dem Buch »1000 Ärzte gegen Tierversuche« zu Protokoll gegeben. Einer davon, Professor Dr. Julius Hackethal, sagte mir, er habe Tierversuche unter anderem an Hunden auch durchgeführt, um Professor zu werden. Die kürzliche Medikamentenkatastrophe, die dazu führte, dass Testpersonen nach der Einnahme von Medikamenten lebensgefährlich erkrankten und sogar ins Koma fielen, beweist es wieder einmal: Der Tierversuch, gerade mit Medikamenten, sagt nichts aus über deren Wirksamkeit beim Menschen. Der Mensch ist eben keine Maus.

Die neue Bundesregierung versucht jetzt, vieles wieder rückgängig zu machen, was die rot-grüne Regierung im Tierschutz erreicht hat. So droht sie, das Verbot der Käfighaltung von Legehennen zu kippen. Das ehemalige CDU-Mitglied Dr. Franz Alt, Ihnen allen bekannt als unerschrockener Aufdecker von Ungerechtigkeiten, schreibt dazu in seinem Newsletter vom 10.04.2006: »Ich wollt', ich wär' kein Huhn. Nach dem Motto ›Geiz ist geil‹ haben unionsgeführte Länder, aber auch die rot-rote Landesregierung von Mecklen-

Angekettet mit weiteren Tierschützern als Protest gegen Tierversuche. Am Tor des Berliner Schering-Konzerns am 9.11.1982

179

burg-Vorpommern im Bundesrat beschlossen, dass in Deutschland Käfighühner auch künftig leiden müssen. Die gnadenlosen Christen haben wieder einmal zugeschlagen. Der christdemokratisch regierte Bundesrat hat einen tierfreundlichen Beschluss von Rot-Grün gekippt.« Ministerpräsident Christian Wulff darf immerhin ganz offiziell als millionenfacher Tierquäler bezeichnet werden – und dieses Prädikat dürfte auch weiteren PolitikerInnen blühen.

Eine besonders große Herausforderung stellt für uns Grüne das Themenfeld der Tierversuche dar. Das geplante neue europäische Chemikaliengesetz REACH (Registrierung, Evaluierung und Autorisierung von Chemikalien) lässt befürchten, dass die Zahl der Tierversuche weiter ansteigen wird. Denn die Substanzen werden vor der Zulassung nach wie vor über Tierversuche getestet, obwohl alternative Methoden und Verfahren Tierversuche ersetzen können. Auch in der Forschung mit und an transgenen Tieren werden zunehmend mehr Tiere »verbraucht«. Allein in Deutschland sterben Jahr für Jahr mehr als 2,2 Millionen Tiere bei Versuchen, Tendenz steigend.

Müssen Tierversuche sein oder nicht? Diese Frage haben wir am 28.03.2006 in einem Fachgespräch im Bayerischen Landtag mit Experten und 200 TeilnehmerInnen diskutiert. Das Motto lautete: »Über unseren Umgang mit den Tieren – geliebt, gequält, getötet«. Auch diese Veranstaltung gipfelte in der Erkenntnis, dass Tierversuche grausam und unwissenschaftlich sind und verboten werden müssen.

Meine große Bitte an Sie alle: Nicht wegsehen, sondern hinsehen, auch und gerade, wenn es um die Leiden der Tiere geht. Und dann handeln! Nützen wir unsere Macht als VerbraucherInnen. Betreiben wir Politik mit dem Einkaufskorb! Unterstützen wir die Biobauern! Versuchen wir, gesund zu leben! Hören wir auf zu rauchen! Alle qualvollen Versuche an Tieren haben nicht dazu geführt, eine gesunde Zigarette zu entwickeln. Nicht Tierfabriken und Agro-Gentechnik schaffen Arbeitsplätze, sondern artgerechte Tierhaltung, gentechnikfreier Anbau und die Förderung alternativer Energien.

Tun wir die kleinen Schritte, die möglich sind – heute, jetzt!

Endlich wieder einmal eine Aktion zivilen Ungehorsams!

14. Mai 2006

Wo Unrecht Recht ist, wird Widerstand zur Pflicht – unter diesem Motto ließen wir am 14. Mai – nahezu tausend TierschützerInnen, Tierärzte, Virologen und Vertreter von Tierschutzverbänden – auf einem Freilandhof im Ortsteil Oberurbach bei Bad Waldsee 7000 Hühner ins Freie. Endlich mal wieder eine Aktion zivilen Ungehorsams nach meinem Geschmack! Denn die Veranstaltung war natürlich verboten und das Veterinäramt hatte erst tags zuvor flugs die bisher nicht gewährte Ausnahmegenehmigung erteilt – offensichtlich in der Absicht, diese angekündigte, aufsehenerregende Demonstration zu verhindern. Sie fand dennoch statt. Denn es ging uns ja nicht nur um eine vorübergehende Lockerung der Aufstallungspflicht (= lebenslängliches Gefängnis), sondern um die Beendigung dieses absurden Verbots.

Aus Sicht der Legebatterien-Barone hätte das Timing gar nicht besser sein können. Eine Mischung aus Zufall und schon längst in Planung befindlicher Politik sorgte dafür, dass die Vogelgrippe in Deutschland den Interessen dieser Klientel sehr entgegenkam. Dieses Schreckgespenst brachte das drohende Legehennen-Käfigverbot zum 01.01.2007 vorerst zu Fall. Der Bundesrat beschloss auf Antrag einiger Bundesländer die sogenannte »Kleinvoliere« als Ersatz für den bisherigen Qual-Käfig und preist diesen haarsträubenden Etikettenschwindel unisono mit der Bundesregierung und dem Deutschen Bauernverband auch noch als »tierschutzfortschrittliche« Alternative.

Der zweite Schritt passt natürlich nahtlos in das gleiche Raster: Bundesminister Horst Seehofer verlängert unter Hinweis auf die Vogelgrippe und den »Schutz« der gefiederten Nutztiere die Stallpflicht für Legehennen auf unbefristete Zeit. Ohne mit der Wimper zu zucken, werden die Grundgesetzlichkeit des Tierschutzes und das Urteil des Bundesverfassungsgerichts in einem Aufwasch vom Tisch gefegt. Und mit Ausnahme des Ministerpräsidenten Kurt Beck aus

Rheinland-Pfalz kräht kein Politik-Hahn danach. Eine moralische Bankrotterklärung, wie sie nicht schlimmer sein könnte.

Was würde das im Alltag bedeuten? Die Freilandhaltung für Legehennen in Deutschland wäre damit de facto auf den Sankt-Nimmerleins-Tag verschoben. An Freiland gewöhnte Legehennen sind einer unbefristeten Aufstallung und dem damit verbundenen enormen Stress nicht gewachsen. Ihre durch die Freilandhaltung bessere gesundheitliche Widerstandskraft würde zunichte gemacht. Dazu kommt die drastische existenzielle Bedrohung der betroffenen Hühnerhalter. Legehennen sind keine »Maschinen« in Fabrikhallen, sondern schützenswerte Mitgeschöpfe! Wir zeigen der deutschen Länderkammer und dem »Tierschutz«-Minister Seehofer, der seinen Amtseid nicht in vollem Umfang verstanden haben kann, unmissverständlich die Rote Karte!

Auf den vielen Transparenten war dann auch zu lesen: Schluss mit der manipulierten Vogelgrippehysterie! – Alle Freilandhühner sofort wieder ins Freiland zurück! – Wir fordern das Verbot der tierquälerischen Käfighaltung! Über den Demonstranten schwebten Luftballons mit der Aufschrift »Minister Seehofer – Tierquäler der Nation!« Als mündige BürgerInnen haben wir das Recht, uns zu wehren – durch Kaufboykott, Demonstrationen und alle Mittel des zivilen Ungehorsams. Holen wir die Tiere aus dem Käfig!

Der »Problembär«

Offener Brief an Umweltminister Dr. Schnappauf sowie an Bärenfreunde, Bärengegner und alle, die es betrifft

28. Mai 2006

Sehr geehrter Herr Minister Schnappauf,
bei einer Begegnung im bayerischen Wunsiedel vor einem Jahr erzählten Sie mir zu meiner großen Freude, dass Sie beabsichtigten, in Wunsiedel ein Reservat für Bären einzurichten. Ich war damals gerade von

einer Hilfsaktion in Bulgarien zurückgekommen, wo ich unter anderem das berühmte, von internationalen Tierschutzorganisationen errichtete Bärenreservat besucht hatte. Anschließend übergab ich Ihnen Unterlagen über dieses großartige Projekt, in dem freigekaufte sogenannte »Tanzbären« einen friedlichen Lebensabend verbringen können. Soeben komme ich wieder von einer Hilfsaktion aus Bulgarien zurück und erfahre daher erst jetzt – und diesmal zu meinem Entsetzen –, dass Sie die Erlaubnis zum Abschuss des in Bayern aufgetauchten Bären gegeben haben.

Der zunächst mit großem Jubel begrüßte Bär hat Schafe gerissen, angeblich einen Hühnerstall ausgeraubt und einen Bienenstock ausgeleckt. Diese Vergehen genügen, um das Todesurteil für ein streng geschütztes Tier zu fällen? Vielleicht wiegt schwerer, dass er einen Jäger »angebrüllt« hat – einen bayerischen Jäger! Nun soll der Übeltäter, der sich längst wieder verzogen hat, abgeschossen werden. Glücklicherweise hat sich der Papst eingeschaltet und das Raubtier sozusagen zur »Persona grata« erklärt. Es ist nur zu hoffen, dass der Bär schlau genug ist, die Grenzen katholisch dominierter Gebiete nicht zu überschreiten, und schon deshalb am Leben bleibt.

Sehr geehrter Herr Minister Schnappauf, ich ersuche Sie dringend, die Erlaubnis zum Abschuss des Bären wieder rückgängig zu machen. Bitte setzen Sie sich auch bei Ihren österreichischen Kollegen dafür ein, dass man versucht, den Bären mittels Blasrohr und/oder Bärenfalle zu fangen (wie von Experten vorgeschlagen wurde), statt ihn zu erschießen. Er könnte dann in einem entlegenen Gebiet, zum Beispiel Polen, wieder ausgesetzt werden. Vielleicht wäre es aber auch möglich, ihn im sehr weitläufigen bulgarischen Reservat anzusiedeln.

Der Dank vieler Tierfreunde ist Ihnen gewiss. Und: Der nächste Bär kommt bestimmt!

Mit tierschützerischen Grüßen
Barbara Rütting

Anleinpflicht für Hunde

Auch mit diesem Problem hat sich eine Abgeordnete auseinanderzusetzen, denn es betrifft alle Kommunen.

Hier ein Brief an Bürgermeister Klaus Daiber, Bernau

4. Juni 2006
Sehr geehrter Herr Bürgermeister Daiber,
hiermit erhebe ich nun auch ganz offiziell Einspruch gegen die Anleinpflicht der Hunde für Bernau. Die Unterteilung der Hunde in solche unter 50 und solche über 50 Zentimeter ist wirklich absurd. Es gibt bissige kleine und sanfte große Hunde (z.B. die Dogge). Auch die Größe der Kothaufen dürfte wohl nicht relevant sein. Überdies sagen Sie selbst, dass die meisten Hundehalter verantwortungsvoll mit dem Problem umgehen. Es kann doch nicht sein, dass die vielen vernünftigen Hundehalter für einzelne Übeltäter leiden müssen.
Ich schlage noch einmal vor, dass Letztere empfindlich bestraft werden: Wer einen Hund dabeihat, aber keine Tüte, zahlt 15 Euro Strafe (oder auch mehr). Allein die Androhung einer Geldstrafe schreckt ab – man sieht das ja auch beim Erfolg der Gurtpflicht –, denn natürlich kann man nicht jeden erwischen. Die Idee eines Hundeführerscheins hat sich bisher nirgends zufriedenstellend realisieren lassen. Eine andere Idee wäre es, Schulungsabende für Hundehalter und die hundelose Bevölkerung durchzuführen (z.B. vierteljährlich von einem erfahrenen Hundeführer). Ein Anreiz zur Teilnahme könnte sein, dass jedem Hundehalter, der regelmäßig an den Schulungen teilnimmt, ein paar Euro der Hundesteuer erlassen werden. Auch für Menschen, die keinen Hund haben, wäre diese Schulung wichtig, z.B. für Eltern mit Kindern, die oft aus Unkenntnis falsch handeln.
Sehr geehrter Herr Bürgermeister, wie immer stets zu einer konstruktiven Zusammenarbeit bereit.
Mit freundlichen Grüßen
Barbara Rütting

Nach einer Bulgarienreise in Sachen Tierschutz

13. Juni 2006

Insgesamt dürften die Erfolge die für Bulgarien typischen Pannen mehr als aufwiegen. Deprimierend allerdings, dass zwischen den Versprechen der Politiker und den tatsächlichen Verhältnissen, was den Tierschutz betrifft, immer noch eine empfindliche Lücke klafft ...

Die Ereignisse der Reihe nach:

Besuch bei Bürgermeister Borissov am Vormittag des 23. Mai. Borissov macht alle Zusagen, die wir uns wünschen. Bulgarien will 2007 zur EU. Immer noch gelten als Hindernisse Korruption, Kriminalität und die katastrophale Situation im Tierschutz speziell der Straßenhunde. Im Oktober wird in Brüssel entschieden – bis dahin darf unser Druck auf die Verantwortlichen nicht nachlassen! Anschließend Besuch im Sozialministerium bei der stellvertretenden Sozialministerin, zuständig für Behinderte. Sie zeigt sich sehr interessiert am Projekt »Tiere helfen Menschen helfen« in Bansko. In diesem (noch in Planung befindlichen) Projekt sollen einmal nicht vermittelbare Tiere leben, die von den behinderten Menschen der Umgebung besucht werden – nach dem Motto »Menschen und Tiere therapieren sich gegenseitig«. Ein Modell, das sich in vielen europäischen Ländern bestens bewährt. Ein Gesundheits- und Seminarzentrum ist dort ebenfalls angedacht. Für dieses ganzheitliche Projekt (Behindertenbetreuung und Bildung) könnte es Fördergelder aus Brüssel geben.

Am Donnerstag, 8. Juni, hat die Kommission zur Erstellung des Tierschutzgesetzes im Landwirtschaftsministerium in Sofia getagt und dabei entgegen der ursprünglichen Fassung folgende Punkte beschlossen:

1. Die Tötung gesunder Hunde wird beendet, getötet werden dürfen nur Hunde, die unheilbar krank sind oder nachgewiesenermaßen

Menschen angefallen haben. Alle Isolatoren, sprich Tötungsanlagen, werden geschlossen und nach Möglichkeit in Tierheime umgewandelt.

2. Kastration soll der Regelfall werden, wobei stationäre wie auch mobile Einrichtungen zugelassen sind.
3. Die Haustierhaltung soll in Zukunft nach der zur Verfügung stehenden Wohnfläche bemessen werden.
4. Die Haltung exotischer Tiere wie Papageien, Affen, Schlangen etc. soll stärker reglementiert werden, entsprechend dem Washingtoner Artenschutzabkommen.

Dieser großartige Gesetzesentwurf wird am 26. August ins Parlament eingebracht und hoffentlich (!) verabschiedet.

Am Abend Fahrt nach Bansko. Wir finden absolutes Chaos vor in den von der Gemeinde für die Kastrationen zur Verfügung gestellten Räumen des städtischen Veterinäramtes. Überall Müll – nur die von »unseren« Handwerkern tipptopp hergerichteten Räume im ersten Stock sind fast fertig. Aber: Der Kanalanschluss fehlt! Ohne Kanalanschluss kann morgen nicht operiert werden – und die aus Sofia angereisten Tierärzte sitzen bereits abrufbereit im Hotel!

Nächster Morgen: Der Kanalanschluss wird tatsächlich fertig, ein Teil des Mülls abtransportiert. Aber die von der Gemeinde zur Verfügung gestellten »Tierfänger« sind vollkommen ungeeignet, sodass wir gemeinsam mit den beiden Tierärzten die Hunde einfangen müssen. Die ersten Hunde werden kastriert, das ortsansässige Tierärztepaar, das in Zukunft die Kastrationen durchführen soll, assistiert. Es zeigt sich aber, dass bei beiden zumindest hinsichtlich des Anästhesiebereichs dringender Schulungsbedarf besteht. Deshalb werden weitere Kastrationen zunächst zurückgestellt. Die beiden ortsansässigen Tierärzte werden sich bis Mitte Juli in einschlägigen Tierkliniken in Sofia weiterbilden.

Nachmittags Besuch bei Bürgermeister Kravarov im Banskoer Rathaus. Der von Frank Seidel gerettete Hund Nuschka ist mit dabei. Bürgermeister Kravarov hat Anderland e.V. ein Grundstück zur Verfügung gestellt, auf dem das Projekt »Tiere helfen Menschen helfen« realisiert werden kann. Fazit zum Projekt Bansko: Die von der Gemeinde zur Verfügung gestellten Räume des städtischen Veterinäramts wurden von uns, dem Verein Anderland e. V., aufwendig hergerichtet. Es entstanden ein Operationszimmer, ein Post-OP-Zimmer, die sanitären Einrichtungen und Verkehrsflächen wurden renoviert und Hundeboxen installiert für die Zeit nach der OP. Dringend nötig wäre eine mobile Klinik, damit auch in der Provinz kastriert werden kann, von wo ständig neue Hunde in die großen Städte strömen.

Am nächsten Tag in Sofia vor meinem Abflug Pressekonferenz in der Bulgarischen Nachrichtenagentur. Fragen über Fragen. Ungläubiges Staunen, als ich von Tierschutz als Unterrichtsfach an Schulen berichte. Oder davon, dass wir Hundetoiletten haben, wo man eine Tüte ziehen kann, um den Hundekot zu entsorgen. Wie wir in Deutschland mit unseren Streunerhunden verfahren, will jemand wissen. Es herrscht Fassungslosigkeit, als ich antworte: Dieses Problem gibt es nicht – wir haben keine »Streunerhunde«. Hunde sind entweder in Privatbesitz oder im Tierheim, wo sie selbstverständlich kastriert werden. Wie lange, will die Fragerin dann wissen, wird es wohl dauern, bis dies in Bulgarien auch erreicht ist? Das hängt nun wirklich davon ab, dass wir alle in unseren Bemühungen nicht nachlassen.

28. Juni 2006 – Bär Bruno ist tot

Das Bärenkind, das keinem Menschen etwas zuleide getan hat, wurde heimtückisch ermordet. Wir sind – wieder einmal – nach Strich und Faden belogen worden. Der Abschuss war längst geplant. »»Wenn (…) der Bär einem Jäger vor die Flinte laufe, solle der abdrücken.‹

Mit diesen Worten brachte Roland Eichhorn vom Umweltministerium den Tiermord auf den Punkt.« (Quelle: ddp, 25.6.2006)

Entsetzen und Empörung weltweit – allerdings auch bei Leuten, die überhaupt keine Skrupel haben, die Körper sogenannter Nutztiere zu verzehren, an deren qualvollem Leben und Sterben sie indirekt beteiligt sind. Verglichen damit kann man das, was der Kindbär getan hat, nur als »peanuts« bezeichnen: Er hat ein paar Schafe gerissen und sich an Bienenstöcken gütlich getan (wofür die Besitzer übrigens entschädigt werden). Verlogenheit überall.

Eine Freundin spricht mir aus der Seele, als sie sagt: »Die Verzweiflung über all das Unrecht, das den Tieren ständig angetan wird, müsste man Tag und Nacht in die Welt hinausschreien.«

Die Menschheit gehört wohl weg von diesem Planeten, damit der sich wieder von uns erholen kann. Wir haben unsere Chance gehabt – und vertan.

Brunos Schicksal steht für alle getöteten Tiere

29. Juni 2006

Bruno wurde am oberbayerischen Spitzingsee bei Schliersee erfolgreich abgeknallt. Jede auch nur theoretische »Gefahr« scheint somit gebannt: Bayern und damit Deutschland ist nach über 170 Jahren wieder »bärenfrei«. Früher galten Städte, Dörfer und ganze Landstriche zeitweilig auch als »ketzerfrei«, später als »judenfrei«. Man verschleppte bzw. ermordete zuvor die betreffenden Menschen. Und es gibt makabre Parallelen zwischen den getöteten Anhängern religiöser Minderheiten und den getöteten Tieren: Beide sind weder katholisch noch evangelisch und beide gelten als »gefährlich«.

Die Leiche Brunos soll nun ins Museum nach München kommen. Man könnte ihn dort z.B. als Symbol des Triumphs menschlicher Waffentechnik über die Natur ausstellen. Das junge Tier hatte mangels schlechter Erfahrung noch wenig Angst vor dem Menschen und galt deshalb als »verhaltensauffällig«. In Italien hatte die Bärenfamilie nämlich zu den Menschen Zutrauen gefasst und ließ sich von ihnen z.B. füttern.

Doch im bürokratischen Jagd-Staat Edmund Stoibers gelten andere Sitten. Und leider war der Braunbär hier nicht »zu Gast bei Freunden«, wie es in diesen Tagen anlässlich der Fußball-Weltmeisterschaft immer heißt, sondern überwiegend bei Feinden, also bei Menschen. Z.B. lief der Wirt des Rotwandhauses am 25. Juni 2006 schreiend auf Bruno zu und erklärte anschließend: »Irgendwie hatte ich das Gefühl, dass er sich vor uns fürchtete.« (Quelle: *BILD-Zeitung*) Dann rief der Wirt die Polizei, und das Landratsamt Miesbach schickte das Exekutionskommando los.

Erfahrene Jäger oder Wildtierexperten mit Narkosegewehren schickte man bewusst nicht mit, obwohl dies ohne Weiteres möglich gewesen wäre. Denn der Bär musste nun sterben, so der Beschluss des verantwortlichen Ministers Werner Schnappauf. So schrieb auch Dr. Jürgen Lange, der Vorsitzendes des Zoos in Berlin: »Auch überrascht, dass Bayern die eigenen Fachleute für Wildbiologie und Wildtiermanagement und vor allem aus dem Münchner Zoo anscheinend nicht zu Rate zieht, obwohl gerade sie über große Erfahrung im Umgang mit Blasrohr und Betäubungsgewehr verfügen.« (*Der Tagesspiegel*)

Am Montag, den 26. Juni 2006, um 4.50 Uhr war es dann so weit: Bruno wurde auf der Kümpflalm nahe dem Spitzingsee im bayerischen Mangfallgebirge abgeknallt. Waidmanns Heil und Waidmanns Dank!

Der italienische Wild-Experte Alberto Stoffela von der Forstbehörde Italiens erklärt: Auch in Italien habe es mit Bruno Zwischenfälle gegeben, »aber das wurde toleriert«. In Italien wurden Braunbären sogar wieder angesiedelt, obwohl bei einer Begegnung mit einem Menschen auch in Italien ein Risiko nie zu 100 % ausgeschlossen werden kann. Erst in Deutschland sei der Bär zum nationalen »Problem« geworden.

»Wo sich Menschen ausbreiten, müssen andere Kreaturen weichen. Das ist die Botschaft, die hinter Brunos Tod steckt«, schreibt die *Stuttgarter Zeitung*.

Und in der Zeitschrift *Freiheit für Tiere* lese ich:
Bruno darf nicht vergessen werden. Das gilt nicht nur für den Bären Bruno, der unbekümmerter war, als dies im Jagd-Staat Edmund Stoibers geduldet wird. Es gibt ebenso das Reh Bruno, das sich erdreistet, die deutsche Forstwirtschaft durch Knabbern an einem Baum zu schädigen. Dann ist da noch das Schwein Bruno, das bis zu seiner Schlachtung auf engstem Raum vegetieren muss und nie die Sonne sehen darf. Es gibt Bruno, die Versuchstier-Maus. Bruno, den kräftigen Ochsen, der gerade für das Münchner Oktoberfest gemästet wird. Und Bruno, den Fuchs, der in einer Jäger-Sprengfalle schreiend verreckte, als er auf Nahrungssuche für seine Welpen war. Und noch viele mehr. Weltweit 45 Milliarden Tiere werden pro Jahr vom Menschen, der »Krone der Schöpfung«, (überwiegend bestialisch) ermordet. Und dies, obwohl das Gebot »Du sollst nicht töten« laut der Zeitschrift *Der Theologe* auch gegenüber den Tieren gilt.
Vom Tiermord zum Menschenmord ist nur ein Schritt. (Leo Tolstoi)

Der Bär muss weg!

Mein Leserbrief in der Abendzeitung

30. Juni 2006
Ein berühmter Schauspieler, bereits alt, unförmig, dick und kaum noch des Gehens mächtig, ließ sich zur Bärenjagd in den Balkan fahren. Auf meine Frage, was den Reiz ausmache, ein so schönes Tier totzuschießen, kam seine Antwort: Der Bär ist stark, schnell, jung – der muss weg.
Kommentar überflüssig.
Barbara Rütting, Bernau

(Selbst-)Justiz in Bayern?

2. Juli 2006

Im August 2005 erschlug im Kreis Miesbach ein (junger!) Bauer den Hund eines Touristen. Der Hund hatte ein Huhn des Bauern getötet. Im Juni 2006 erschossen Jäger im Kreis Miesbach den Bären Bruno. Der bayerische Umweltminister hatte den Bären zum Abschuss freigegeben – obwohl dieser keinem Menschen zu nahe gekommen und selbst von Kühen in die Flucht geschlagen worden war. Bruno hatte Schafe, Hühner und ein paar Hasen gerissen und Bienenstöcke geplündert.

Strafe für den Bauern: 7000 €. Er ist jetzt vorbestraft.
Strafe für die Bärenjäger und den Umweltminister?

Am Rande bemerkt: Der alljährliche Bayerische Tierschutzpreis wird auch in diesem Herbst verliehen – von Umweltminister Schnappauf.

Mein bisher schönstes Erfolgserlebnis im Landtag

7. Juli 2006

Als Gefängnisbeirätin versuche ich, den Häftlingen bei der Vorbereitung auf das Leben nach dem Knast zu helfen. Bei einem Häftling schien das absolut aussichtslos. Ihm wurde wiederholter Betrug zur Last gelegt. Keine Chance, lautete das allgemeine Urteil. Sein Wunsch war, in eine andere Vollzugsanstalt verlegt zu werden, da er dort nach seiner Entlassung einen Arbeitsplatz erhalten würde. Der könnte es schaffen, dachte ich, setzte Himmel und Hölle in Bewegung, redete mit anderen Gefängnisbeiräten aller Parteien, mit den Leitern diverser Vollzugsanstalten, deren Ärzten. Es hieß, eine Verlegung des Inhaftierten sei nicht möglich, er sei insulinpflichtig, in der von ihm gewünschten Anstalt sei nicht die entsprechende Betreuung gewährleistet etc. Ich ließ nicht locker und das Wunder geschah: Er wurde verlegt. Auf dem Weg in die neue Vollzugsanstalt rief er mich im Landtagsbüro

an, aus dem Zug. Er werde jetzt als Freigänger den neuen Arbeitsplatz antreten, ohne meine Hilfe hätte er das nicht geschafft. Ich sagte: »Herr XY, wenn Sie mich enttäuschen – ich bringe Sie um!«
Er lachte: »Ich verspreche es – ich halte durch!«
Vor ein paar Tagen erhielt ich einen Brief von ihm – mit einem Hochzeitsfoto! Der Knast ist vergessen, er ist erfolgreich in seinem Beruf und hat eine liebe Frau gefunden. Ich habe vor Freude geheult!

Alle Kühe erschießen!

Mein Leserbrief in der Abendzeitung

9. Juli 2006
Ein wanderndes Rentnerehepaar wurde im Land Salzburg schwer verletzt, steht in der Zeitung – nicht durch einen Bären, sondern durch Kühe.
Bei aller Tierliebe: Der Mensch geht vor! Ich fordere, dass diese Kühe sofort erschossen werden. Und da so etwas immer wieder passiert, sollte man vorsorglich alle Kühe erschießen. Natürlich auch die Stiere.

PS: War natürlich ironisch gemeint, wurde aber nicht immer verstanden und brachte mir einige Beschimpfungen ein.

Jesus lebte für Menschen und Tiere

Meine Rede bei der Internationalen Großdemonstration in München

5. August 2006
Liebe Tierfreundinnen und Tierfreunde,
alle guten Geister scheinen uns heute beizustehen. Die Sonne lacht, selbst der Wettergott meint es gut. Ein großes Dankeschön auch den Medien, die so ausführlich über die Gammelfleisch-Skandale be-

Internationale Großdemonstration in München August 2006

richtet haben. Wer jetzt nicht endlich aufwacht und VegetarierIn wird, ist selber schuld. Wer zu spät kommt, den bestraft bekanntlich das Leben! Würden alle vegetarisch leben, gäbe es ausreichend Nahrung für alle Menschen in der ganzen Welt.

Wir haben heute schon viel darüber gehört, wie sehr der Schutz der Tiere von den Kirchenvertretern nach wie vor vernachlässigt wird und wie viele Menschen deshalb aus den Staatskirchen ausgetreten sind. Franz von Assisi hat es schon schwer gehabt. Eugen Drewermann hat es schwer gehabt und immer noch schwer. Ihre Kirche verlassen hat auch die evangelische Pfarrerin Christa Blanke. Sie und ihr Mann, ebenfalls evangelischer Pfarrer, haben 1988 gemeinsam die ersten Tiergottesdienste abgehalten und das Glauberger Schuldbekenntnis verfasst, das von 600 Theologen in Deutschland unterschrieben wurde – katholischen wie evangelischen.

Ich lese ein paar Zeilen daraus vor: »Wir bekennen vor Gott, dem Schöpfer der Tiere, und vor unseren Mitmenschen, wir haben als Christen versagt, weil wir in unserem Glauben die Tiere vergessen haben. Wir waren als Theologen nicht bereit, lebensfeindlichen Tendenzen in Naturwissenschaft und Philosophie die Theologie der

Schöpfung entgegenzuhalten. Wir haben den diakonischen Auftrag Jesu verraten und unseren geringsten Brüdern, den Tieren, nicht gedient. Wir haben als Pfarrer Angst, Tieren in unseren Kirchen und Gemeinden Raum zu geben. Wir waren als Kirche taub für das Seufzen der misshandelten und ausgebeuteten Kreatur. Ohne Schuldbekenntnis ist Versöhnung nicht möglich.«

Ich bin überzeugt, wenn Jesus heute leben würde, er wäre nicht Mitglied in den etablierten Kirchen, sondern heute hier bei uns auf dem Marktplatz. Er würde die Türen der Käfighennen öffnen und die der Versuchstiere. Er würde Tiertransporte stoppen, das Robbengemetzel beenden, die Pelztierhaltung verbieten. Er würde dieses weltweite entsetzliche Leid der Tiere beenden. Und dafür würden sie ihn als Sektenanführer verhöhnen und einsperren. Ich betone ausdrücklich, dass ich hier nicht als Abgeordnete spreche, nicht als Vertreterin des Landtags oder irgendeiner Partei, sondern als absolut private Tierschützerin – um allen Angriffen zuvorzukommen.

Nach unserer wunderbaren Demonstration am Schliersee gegen den Abschuss des Bären Bruno hat nämlich der Sektenbeauftragte, Herr Gandow, sofort geschrieben: »Benutzt eine Sekte (gemeint ist das Universelle Leben, Anm. d. A.) den Tod des Bären Bruno?« Ich habe ihm zurückgeschrieben: »Wissen Sie nicht – oder haben Sie es vergessen –, dass auch die ersten Christen als Sekte gebrandmarkt und verhöhnt und sogar gefoltert und umgebracht worden sind? Zitieren wir doch ausnahmsweise den Apostel Paulus: Prüfet alles, und das Gute behaltet!«

Solange den Tieren eine Seele abgesprochen wird, werden sie weiterhin misshandelt und umgebracht, kann von Versöhnung keine Rede sein. Der Deutsche Tierschutzbund sagt zu Recht: »Tierschutz ist Menschenschutz.« Beides ist untrennbar. Deshalb ist Tierschutz im Unterricht eine ganz wesentliche Forderung von uns Tierschützern. Diese Forderung wird immer wieder abgelehnt: »Ist nicht nötig – funktioniert sowieso!«

Von wegen! Die Medien berichten, dass die Verrohung der Kinder zunimmt. Kinder haben bei einer Party – es steht heute in der Zeitung – einen Hasen in der Mikrowelle umgebracht. Diese Verrohung wird mit Recht als Tierquälerei bezeichnet. Der kleine Tierquäler wird bestraft, die großen Tierquäler in den Laboratorien dagegen werden mit Preisen und Titeln belohnt. Das muss endlich aufhören! Milliarden werden in die Tierversuchs-Hochburgen gepumpt – Würzburg, Erlangen … Immer wieder werden – mit unseren Steuergeldern! – neue Tierversuche durchgeführt, angeblich zum Wohl des Menschen. Die Wahrheit ist: Wir werden zwar älter – aber kränker. Aids ist nicht ausgerottet worden, Krebs nimmt zu, Alzheimer, die Zivilisationskrankheiten … Wir fordern, dass statt dieser irrsinnigen Summen, die in medizinische Forschung und Pharmaindustrie fließen, endlich die Alternativmethoden gefördert werden. Aber dafür gibt es kaum Geld. Denn: Nur kranke Menschen bringen den Pharmariesen Gewinn, nicht die gesunden.

Zum Abschuss des Bären Bruno: Nach unserer Demo am Schliersee schrieb mir ein Taxifahrer: »Was seid ihr doch blöd. Alle machen sich lustig über eure Hysterie mit dem Bären, denn der Bruder von ihm wurde in Tirol ganz ruhig abgeschossen, nicht mal die Zeitungen haben berichtet.« So muss das gemacht werden, findet der Taxifahrer aus Schliersee. Ich frage mich: Ist Bayern tierfeindlich? Ist das die allgemeine Meinung der Bayern? Ich hoffe nicht! Die Tragödie um den Bären spiegelt die ungeheure Verlogenheit unserer Gesellschaft wider. Mir tun die von Bruno gerissenen Schafe und Hühner auch leid, aber das Gejammer sogar um die von ihm verspeisten Bienen ist geradezu grotesk. Bei einem der höchsten kirchlichen Feiertage, nämlich zu Ostern, werden jährlich Tausende von Schafen umgebracht und von Menschen gefressen. Besonders beliebt sind junge Lämmchen, gebraten am Spieß. Absolute Heuchelei ist das angebliche Mitleid mit Brunos Opfern besonders angesichts des Elends der »Nutztiere«, die unter entsetzlichen Bedingungen quer durch Europa gekarrt werden, um endlich, mehr tot als lebendig, im Schlachthof zu landen …
Selbst das betäubungslose Schächten ist in Deutschland erlaubt, selbstverständlich im Namen der Religionsfreiheit. Ich habe mich

sehr gefreut, dass zu unserer heutigen Demo eine jüdische Initiative ein Grußwort sandte. Auf moslemischer Seite gibt es ebenfalls Stimmen, selbst von Imamen, die das betäubungslose Schächten ablehnen und deshalb dennoch nicht in Konflikt mit ihrer Religion geraten. Wir müssen es gemeinsam schaffen, dass diese Barbarei endlich verboten wird.

Zurück zum Tod Brunos. Umweltminister Schnappauf gab im Umweltausschuss selbst zu, dass der Abschuss bereits geplant wurde, nachdem der Bär zum ersten Mal in eine Siedlung eingedrungen war. Bis zum Schluss wurde uns jedoch vorgegaukelt, man würde versuchen, den Bären zu fangen, zu betäuben und woanders auszusetzen. Bei den sogenannten Experten, die gehört wurden, handelte es sich um eine ganz bestimmte Auswahl von Experten. Andere, die gegen den Abschuss waren, sind überhaupt nicht gefragt worden. Dazu der österreichische Wildbiologe Prof. Antal Festetics: »Das Ganze ist kein Bärenproblem, sondern ein Menschenproblem. (…) Es gibt keine abartigen Bären, jeder Bär hätte genauso reagiert wie Bruno. Der Bär tötet niemals aus Lust.« Über die Jäger sagt Festetics: »Dass die Jäger den Wald gesund halten, ist ein Schmarrn. Wir haben in Österreich 110 000 Jäger, die schießen doch nicht unentwegt auf kranke Tiere. Jagd ist eine Lusthandlung.«

Sind Jäger Lusttöter? Ein klares Ja kommt von dem Neurologen, Psychoanalytiker, Schriftsteller, Ehrendoktor der Universität Klagenfurt und passionierten Jäger Paul Parin. In seinem Buch »Die Leidenschaft des Jägers« schreibt er: »Seit meinen ersten Jagdabenteuern weiß ich: Jagd eröffnet einen Freiraum für Verbrechen bis zum Mord und für sexuelle Lust, wann und wo immer gejagt wird.« Parin berichtet, wie er als Dreizehnjähriger einen Haselhahn schoss und dabei seinen ersten Orgasmus erlebte. Einige Jahre später schießt er seinen ersten Bock – seine Initiation, der Eintritt in das Leben als Mann und Jäger: »Das Jagdfieber erfasste mich immer wieder mit der gleichen Macht wie sexuelles Begehren. Das Ziel der Gier war jetzt der Mord an einer Kreatur.«

Ich möchte schließen mit einem Gebet aus dem Buch »Gebete der Versuchstiere«:

»Wir Tiere müssen euch zu unseren Fürsprechern machen.

Denn wir können uns nicht verteidigen vor Parlamenten und Ausschüssen, in der Öffentlichkeit und in Diskussionen, in Radio, Presse, im Fernsehen.

Wir können keinen Interessenverband gründen oder eine Gewerkschaft. Auch eine Lobby werden wir nie haben.

Wir sind euch von Gott anvertraut seit Erschaffung der Welt.

Habt ihr durch die Jahrtausende diesem Auftrag gedient?

Habt ihr uns nicht millionenfach ausgerottet, vermarktet oder ganz einfach vergessen?

Setzt ihr euren Verstand, eure Erfindungskraft, eure schöpferischen Fähigkeiten nicht eher ein für die Vernichtung als für die Bewahrung der Schöpfung?

Aber mit der Natur sterben auch wir, die Tiere.

Und zuletzt ihr selbst, die Menschen.

Vielleicht habt ihr noch eine kleine Weile zur Umkehr.

Auch wir hoffen noch immer auf euch, wider alle Hoffnung auf das Gute im Menschen.

Vergesst uns nicht über Wohlstand, Genuss und Vergnügen.

Es gibt ein Danach.

Und ein unbestechliches Urteil.

Ihr habt nur noch wenig Zeit!«

Mögen alle Lebewesen glücklich sein!

Hündin Nuschka aus Bulgarien interviewt Barbara Rütting

8. August 2006

Hallo Barbara! Ich freue mich, bei dir zu sein! Danke für deine Einladung … Wir kennen uns ja schon seit letztem Jahr, als ich mich gerade darauf vorbereitete, zum ersten Mal nach Deutschland zu kommen. Warst du eigentlich schon immer Tierschützerin – oder hat sich das im Laufe deines Lebens so entwickelt?

... gute Freundinnen sind wir geworden, Barbara und ich ...

Das hat sich entwickelt, als ich 1969 auf einen Bauernhof zog. Da hatte ich Pferde, Hunde, Katzen, Hühner – und in der Umgebung jede Menge Rehe und Fasane. Damals aß ich noch Fleisch. Doch plötzlich dachte ich: Die entzückenden Rehe als Braten mit Preiselbeeren, meine Hühnchen gebraten am Spieß – unmöglich! So kam es, dass ich Vegetarierin wurde. Tiere sind meine Freunde und meine Freunde kann ich doch nicht essen!

Welcher deiner vielen Berufe war für dich der schönste bzw. der wichtigste? Die Schauspielerei, das Bücherschreiben, die Gesundheitsberatung oder jetzt deine politische Tätigkeit als bayerische Abgeordnete?
Meine Tätigkeit als Abgeordnete empfinde ich als die bisher schwerste und wichtigste Aufgabe und als größte Herausforderung meines Lebens.

Wie ich gehört habe, bist du überzeugte Vegetarierin. Du weißt, wir Hunde haben es damit nicht so. Ein schönes Stück Fleisch jeden Tag will eigentlich jeder von uns haben. Auch wenn in meiner Vergangenheit als Straßenhund eher Brotabfälle, Mäuse und alles, was auf den Straßen herumlag und essbar war, auf dem Speisezettel stand. Warum ist dir das vegetarische Leben so wichtig und warum meinst du, dass das für andere Menschen auch gut sein könnte?

Es müssen ja gar nicht alle Menschen Vegetarier werden. Wenn jeder etwas weniger Fleisch essen würde, wäre schon viel gewonnen. Wir verzehren insgesamt zu viel tierisches Eiweiß – Fleisch, Wurst und Käse. Dies führt zu allen möglichen Krankheiten, so hatte ich z.B. bereits mit 30 Jahren Rheuma. Außerdem bedeutet der allgemein hohe Fleischverzehr eine ungeheure Verschwendung … Der hohe Fleischverzehr ist ja auch der Grund für die Massentierhaltung. Und stell dir vor, Nuschka: In asiatischen Ländern werden auch Hunde und Katzen gegessen, die dabei entsetzlich gequält werden. Dabei gibt es ja gerade in Bulgarien so wunderbares Obst und Gemüse. Ich liebe sehr den Schobskasalat, den könnte ich jeden Tag essen. Aber keine Angst, Nuschka, es bleibt immer noch genug Fleisch für dich übrig – nur sollten die Menschen ihr Schnitzel von artgerecht gehaltenen Tieren kaufen.

Wie kommst du überhaupt auf Bulgarien, hast du irgendwelche persönlichen Kontakte zu uns?

Als Gesundheitsberaterin auf einer Kreuzfahrt habe ich einen bulgarischen Arzt getroffen, der in Bansko Kuren abhält. So eine Kur habe ich mitgemacht und dort den Bürgermeister kennengelernt. Der sagte mir, dass im bevorstehenden Winter in Bansko 123 Menschen verhungern würden, wenn keine Hilfe käme. So habe ich 5000 Kilo Lebensmittel organisiert … Inzwischen geht es den Bulgaren glücklicherweise besser, sodass man sich jetzt auch mehr um die Tiere kümmern kann. Und um das Problem der armen Straßenhunde.

Als ich noch auf der Straße in Sofia gelebt habe, habe ich von einer Frau aus Deutschland gehört, die sich für die Hunde in Bulgarien einsetzt. Das warst du! Woher kommt dein Engagement für uns, warum willst du gerade auch den Hunden in Bulgarien helfen?

Die bulgarischen Straßenhunde wurden und werden immer noch brutal umgebracht, einfach erschlagen – und das muss aufhören. Dafür braucht Bulgarien endlich ein gutes Tierschutzgesetz ...

Wuff! Nuschka

Grüne Jugend: Null Bock auf Tierschutz?

Mein Beitrag zum Basisbrief der Grünen in Bayern

September 2006

Gibt es bei den jungen Grünen keine Tierschützer mehr? Die ältere Generation scheint über den skandalösen Abschuss von Bär Bruno mehr empört zu sein als die Jungen. Bei den Tierschutzdemos glänzt die grüne Jugend durch Abwesenheit. Erst recht, wenn es um Vegetarismus geht. Null Bock, kein Thema. Oder doch?

»Endlich mal was zum Tierschutz«, hörte ich beim Landeskongress Grüne Jugend Bayern am 15. und 16. Juli. Matthias Fleischer hat ihn organisiert und mich für einen Workshop eingeladen, zu dem sich immerhin einige Dutzend Interessierte einfanden. Der PETA-Film »Meet Your Meat« löste Betroffenheit aus. So schlimm hatte man sich die Zustände nicht vorgestellt – in den Legebatterien, den Schweinemastbetrieben, bei den Tiertransporten, in den Tierversuchslabors. Der Zusammenhang zwischen Fleischkonsum, der eigenen Gesundheit, den Leiden der Tiere, den Umweltschäden und dem Hunger in den Ländern der sogenannten Dritten Welt wurde manchen TeilnehmerInnen erst jetzt bewusst.

Die Käfighaltung der Legehennen wurde vom Verfassungsgericht als Tierquälerei verboten, schon vergessen? Seehofer macht rückgängig, was Renate Künast erreicht hatte. Wo bleiben die Proteste der grünen Jugend? Als ich Angela Merkel einen Container in Legebatterien gestorbener Hühner vor das CDU-Gebäude in Berlin kippte, waren

junge ÖDP-Mitglieder dabei und natürlich welche von der Tierschutzpartei. Auch ein paar alte Grüne, aber keine jungen.
Woran das liegt, versuchten wir herauszufinden. Bei Veranstaltungen gegen die Agro-Gentechnik kommen wir ja auch, meinte Markus nachdenklich, wieso nicht zu Tierschutzaktionen? Und lieferte
gleich eine plausible Erklärung: Bei der Agro-Gentechnik kann ich
anderen die Schuld zuschieben, »den Politikern«, »den Bauern«.
Wenn es um Tierschutz geht, muss ich mein eigenes Verhalten hinterfragen – und ändern! Und wer will das schon?

Immer noch Tierpelze bei Bogner

Fax an Willy und Sonia Bogner

26. September 2006
Sehr geehrte Frau Bogner, sehr geehrter Herr Bogner,
die Freude über Ihren schönen neuen Modekatalog war kurz – mit
Entsetzen sehe ich, dass Sie Tierpelze anbieten. Das ist ja nun wirk-
lich ein Rückfall in die Steinzeit. Frau mit Herz trägt keinen Nerz
und auch sonst kein Tierfell.
Sie verlieren in mir eine langjährige Kundin.
Mit freundlichen Grüßen
Barbara Rütting

»Tiere helfen Menschen«

Grußwort an die TeilnehmerInnen des Seminars

13. Oktober 2006
Liebe SeminarteilnehmerInnen!
Ich darf Sie zunächst einmal dazu beglückwünschen, dass Sie an die-
sem großartigen Seminar zum Wohl von Mensch und Tier teilneh-

men können. Einige von Ihnen kennen ja bereits meine beiden Hunde: Buddhina – von einer Müllkippe in Indien gerettet – und Osho, ein Galgo aus Spanien. Seine Mutter wurde, hochschwanger, im letzten Moment vor dem Tod durch Vergasen gerettet und nach Deutschland gebracht. Am nächsten Tag gab sie elf Jungen das Leben – einer davon ist Osho, nach meinem indischen Meister sogenannt. Die Galgos sind Windhunde. Sie werden für Wetten gezüchtet und, wenn sie verlieren, an Bäumen aufgehängt. Sie gehen unter entsetzlichen Qualen zugrunde.

Mit dem Welpen Osho war es Liebe auf den ersten Blick, obwohl es an Warnungen nicht fehlte: In deinem Alter ein Windhund? Er ist zu schnell, er jagt usw. Auch Buddhina war zuerst gar nicht begeistert. Sie trauerte so sehr um ihre Freundin Lilly, die im Alter von 16 Jahren gestorben war – eine süße Multi-Kulti-Promenadenmischung aus Spitz, Pudel und sonst noch allerlei.

Mit Buddhina und Lilly habe ich Kinderheime und Altenheime besucht und jedes Mal miterleben können, wie sehr gerade gestörte oder einfach traurige Menschen durch die Berührungen mit dem warmen, weichen, zärtlichen Hundekörper aufgeheitert und glücklich wurden, wie sehr der Blick aus den wundervollen Hundeaugen ihr Herz erfreute. Ich kann behaupten, dass auch ich ohne meine Hunde und ihre Liebe dieses schwierige Leben kaum ertragen hätte. Nach Lillys Tod gab es zunächst eine Unterbrechung. Jetzt ist Osho zwei Jahre alt, ein wahrer Engel, liebt Kinder, Katzen, Hunde, Menschen – kurz und gut, ich meine, dass ich mit beiden die Besuche in Kinderheimen und Altenheimen wieder aufnehmen kann. Inzwischen habe ich die großartige Arbeit von Graham Ford kennengelernt, der »Tiere helfen Menschen« aufgebaut hat.

Ich freue mich sehr auf unsere gemeinsame Arbeit zum Wohl von Mensch und Tier und möchte Sie alle heute ganz herzlich grüßen – auch im Namen von Osho und Buddhina.

Dem Seminar samt allen lieben Menschen und Tieren viel Glück und Erfolg!

Ihre Barbara Rütting

Mein Beitrag im Umweltausschuss

15. Oktober 2006
Gestern hat Minister Schnappauf den jährlichen Tierschutzpreis
verliehen. Nur wenige Tierschützer sind gekommen – aus Protest
gegen den Abschuss des Bären Bruno. Minister Schnappauf beteuer-
te mehrfach die tierfreundliche Haltung der Staatsregierung. Wenn
ich mir die Liste unserer grünen Anträge zum Tierschutz in den letzten beiden Jahren anschaue, so sieht das etwas anders aus. Da steht
immer wieder nur: abgelehnt.

Nach der Verleihung des Tierschutzpreises gab es ein ausführliches
Gespräch mit Minister Schnappauf und den zuständigen Beamten,
die Anbindehaltung der Pferde betreffend.
Minister Schnappauf gab seiner Hoffnung Ausdruck, dass wir im Ausschuss zu einem Konsens kommen würden. Und das hoffe ich ebenfalls.
Ich hatte selbst einen Bauernhof und 30 Jahre lang Haflinger. In den
ersten Jahren waren sie ebenfalls angebunden, es war halt so auf dem
Dorf, man wusste es nicht besser. Zunehmend habe ich dann ihre
Bedürfnisse kennengelernt und den Stall umgebaut. Mit ganz einfa-
chen Trennwänden. Pferde sind Fluchttiere, es ist eine Qual für sie,
wenn sie angebunden sind und die Wand anstarren müssen. Sie wollen sich wälzen, gegenseitig beknabbern, sich hinlegen – in der Tief-
schlafphase ist die Seitenlage unerlässlich.
Alle Tierärzte bezeugen übrigens, dass die Ständerhaltung tierschutzwidrig ist und zu schweren Verhaltensstörungen führt. Hessen
hat als erstes Bundesland bereits 1998 die Ständerhaltung verboten.
Es folgte 2002 Mecklenburg-Vorpommern.
Das Bayerische Staatsministerium allerdings teilte 2002 mit, die
Ständerhaltung sei zwar tierschutzwidrig, man vertraue aber auf die
Überzeugungsarbeit der Amtstierärzte, die alle die Ständerhaltung
ablehnen. Man vertraue darauf, dass durch deren Überzeugungsar-
beit die Ständerhaltung in Bayern bald »obsolet« sein würde – laut
Duden also »veraltet«, »überholt«. Ein Erlass sei nicht nötig.

Das ist leider ein Trugschluss. Die Ständertierhaltung ist leider bis heute nicht »obsolet«. Wir wissen es von anderen Empfehlungen, die genauso wenig gefruchtet haben – sei es die Empfehlung, sich im Auto anzuschnallen oder das Rauchen in öffentlichen Gebäuden zu unterlassen. Empfehlungen genügen nicht, es müssen Verbote her. Der Deutsche Tierschutzbund wird sogar von Amtstierärzten darum gebeten, alles in seiner Macht Stehende zu tun, um auch in Bayern einen den anderen Bundesländern entsprechenden Erlass durchzusetzen.

Es ist davon auszugehen, dass es zurzeit noch 150 Haltungen mit Ständerhaltung in Bayern gibt.

Ich habe den Eindruck, dass die Politiker – und zwar jeder Couleur – immer noch unterschätzen, welche Bedeutung die Bevölkerung dem Tierschutz beimisst. Das hat ja auch die Tragödie um den Abschuss des Bären Bruno gezeigt.

Steter Tropfen höhlt bekanntlich den Stein. So hoffe ich, dass wir hier im Ausschuss endlich Einigkeit erzielen – nicht nur in Bezug auf die Anbindehaltung, sondern auch auf die übrigen Tierschutzanträge. Springen Sie über Ihren Schatten, meine Damen und Herren von der CSU, und stimmen Sie unserem Antrag zu.

(Der Antrag wurde abgelehnt.)

Dem Hanf gehört die Zukunft

30. Oktober 2006

»Gesunde Ernährung mit Hanf – Hanf essen statt rauchen« war diesmal Thema meines Gesundheitsstammtisches in Bernau. Darf man das denn, Hanf essen? Ist denn Hanf nicht verboten?, lautete eine der am häufigsten gestellten Fragen der etwa 50 interessierten TeilnehmerInnen. Man darf nicht nur, man soll sogar! Denn Hanf ist äußerst gesund – und bei den von Biobauern erzeugten Hanfprodukten, die streng kontrolliert werden, liegt der THC-Wert (der Wirkstoff, der in größeren Mengen genommen zu Rauschzuständen führen kann) unter der gesetzlich vorgegebenen Höchstgrenze.

Hanf, die älteste Kulturpflanze der Welt, ist ganz zu Unrecht in Verruf geraten, verdrängt durch die Plastikindustrie, erlebt aber jetzt seine Wiedergeburt. Die bis zu vier Meter hohe Pflanze ist eine Art Tausendsassa unter den nachwachsenden Rohstoffen: Aus den Stängeln lassen sich Textilien, Seile, Papier und Baustoffe herstellen. Körner, Blätter, Blüten und Wurzeln liefern hochwertiges Öl, wunderbar in der Küche zu verwenden – aber auch in der Medizin (z.b. bei Neurodermitis) und in Kosmetikprodukten. Die angenehm nussig schmeckenden Hanfsamen enthalten neben ungesättigten Fettsäuren Vitamine, Kalium, Kalzium und Eisen, ideal für den Fettstoffwechsel. Kurz, der Hanf kann uns mit fast allem versorgen, was wir zum Leben brauchen. Er wächst auch auf kargen Böden – und er kommt ohne Pestizide aus! Als Gesundheitsberaterin und Mitglied im Landesgesundheitsrat des Bayerischen Landtags werde ich mich stark machen für die Verwendung von Hanf als Lebens- wie auch als Schmerzmittel. Dem Hanf gehört die Zukunft. Also, liebe Bauern: Baut Hanf an!

Mein Fachgespräch am 26. Oktober 2006 im Landtag zum Thema »Hanf und seine Marktchancen« lockte erwartungsgemäß besonders viele InteressentInnen an, darunter auch Ärzte und Heilpraktiker. Ich stellte einen Antrag auf Lockerung des bestehenden Verbots der Verwendung von THC-reichem Hanf für medizinische Zwecke. Der Antrag wurde, wie zu erwarten, abgelehnt.

3. November 2006 – Demo gegen Seehofer in Berlin
Als einzige deutsche Abgeordnete habe ich an der Demo gegen Bundesminister Horst Seehofer teilgenommen. Er hielt, kaum zu fassen, in Berlin die Festrede zur Feier des 125-jährigen Bestehens des Deutschen Tierschutzbundes! Dieser Mann, auch »Genhofer« genannt, darf offiziell als Tierquäler der Nation bezeichnet werden, weil er das Verbot der Legehennen-Käfighaltung wieder gekippt hat. Statt als Abgeordnete drinnen unter den Ehrengästen zu sitzen, stand ich also wieder mal draußen in der Kälte bei den wütenden Demonstranten.

Demo gegen Seehofer

In einer meiner ersten Reden im Plenum zur Käfighaltung der Legehennen habe ich ein DIN-A4-Blatt in die Luft gehalten und gerufen: Herr Ministerpräsident Stoiber, können Sie Ihr Frühstücksei genießen, wenn Sie wissen, dass es von einer Henne gelegt wurde, die auf der Größe einer solchen DIN-A4-Seite dahinvegetieren muss?

Derartige »Demonstrationen« sind im Plenum nicht erlaubt, prompt bimmelte auch der Landtagspräsident mit seiner Glocke Sturm. Aber meine Botschaft war ich losgeworden.

Rote Karte für den blauen Dunst

Mein Beitrag für die Bayerische Staatszeitung

4. Dezember 2006

Empfehlungen, auf freiwilliger Basis auf das Rauchen in öffentlichen Gebäuden zu verzichten, nützen leider gar nichts. Laut Selbstverpflichtung müssten bis zum Jahresende 50 Prozent der bayerischen Gaststätten Nichtraucherbereiche haben. Tatsächlich sind sie meilenweit davon entfernt, dieses Versprechen einzulösen, wie der Verein »Pro Rauchfrei« nachgewiesen hat. Die Grünen setzen sich schon

206

lange für den Nichtraucherschutz ein und müssen beobachten, wie die Mehrheiten immer wieder vor der Tabaklobby einknicken. Immerhin hat der Landtag im Frühjahr 2005 auf Initiative der Grünen beschlossen, dass Schulen in Bayern künftig rauchfrei sein müssen.

Rauchen ist der Auslöser Nummer eins für Herz-Kreislauf-Erkrankungen in den westlichen Industrieländern. Selbst Passivrauchen belastet den Körper massiv. Als Faustregel gilt: Wenn in einem geschlossenen Raum zehn Zigaretten geraucht werden, raucht jeder Nichtraucher passiv eine Zigarette mit. Das Gesundheitssystem hat durch diese Erkrankungen jährlich an die 50 Milliarden Folgekosten zu tragen. Zieht man die 14 Milliarden Tabaksteuer ab, bleiben 35 Milliarden Folgekosten für das Gesundheitssystem bestehen.

In Italien, wo im Januar 2005 in Restaurants, Büros sowie in öffentlichen Räumen das Rauchen verboten wurde, melden die Zeitungen schon jetzt eine Verringerung von Herzinfarkten! Allein in der Region Piemont sind in den ersten fünf Monaten nach Einführung des Rauchverbots 11 % weniger Patienten im Alter bis zu 60 Jahren mit akutem Herzversagen ins Krankenhaus gekommen. Selbst die Sorge, ein Rauchverbot könne der Gastronomie schaden, erweist sich als unbegründet. Im Gegenteil. Nach den Erfahrungen der anderen Länder kann ein Rauchverbot sogar mehr Besucher in Gaststätten locken, ein Kneipensterben fand nicht statt. Neben Italien haben in den vergangenen beiden Jahren Irland, Malta, Norwegen und Schweden ein entsprechendes Verbot ausgesprochen. Höchste Zeit, dass auch wir endlich dem blauen Dunst die rote Karte zeigen!

Überblick Ende Januar 2007

Immer wieder Druck von unten zu machen scheint auf Dauer doch Erfolg zu bringen!
Die Politiker wollen ja wiedergewählt werden.
Endlich gibt es Erfolgsmeldungen – und gleich eine ganze Reihe.

Nun doch Importverbot von Wildvögeln in die EU!

12. Januar 2007

Die EU hat entschieden, die Einfuhr von Wildvögeln in die Gemeinschaft vom 1. Juli 2007 an grundsätzlich und dauerhaft zu verbieten. Hierfür sprechen gravierende gesundheits-, tier- und artenschutzpolitische Gründe. Wir Grünen haben uns seit Jahren für ein Ende der Wildvogeleinfuhr eingesetzt. Ein von uns initiierter und von FDP und DIE LINKE unterstützter Antrag war noch im Dezember 2006 im Deutschen Bundestag mit den Stimmen von CDU/CSU und SPD abgelehnt worden, ebenso wie mein Antrag im Bayerischen Landtag.

EU-Handelsverbot für Hunde- und Katzenfelle

13. Januar 2007

Kehrtwende in der EU-Kommission bezüglich eines EU-Handelsverbots für Hunde- und Katzenfelle: Mit Verspätung hat nun auch die EU-Kommission erkannt, dass es widersprüchlich ist, einerseits den Tierschutz in Europa zu betonen, andererseits den Import von Pelzen zuzulassen, die auf solch grausame Art gewonnen werden.

Geradezu euphorisch klingen Ute Langenkamps Meldungen vom Förderverein Tierhilfe Hoffnung aus Pitesti, Ungarn. Sie betreut dort 3000 Hunde. Ihre Aufrufe, gegen die Tötung der Straßenhunde zu protestieren, hat eine derartige Welle von Faxen und Mails ausgelöst, dass die Behörden in Pitesti fast zusammengebrochen sind und geradezu um Gnade gefleht haben, die Flut zu stoppen. Fazit: In Pitesti wird kein Straßenhund mehr getötet.

In Bansko geht es ebenfalls voran. Frank Seidel von Anderland e.V. ist mit Hündin Nuschka wieder dort. Nach den anfänglichen Problemen ist das ortsansässige Veterinärehepaar perfekt im Kastrieren. Seit Juli hat Anderland allein in Bansko und Umgebung 120 Hunde kastriert, entwurmt und geimpft und wieder freigelassen, darunter 60 Hündinnen. Das bedeutet: 300 Welpen bleibt es noch in diesem

Frühjahr erspart, geboren zu werden und elend dahinvegetieren zu müssen!

Die Zeit der Hexenverfolgung sollte vorbei sein

Newsletter

28. März 2007
Liebe Freundinnen und Freunde der Tiere,
in Frankreich schaffen es die Tierfreunde, alle gemeinsam gegen Tierquälerei zu demonstrieren. Wir hier in Deutschland vergeuden unsere Energien immer wieder in absurden Grabenkämpfen.
So wurde mir berichtet, bei einem Treffen verschiedener Gruppen anlässlich der Planung für die Veranstaltung am 24. April gegen Tierversuche, zu der ich als Sprecherin eingeladen bin, habe es geradezu tumultartige Szenen gegeben, weil ich bei Veranstaltungen der Glaubensgemeinschaft Universelles Leben nach dem Abschuss des Bären Bruno teilgenommen und auch gesprochen habe. Angeblich wurde sogar beantragt, mich von der Rednerliste zu streichen.
Sollte das zutreffen, kann man nur den Kopf schütteln. Weiterer Kommentare enthalte ich mich und beschränke mich auf einige sachliche Anmerkungen.
Bekanntlich haben wir in Deutschland Religionsfreiheit, niemand darf wegen seiner Religion verfolgt oder stigmatisiert werden. Ich selbst gehöre gar keiner Religionsgemeinschaft an, werde mich aber jederzeit dafür einsetzen, dass Minderheiten nicht nur geduldet, sondern respektiert werden, so auch das Universelle Leben.
Gerade über diese Gemeinschaft wird immer wieder haarsträubender Unsinn verbreitet und immer wieder von Menschen, die sich einfach nicht informieren (wollen) und irgendwelche Gerüchte nachbeten.
Ich habe mir eine ganze Reihe von Beschlüssen unter anderem des Bayerischen Verwaltungsgerichts, des Landgerichts Hamburg etc.

kommen lassen, die alle gegen das Universelle Leben vorgebrachten Anschuldigungen widerlegen und untersagen. Sie bestätigen übereinstimmend, dass es sich bei der Glaubensgemeinschaft Universelles Leben um eine *gesetzes- und verfassungstreue Religionsgemeinschaft* handelt. Die Schule des Universellen Lebens »LERN MIT MIR« wurde übrigens bereits vor über zehn Jahren vom Bayerischen Kultusministerium staatlich genehmigt und im vergangenen Jahr auch staatlich anerkannt. Das bedeutet, dass die Schule selbst Prüfungen abnehmen darf, ohne sich an eine staatliche Schule anhängen zu müssen. Die Anerkennung einer privaten Weltanschauungsschule erfolgt durch das Kultusministerium nur in Fällen, in denen jahrelang beobachtet und geprüft wurde, wie sich die Schule verhält. Die Schule wird übrigens auch von Kindern aus der Umgebung besucht. Offiziell anerkannt bei den gesetzlichen Krankenkassen und Privatversicherungen ist zudem die HG Naturklinik.

Liebe Freunde, wir leben nicht mehr in Zeiten der Hexenverfolgung. Die ständigen Zweifler sollten sich vielleicht mal die Schule ansehen und ebenso den einfach großartigen Gnadenhof. Und dann sollten wir uns endlich alle gemeinsam für das Wohl der Tiere einsetzen. So werde ich auch am Samstag, 31. März an der vom Universellen Leben organisierten Demonstration für eine Natur ohne Jagd teilnehmen und hoffe, Euch alle dort zu treffen.

Viel Glück Mensch und Tier

Eure Barbara Rütting

PS: Außerdem habe ich vor, im Bayerischen Landtag ein Fachgespräch zum Thema »Die Tiere – verraten von Religion und Politik« durchzuführen.

Kommentar 2010

Übrigens: Am 23. September 2009 wurde die Privatschule LERN MIT MIR aus dem bayerischen Esselbach zum dritten Mal in Folge »Umweltschule in Europa – Internationale Agenda-21-Schule«: Umweltminister Dr. Markus Söder verlieh die begehrte Auszeichnung. Für die Themenschwerpunkte »Gesunde Ernährung« und »Solidarität« hat die Schule drei Sterne – die höchste Auszeichnung, die zu vergeben ist – erhalten.

24. März 2007 – Patentante Barbara

Ich habe ein neues Patenkind: Ferkelchen Lisbeth.

Im Tiertransporter nach Pfarrkirchen zur Mastanlage unterwegs, wagte Lisbeth als einzige von über 200 Artgenossen den Sprung in die Freiheit – aus 2,70 Meter Lastwagenhöhe! Sie irrte an McDonald's vorbei, um schließlich bei einem Viehhändler zu landen. Vermutlich wäre Lisbeth als Spanferkel geendet – aber eine nette Familie überredete den Viehhändler, sie nach Gut Aiderbichl zu bringen.

Bei Michael Aufhauser kann sie nun leben bis an ihr seliges Ende. Und ich habe neben Wildschwein Rudi nun ein zweites Patenkind aus der Schweinefamilie. Das freut mich besonders, da gerade das überaus intelligente, zärtliche Schwein in den Köpfen der Menschen im Allgemeinen nichts anderes ist als ein Braten.

Großdemonstration für eine Natur ohne Jagd

Meine Rede bei dieser internationalen Veranstaltung

31. März 2007

Die heutige Demo erhält eine besondere Bedeutung, da zurzeit in München die Messe »Jagen und Fischen« stattfindet. Unter der Überschrift »Neuer Modetrend Fischleder – was die Besucher auf der Messe ›Jagen und Fischen‹ erwartet« werben die Zeitungen für den Besuch der Messe.

Der Geschäftsführer der Messe kündigte an, dass in diesem Jahr erstmals rekordverdächtige 346 Aussteller auf der Messe vertreten sein werden, die aus 18 Ländern kommen, unter anderem auch aus Russland und Rumänien.

Gerade Russland und Rumänien sind bekanntlich immer noch Hochburgen von üblen Tierquälereien.

Die Zeitungen schreiben: »Eine besondere Attraktion wird heuer die Gebrauchswaffenbörse sein.«

Das muss man sich mal auf der Zunge zergehen lassen: die Gebrauchswaffenbörse!

Und weiter: »In einer Sonderschau wird der Landesjagdverband Bayern von der Rückkehr von Elch, Wolf und Bär in den Freistaat berichten.«

Elch, Wolf und Bär werden im Freistaat herzlich willkommen geheißen, damit man sie anschließend nach Herzenslust abknallen kann!

»Darüber hinaus wird der Landesjagdverband auch heuer wieder eine Jagdkönigin präsentieren. (...) Der Fischereiverband Oberbayern stellt in einer ungewöhnlichen Modenschau Kleidung aus Fischleder vor – eine echte Premiere. Alle Angelfischer Deutschlands geben fast sieben Milliarden Euro für ihr Hobby aus und sichern damit 52 000 Arbeitsplätze, berichtete der oberbayerische Fischerpräsident.«

Ende des Zitats. Wohlgemerkt, es ist ausdrücklich von einem Hobby die Rede! Auch für die Kleinen gibt es ein Programm, damit sie frühzeitig das Hobby erlernen, unschuldige Lebewesen zu ermorden. Die Jäger stellen sich ja gern als Heger dar. Sie behaupten, man schieße ja nur, wenn es nötig sei, alte, kranke, schwache Tiere. Das soll man glauben, wenn die Zahl der Jäger in Deutschland ca. 300 000 beträgt, allein in Bayern ca. 40 000?

Hier ein paar Fakten und Zahlen, zusammengestellt von dem Biologen Kurt Eicher, Sprecher der Initiative zur Abschaffung der Jagd:

Wir brauchen keine Jäger!

Wir brauchen keine Jäger, die als Hobby und Freizeitvergnügen Tiere totschießen! Aktuelle wissenschaftliche Studien belegen: »Die Natur reguliert sich selbst. In unbejagten Gebieten Europas sind Tiere und Natur im Gleichgewicht.« Dass die wahre Motivation für die Jagd die »Lust am Töten« und »Freude am Beutemachen« ist, geben die Jäger in den einschlägigen Jagdzeitschriften offen zu. Mit dem Staatsziel Tierschutz, das seit 2002 im Grundgesetz verankert ist, ist dies wohl kaum zu vereinbaren. Und immer wieder sind in der Presse Meldungen zu lesen, wonach Jäger nicht nur fünf Millionen Wildtiere schießen. Auch ca. 350 000 Haustiere und jährlich etwa 40 Menschen kommen durch Jäger und Jägerwaffen ums Leben.
Zum Thema Wildtiere: In Deutschland werden jedes Jahr fünf Millionen Wildtiere erschossen, erschlagen oder in Fallen grausam getötet. Fünf Millionen Tiere jedes Jahr – das sind 13 700 jeden Tag, 570 pro Stunde, zehn Tiere pro Minute, ein Tier alle sechs Sekunden.
Zum Thema Haustiere: Was viele nicht wissen: In Deutschland werden Jahr für Jahr etwa 300 000 Hauskatzen und an die 40 000 Hunde von Jägern erschossen, erschlagen oder in Fallen gefangen …

Jäger schießen auf Menschen!

Drei Schreckensmeldungen innerhalb von acht Tagen: Am 27. März erschoss ein Jäger seine Ehefrau und sich selbst. Am 24. März wurde ein Jäger zu 1000 Euro Strafe verurteilt, weil er bei der Jagd aus Versehen seinen Freund erschossen hatte. Am 19. März hatte ein Jäger gedroht, seine Familie umzubringen. Jedes Jahr sterben in Deutschland etwa 40 Menschen durch Jäger und Jägerwaffen. Dazu kommen die erschreckend vielen Fälle, bei denen der Ausgang zwar nicht tödlich war, dem Opfer aber beispielsweise ein Bein amputiert werden musste. Opfer wurden Jägerkollegen und Treiber, aber auch die Ehefrau und die Kinder von Jägern, der Schwager sowie Nachbarn, Spaziergänger, Bergwanderer, Mountainbiker, Bärlauchsammler oder spielende Kinder. Den landwirtschaftlichen Berufsgenossenschaften werden jährlich über 800 Jagdunfälle gemeldet, wobei diese Zahl sicherlich nur die Spitze des Eisbergs ist.

So die Infos von Kurt Eicher.

214

Die Messe wirbt mit dem Slogan »Neuer Modetrend Fischleder«. Bei Fischen spricht man gern von der stummen Kreatur, obwohl sie natürlich alles andere als stumm sind. Zur Fischerei hier der, wie ich finde, interessante Gedanke eines Soziologen: Mit dem blitzenden Köder wird dem Fisch ein Leckerbissen verheißen. In Wirklichkeit bringt er den Tod. Es wird also die Information von Betrug in die Atmosphäre geschickt. Diese Information erzeugt neuen Betrug und Angst – und kommt millionenfach zurück. Fische, Wale, Robben, Delfine – alles wird gejagt, gequält, ausgerottet. Und das alles soll christlich sein?

Der Schutz der Tiere wird von den Kirchenvertretern nach wie vor vernachlässigt. Kirchenvertreter segnen Stierkämpfe, segnen die perverse Hubertusjagd – genauso wie sie Waffen segnen. Hubertus war aber bekanntlich ein Jäger, der das Jagen aufgab, nachdem ihm der Hirsch, den er gerade schießen wollte, mit einem leuchtenden Kreuz zwischen dem Geweih erschien. Heute werden in seinem Namen massenweise Tiere zur Strecke gebracht. Obwohl es heißt, »Du sollst nicht töten«. In einer Woche steht uns wieder eins der großen christlichen Schlachtfeste bevor: Ostern. Müssen zu Weihnachten Millionen von Gänsen und zu Silvester die Karpfen ihr Leben opfern, so sind jetzt die Lämmchen dran. Zwischendurch müssen sich noch Ochsen und Spanferkel am Spieß drehen.

Es gibt aber auch fabelhafte Frauen und Männer wie Christa Blanke, Gründerin der Organisation »Animals' Angels«. Deren Mitglieder begleiten die entsetzlichen Tiertransporte und kümmern sich um die Tiere, so gut es geht …

Zum Schluss noch eine ganz persönliche Bitte: Hört auf, darüber zu streiten, wer die besseren, die richtigen Tierschützer sind. Tierschützer sind a priori keine besseren Menschen als andere, ebenso wenig wie die Vegetarier. Halten wir zusammen – damit diese Welt endlich ein wenig friedvoller und glücklicher wird. Für Pflanze, Tier und Mensch.

P.S. Der Philosoph Dr. Helmut F. Kaplan, ebenfalls Redner bei der Kundgebung, schrieb mir wenig später:
»Liebe Frau Rütting, als ich am Marienplatz ankam, plädierten Sie gerade dafür, die internen Streitigkeiten zu vermeiden. Bitte tun Sie das weiterhin, denn diese unsinnigen Grabenkämpfe sind das mit Abstand größte Hindernis auf dem Weg zur Befreiung der Tiere. Dagegen sind sogar Metzger und Jäger harmlos.
Alles Gute und viele Grüße
H.F. Kaplan«

»Die Rütting will den Landesgesundheitsrat sprengen!«

12. April 2007
Diese Nachricht geisterte – fast ein halbes Jahr ist es her – durch Flure und Gaststätte des Landtags. »Ist das wahr?«, fragte mich ein CSU-Abgeordneter, nicht ohne leise Bewunderung.
Es stimmt. Hier die Vorgeschichte: Als vom Landtag in den Landesgesundheitsrat gewählte Abgeordnete und Gesundheitsberaterin stellte ich nun über vier Jahre immer wieder Anträge mit dem Inhalt, dass im Landesgesundheitsrat selbstverständlich auch Naturheilkundler, Physiotherapeuten und vor allem Patienten vertreten sein müssten. Der 1953 gegründete Landesgesundheitsrat ist total veraltet und verknöchert. Er agiert gleichsam nach dem Motto, die Erde sei eine Scheibe, und wer behaupte, sie sei eine Kugel, spinne. Offenbar ist dieser Rat nicht reformierbar. Vage Zusagen, dass sich etwas ändern würde, brachten kein Ergebnis, sodass wir in einer Fraktionssitzung im Herbst 2006 schließlich seine Auflösung beantragten.
Und siehe da: Diese Drohung fruchtete. Selbst die CSU signalisierte Zustimmung! Ich wurde sogar um Vorschläge für eine Erneuerung gebeten – alle wurden akzeptiert! Der Landesgesundheitsrat wird nun aufgelöst und neu zusammengesetzt.

Erfolgreiche Wiederbelebung des Landesgesundheitsrates

Dietrich Mittler von der Süddeutschen Zeitung *brachte es auf den Punkt:*

2. April 2007
»Der Patient hat einen klangvollen Namen und das erklärt vielleicht, warum sich so lange keiner Sorgen um ihn machte. Die Wende erfolgte erst vor vier Jahren, als Barbara Rütting von den Landtags-Grünen Mitglied im Landesgesundheitsrat wurde. Ihre Diagnose folgte auf dem Fuß: Das Gremium kränkelt. Therapievorschläge wurden zunächst aber auf die lange Bank geschoben. So lange, dass es Rütting schließlich reichte. Kurz entschlossen entwickelte sie zusammen mit ihrer Parteikollegin Renate Ackermann einen Behandlungsplan für den Landesgesundheitsrat: entweder Reform oder Exitus!
Der Rat, der insgesamt viermal im Jahr tagt, war 1953 gegründet worden, um die Parlamentarier in Gesundheitsfragen zu beraten. In die Jahre gekommen, diagnostizierte Rütting, erfülle das Gremium diese Aufgaben nur noch bedingt. ›Ich habe festgestellt, dass er sehr einseitig zusammengesetzt ist, dass zum Beispiel weder Patienten noch Naturheilkundler und Physiotherapeuten vertreten sind.‹ Überhaupt: Die meisten der 15 im Rat vertretenen Abgeordneten seien nicht mehr zu den Sitzungen erschienen. Dafür kam aber mal ein Pharmareferent, der im Grunde nur einen guten Standort für seine Firma rausschinden wollte. Rütting fragte in die Runde, ob sie hier auf einer Werbeveranstaltung der Pharmaindustrie sei. Die Grünen wollten daraufhin den Landesgesundheitsrat abschaffen, weil dieser ein »überflüssiges und überkommenes Gremium« sei. Die Debatte über gesundheitspolitische Themen solle wieder in den Landtag verlagert werden. Das vermeide Doppelstrukturen. Erfreulicher Nebeneffekt: Es entfielen auch die Sitzungskosten für die Landesgesundheitsräte. Der geplante Antrag auf Auflösung verursachte im Herbst 2006 unter den Gesundheitspolitikern im Landtag ziem-

217

liche Aufregung. Letztlich kam aber vieles ins Rollen – auch aufseiten der CSU. Die will sich nun einem interfraktionellen Antrag anschließen. Wenn es dabei bleibt, wird der Landesgesundheitsrat vom 1. Juli an in neuer Zusammensetzung arbeiten, sozusagen wiederbelebt. ›Das war der größte Erfolg, den wir erreichen konnten‹, so Barbara Rütting. Den Antrag auf Auflösung des Gremiums haben die Grünen nicht fallengelassen, falls es sich die CSU wieder anders überlegt. Wie es aussieht, kann der Knüppel im Sack bleiben. Rütting freut sich schon jetzt auf die nächste Sitzung des Landesgesundheitsrates. Auf ihre Anregung hin kommt ein bislang weitgehend tabuisiertes Heilverfahren auf die Tagesordnung: die Freigabe von Hanf als Medizin für schwerstkranke Patienten. ›Das ist eine jahrtausendealte wunderbare Behandlungsmethode‹, sagt Rütting – beglückt, wieder etwas bewegt zu haben.«

Kommentar Dezember 2009

Auch in dem dann neu zusammengesetzten Landesgesundheitsrat wurde mein Antrag auf Zulassung von Hanfmedizin (»Cannabis«) zur Schmerzbehandlung durch anerkannte Ärzte abgelehnt.
Es gilt also auch weiterhin:
Weil du arm bist, musst du nicht nur früher sterben, sondern mehr leiden! (Oder, anders ausgedrückt: Musst du länger krank sein!)

Plenumsrede zum Thema Cannabis

10. Mai 2007

Frau Präsidentin, liebe Kolleginnen und Kollegen,
unser Antrag zielt darauf ab, die Staatsregierung aufzufordern, sich im Bundesrat dafür einzusetzen, dass die medizinische Verwendung von Cannabis zur Behandlung von Schmerzen schwerstkranker Patientinnen und Patienten ermöglicht wird. Die Begründung dazu: Cannabis-Medikamente – das hat sich auch in unserem Fachgespräch gezeigt – sind wirkungsvolle Schmerzmittel bei sehr vielen Krankheiten. Immer mehr Ärzte wollen sie auch anwenden.

Die derzeitige Rechtslage ist aber verwirrend, was sich auch in den Ausschüssen gezeigt hat. Grundsätzlich darf jeder niedergelassene Arzt Cannabis-Medikamente verordnen; dabei handelt es sich aber um synthetische oder halbsynthetische Medikamente. Verboten ist das natürliche, pflanzliche Cannabis, das jahrtausendelang ein sehr bewährtes Schmerzmittel war. Die Monatspackung des zugelassenen halbsynthetischen Medikaments Dronabinol kostet 400 Euro. Die Krankenkassen zahlen sie zum Teil, aber nicht immer. Arme Leute können dieses Medikament also überhaupt nicht in Anspruch nehmen. Ein synthetisch hergestelltes Medikament aus den USA kostet sogar das Doppelte. Dieses wird von den Krankenkassen gar nicht bezahlt. Wieder sind es die Armen, die auf der Strecke bleiben, weil sie sich diese Medikamente nicht leisten können.

(Beifall bei den GRÜNEN)

Jahrtausendelang wurde die natürliche Heilpflanze Cannabis verordnet. Bei uns wurde sie im Zuge der pharmazeutischen Herstellung und aus drogenpolitischen Gründen verboten. Allerdings machen immer mehr Regierungen dieses Verbot rückgängig. Ich hoffe, dass die Mehrheit dieses Hauses ebenfalls zu dieser Auffassung kommen wird.

Der Landesgesundheitsrat wird umstrukturiert. Auch die Patienten und die Naturheilkundler werden künftig eine Stimme haben. Viele

der naturheilkundlich praktizierenden Ärzte hoffen, dass die natürlichen Cannabisprodukte zugelassen werden. Prof. Dr. Hahn, der
Vorsitzende des Landesgesundheitsrats, hat auf meine Anregung hin
reagiert und einen der Ärzte eingeladen, die für die Schließung der
Lücke im Gesetz eintreten. Manche Leute zeigen sich selbst an, weil
sie auf dem Balkon Cannabis anbauen, was immer zum Freispruch
führt. Dies ist jedoch weder für Patienten noch für die behandelnden
Ärzte eine Lösung.

Es dürfen nicht immer die Armen die Dummen sein; deshalb muss
Cannabis unter ärztlicher Aufsicht verordnet werden können. Die
Behauptung, dass dann jeder Cannabis konsumieren könnte, stimmt
nicht.

Ich möchte ein paar Schmerzzustände benennen, bei denen Cannabis fabelhaft hilft: bei Multipler Sklerose, Nervenschädigungen, neu-
ropathischen Schmerzen, Kopfschmerzen, Migräne, Erkrankungen
des Bewegungsapparats, Arthritis, Hepatitis C, bei Ekel vor Nahrung, bei Morbus Alzheimer, Glaukom und gegen Appetitlosigkeit,
bei Aids und Krebs – all das, ohne dass im Vergleich zu anderen Mit-
teln schlimme Nebenwirkungen auftreten. Diese wunderbare alte
Heilpflanze sollte wieder zugelassen und unter ärztlicher Aufsicht
genutzt werden …

Überlegungen zum tierschutzpolitischen Fachgespräch

An die Fraktion

1. Juli 2007

Ihr wollt einen Alternativvorschlag für meinen von Euch abgelehnten Titel »Die Tiere – verraten von Religion und Politik?« für das
tierschutzpolitische Fachgespräch am 4. Oktober, Welttierschutztag
und Todestag von Franz von Assisi.

Wie wäre es dann mit: »Tierschutz jetzt – Tierschutz grenzenlos –
Nur gemeinsam sind wir stark!«

Der ständig schwelende Streit unter den TierschützerInnen, ganz besonders hier in Bayern, nimmt an Schärfe zu. Ich möchte in einem tierschutzpolitischen Gespräch versuchen, die Kontrahenten an einen Tisch zu holen und zur Klärung der Fragen beizutragen.

Hauptstreitpunkt: An welchen Demos (und wenn ja, wo?) darf mensch teilnehmen? Zum Kirchentag werde ich von beiden Amtskirchen zu einem Tierschutz-Vortrag eingeladen und darf reden. Darf ich dies bei Veranstaltungen anderer Religionsgemeinschaften nicht – und warum nicht? Was ist mit einer Tierschutzdemo, zu der z.B. Atheisten einladen? Und muss eine gequälte Legebatteriehenne, deren Rettung naht, sich erst über die Religionszugehörigkeit der Befreier informieren?

Wie können sich die TierschützerInnen von rechtsextremen Gruppierungen abgrenzen, die sich gern das Thema unter den Nagel reißen? Und wie steht es mit den Linken? Vertreter der Linkspartei haben gemeinsam mit mir an verschiedenen Demos teilgenommen und kein Problem damit bekommen. Ist der Tierschutz bei der Tierschutzpartei und der ÖDP gut aufgehoben? Und ist jeder Gegner, jede Gegnerin des Schächtens AntisemitIn oder RassistIn?

Die Vertreter der Amtskirchen konnten sich nicht entschließen, an einem eventuellen tierschutzpolitischen Fachgespräch teilzunehmen. Kein Wunder: Sie müssten dann nämlich zugeben, dass sie überhaupt nicht im Sinn von Franz von Assisi handeln, sondern im Gegenteil Hubertusjagden und Waffen segnen.

Also: Dieses Fachgespräch soll Vorurteile Andersdenkenden gegenüber aufdecken und klären, die zerstrittenen TierschützerInnen, so gut es geht, vereinen.

Am 7.7. finden in München zwei Demos statt. Ich habe mich entschlossen, an beiden teilzunehmen, um ein Zeichen zu setzen – getreu dem Satz, den ich in meiner Rede zur Eröffnung des Landtags gesagt habe: »Minderheiten müssen geschützt werden, egal wie sehr sie einem auf die Nerven gehen.«

Mein Statement zum Universellen Leben

8. September 2007

Der Bayerische Rundfunk lud mich zu einem Statement zum Universellen Leben in die Sendung »Report« ein. Es wurde verzerrt wiedergegeben und die Moderatorin versuchte, mich lächerlich zu machen. Hier ist mein Statement im Original:

2003 bin ich in den Bayerischen Landtag gewählt worden. Vor allem wohl von TierschützerInnen und in der Hoffnung, dass ich in der Funktion als Abgeordnete etwas im Tierschutz bewegen könne. U.a. gehört dazu auch der Antrag auf eine Novellierung des völlig überalterten Jagdgesetzes. Die Reform dieses Gesetzes ist dringend erforderlich, denn es atmet noch den Geist des Reichsjägermeisters Hermann Göring. Nach meinen Informationen wurde es nur einmal novelliert, unter zwei Nazis – nämlich Filbinger und Gerstenmeier. Seither wurde jeder neue Antrag auf eine Novellierung, auch der meiner grünen Fraktion, abgelehnt.

98 % Deutschlands dürfen laut Gesetz von Jägern bejagt werden. Grundeigentümer können sich nicht dagegen wehren, dass auf ihrem Grund und Boden Tiere abgeschossen werden. Mir wurde auf meiner eigenen Wiese mein zahmes Reh von einem Jäger am helllichten Tag abgeknallt.

Im Ausschuss für Verbraucher- und Umweltschutz hatte ich mich mit der Petition von Gut Greußenheim auf Ruhen der Eigenjagd zu befassen und Gelegenheit, mich in die Problematik einzuarbeiten. Gut Greußenheim, das heute Gut Terra Nova heißt, ist ein landwirtschaftliches Anwesen mit eigenem Jagdrevier, dessen Eigentümer nach ihren eigenen Aussagen an das Urchristentum anknüpfen. Diese Urchristen, wie sie sich nennen, lehnen aus religiösen Gründen das Töten von Tieren ab und leben vegetarisch. Sie möchten deshalb, dass auf ihrem Grundstück das Ruhen der Jagd erlaubt wird, und haben einen entsprechenden Antrag gestellt.

Die Glaubensgemeinschaft der Urchristen Universelles Leben ist eine Religionsgemeinschaft im Sinne der Verfassung, wie Behörden und Gerichte wiederholt festgestellt haben. Von einer gefährlichen Sekte reden nur die sogenannten Sektenbeauftragten der Kirchen. Ich habe mir diese Glaubensgemeinschaft näher angesehen, um mir ein eigenes Urteil zu bilden.

Da bei uns bekanntlich Religionsfreiheit herrscht, wäre grundsätzlich einmal nichts gegen Urchristen wie das Universelle Leben einzuwenden. Was ich gesehen habe, widerspricht total den jahrelang immer wieder aufgewärmten Pamphleten. Diese stammen von Menschen, die nie dort waren, sondern sich auf Sekundärliteratur berufen, auf Berichte, die längst in Prozessen widerlegt worden sind.

Ich habe gesehen:
- einen großartigen Gnadenhof für Tiere,
- eine vorbildlich geführte biologische Landwirtschaft mit einem ebensolchen Verkaufs- und Versandbetrieb,
- eine Schule, die vom Kultusministerium anerkannt ist und auch von allen möglichen Kindern aus der Umgebung besucht wird,
- eine international auch von den Krankenkassen anerkannte Klinik, in der ich – ohne zunächst zu wissen, dass sie mit dem UL zu tun hat – über Jahre meine Heilfastenkuren durchgeführt habe.

Ich bin von diesen Urchristen nicht ein einziges Mal missioniert noch sonst wie beeinflusst worden.

Den Entschluss, an der vom UL initiierten Gedenkdemo für den erschossenen Bären Bruno teilzunehmen, habe ich bewusst gefasst, wohl wissend, welche Anfeindungen mich daraufhin erwarten würden. Aber ich hätte es feige gefunden, mich davor zu drücken, nur weil der Chor der selbst ernannten Sektenjäger immer wieder den gleichen Unfug wiederholt. Ich spreche ja auch bei Tierschutzveranstaltungen des Kirchentages, protestiere gemeinsam mit Katholiken, Protestanten, Muslimen, Juden und Atheisten, wenn es darum geht, Unrecht anzuprangern.

Ich werde mir auch jetzt keinen Maulkorb verpassen lassen, von niemandem. Ich werde weiterhin demonstrieren, wo und mit wem ich es für richtig halte – getreu dem Mutlanger Motto gegen die amerikanischen Massenvernichtungswaffen, einem Spruch des Bischofs Hunthausen: »Wo Unrecht Recht ist, wird Widerstand zur Pflicht«.

Aufruhr während der Herbstklausur

September 2007

Die Telefone liefen heiß – wegen meiner Teilnahme an der vom Universellen Leben gegen den Abschuss des Bären Bruno veranstalteten Demo und meines nachfolgenden Statements in der Fernsehsendung »Report«. Dort äußerte sich unter anderem der evangelische Sektenpfarrer Behnk wieder einmal ausführlich über die Gefährlichkeit dieser »Sekte«, die ich angeblich »hoffähig« machen würde. Wieder einmal wurde ich vor allem von der Moderatorin lächerlich gemacht.

Je mehr diese Leute aber angegriffen werden, noch dazu von dubiosen Sektenpfarrern, desto stärker fühle ich mich verpflichtet, für deren Rechte einzutreten. Um jedoch die Zankereien unter den sowieso zerstrittenen Tierschutzgruppen nicht noch weiter zu schüren, entschloss ich mich nach Rücksprache mit dem Vorstand – auch um die Fraktion zu beruhigen – zu einem Kompromiss, den ich nicht hätte schließen dürfen und mit dem ich ausgesprochen unglücklich bin: Ich sagte zu, an vom UL veranstalteten Tierschutzdemos in Zukunft nicht mehr teilzunehmen.

Dieses Statement führte prompt zu einem Zeitungsartikel in der *Mainpost* mit dem Inhalt, ich hätte mich von der Sekte Universelles Leben distanziert. Das konnte ich wiederum bei meinem Hang zu Gerechtigkeit nicht so stehen lassen und die *Mainpost* brachte tatsächlich auch meine Richtigstellung. Nämlich dass ich die Glaubensgemeinschaft Universelles Leben weder für eine Sekte halte noch mich von ihr distanziere. Ich habe lediglich festgestellt, dass ich stets meine eigenen Wege gehe, in Bezug auf welche Gemeinschaft auch immer. Dass ich aber, um weiteren Polarisierungen vorzubeugen, in Zukunft an keiner Demo vom Universellen Leben mehr teilnehmen werde.

Und schließlich:

»Ich bin als Abgeordnete ein loyales Mitglied der Fraktion der GRÜNEN im Bayerischen Landtag. In der Nazizeit musste ich hautnah die Diskriminierung religiöser Randgruppen miterleben. Deshalb respektiere ich die Religionsfreiheit aller verfassungs- und gesetzestreuen Bürger und Gemeinschaften unseres Staatswesens.«

Hoch anrechnen muss ich Sepp Dürr, dass er sich beim Interview in der »Report«-Sendung und auch anschließend hinter mich gestellt hat. Dies wiederum wurde ihm von einigen Grünen verübelt. Er habe sich mit der Bemerkung, dass bei den Grünen eben alle möglichen Lebensarten (nämlich auch meine) vertreten seien, der Verharmlosung einer knallharten Sekte schuldig gemacht. Hier Auszüge aus Sepp Dürrs Antwort:

»Leider war die Sendung tendenziös und hat jegliche journalistische Fairness vermissen lassen. Ich hatte im Interview klar und unmissverständlich erklärt, dass unsere Fraktion jegliche Zusammenarbeit mit autoritären Sekten ablehnt. Unser grünes Menschenbild sind selbstbewusste, selbstständig denkende Menschen, die für sich und andere Verantwortung übernehmen. Autoritär und grün, das sieht jeder, das geht nicht zusammen. Vor diesem Hintergrund steht mein Zitat, in dem ich erkläre, dass wir froh sind, jemanden wie Barbara mit einem so eigenständigen Lebensweg und einem klaren Engagement für Tier- und Verbraucherschutz in unseren Reihen zu haben.«

Autoritär und Barbara geht ebenfalls nicht zusammen!

Eine grüne Religionslehrerin fragte mich doch tatsächlich am Telefon, ob ich auch an Märschen von NPD-Anhängern teilnehmen würde, wenn es darum ginge, sich für den Schutz von deren Schäferhunden einzusetzen! Bei dieser unverschämten Unterstellung packte mich schließlich die Wut und ich knallte den Hörer auf die Gabel.

Wie viele engstirnige, kleinbürgerliche, intolerante Spießbürger gibt es doch auch bei den Grünen! Was habe ich bloß in dieser Partei zu suchen?

Ich muss an die Postkarte denken, die ich kurz nach meiner Wahl von einer Bäuerin erhielt: Sie hoffe, ich möge nicht die größten Schwierigkeiten kriegen – vor allem mit meiner eigenen Partei.

Ein mulmiges Gefühl. Habe ich mir mit diesem Kompromiss den ersten Maulkorb verpassen lassen?

Kippt die CSU das Rauchverbot?

Rede im Plenum

23. Oktober 2007
Frau Präsidentin, liebe Kolleginnen und Kollegen,
ich möchte einen kleinen Kommentar aus meinem Chiemgauer Blättchen vorlesen.

Unter dem Titel »*Kippt die CSU das Rauchverbot – Raucherbiotop Bayern?*« heißt es:

»Rauchverbot ab 1. Januar 2008? Nix da, tönt es aus der Mitte der Fraktion, der hochgradig infarktgefährdeten ›Herzkammer‹ der Partei. Schon jeder dritte Abgeordnete verlangt, das Rauchverbot in Einraumgaststätten ins Ermessen der Wirte zu legen, womit es erledigt wäre. Mit Vollgas zurück in die Vergangenheit.

Also weg mit dem Rauchverbot, das die Stoiber-Regierung unter Aufbietung allen Mutes durchgesetzt hat, und weg mit dem intellektuellen Ballast, zum Beispiel der durch zahlreiche Studien belegten Erkenntnisse, dass andere europäische Länder seit Einführung des Rauchverbots einen sensationellen Rückgang der Herzinfarktfälle vorweisen, übrigens auch bei Passivrauchern – zurzeit in Deutschland allein jährlich 3300 Tote.

Muss jetzt Ministerpräsident Beckstein der CSU auch noch die Raucherflausen austreiben? Ihm bleibt keine Wahl, es sei denn, er will Bayern nicht als modernes, der Zukunft zugewandtes Land gestalten, sondern es als verqualmtes Nikotinbiotop unter Artenschutz stellen. Beckstein-Land als letztes deutsches Raucherreservoir? Das fehlte noch.«

Meine Damen und Herren von der CSU, Sie haben gehört, dass die Lungenkrebs-Erkrankungen zunehmen. Bald stehen die Lungenkrankheiten an erster Stelle vor den Herz-Kreislauf-Erkrankungen. Sie haben dieses Gesetz um fast ein Jahr verschleppt. Das ist unverantwortlich. Jeden Tag sterben Menschen am Rauchen.
Unser Antrag ist der radikalste, weil wir auch ein Rauchverbot auf dem Gelände um die Krankenhäuser und um die Kindergärten herum verlangen. Wenn die Kindergartentante vor dem Kindergarten steht und raucht, ist sie ein schlechtes Vorbild für die Kinder. Wenn die Krankenschwester vor dem Krankenhaus steht und raucht, ist sie ein schlechtes Vorbild für die Kranken.

(Joachim Wahnschaffe, SPD: Wenn erst der Arzt raucht!)

Wir wollen, dass wir gesünder werden. Der Gesundheitsschutz, den Sie beabsichtigen, kommt mir aber allmählich lächerlich vor. Sie sollten das »C« und das »S« aus Ihrem Logo streichen. Das, was Sie hier machen, ist weder sozial noch christlich.
Wir hatten zu diesem Thema ein Fachgespräch. Es kam eine Münchner Wirtin, die mit ihrer Kraft am Ende war. Sie musste in ihrer Gaststätte jeden Abend den Rauch von 200 Zigaretten einatmen. Sie hatte Krebs, Hautprobleme und Atembeschwerden. Sie sagte: »Entweder gehe ich drauf oder ich funktioniere mein Lokal um.« Sie hat ihr Lokal umgestellt. Die ersten vier Wochen blieben die Gäste weg. Dann kamen neue Gäste. Es kamen Familien mit Kindern, schwangere Frauen und sogar Raucher, die sagten, sie möchten endlich einmal ihr Essen ohne Qualm genießen. Wir sollten ein Land von

Nichtrauchern werden. Nichtrauchen sollte normal sein, und nicht diese Qualmerei. Ich frage mich wirklich, ob wir von Nikotinsüchtigen regiert werden.

(Beifall bei den GRÜNEN – Eduard Nöth, CSU: Das ist ohne Gesetz passiert!)

Geben Sie diesen Plan auf und denken Sie an die Bediensteten, die in den Gaststätten arbeiten müssen. Wenn die sich wehren, verlieren sie ihren Arbeitsplatz. Denken Sie nicht immer an die, die davon profitieren. Stimmen Sie bitte ausnahmsweise unserem Gesetzentwurf zu. Ich hoffe, dass wir damit einmal Erfolg haben.

Immer volles Korn – Barbara Rütting wird 80

Katja Auer berichtet in der Süddeutschen Zeitung.

20. November 2007
»Sie ist die einzige Abgeordnete, die von Besuchern um ein Autogramm gebeten wird: Barbara Rütting, die ehemalige Schauspielerin, feiert ihren 80. Geburtstag und kündigt an, wieder für den Landtag zu kandidieren. Ihren Geburtstag wird Barbara Rütting im Gefängnis verbringen. Mittwochnachmittag – andere Damen würden an ihrem 80. Geburtstag zum Kaffeekränzchen laden – besucht die Grünen-Abgeordnete in ihrer Funktion als Gefängnisbeirätin eine junge Frau im Knast.
›Ich bin eben anders‹, sagt sie lapidar.«

Mein 80. Geburtstag

30. November 2007
Die Fraktion hat mir ein wunderschönes Geburtstagsfest geschenkt.
Eine flippige Gästeschar tummelte sich im »Hohen Haus«, junge
und alte Weggefährten aus vier Jahrzehnten, Tierschützer, Vegetarier
jeder Couleur, FriedensaktivistInnen.
Ich hatte mir ein Gongkonzert von Johannes Heimrath gewünscht.
Und das wurde dann auch zum ergreifenden Höhepunkt des langen
Abends – mit gigantischem vegetarischem Vollwert-Buffet, viel Bio-
wein, einer liebevollen Rede von Sepp Dürr, einer Fotorückschau auf
mein ganzes langes Leben, einem den Comedian Harmonists nach-
empfundenen Song, »Die kleine, grüne Rütting geht gern ans Mi-
krofon, holleri hollera« oder so ähnlich – gedichtet und vorgetragen
von zwei ganz Lieben aus der Fraktion und dem Starjournalisten
Rudolf Erhard!
Zu meiner Freude ist sogar Renate Künast zum Gratulieren gekommen. Mein israelischer Freund Uri Avnery, mit dem gemeinsam ich
in Mutlangen festgenommen wurde, hatte einen Gruß geschickt. Er
wäre gern gekommen, wurde aber verhindert durch wichtige Frie-
densgespräche mit Palästinensern. Ein tolles Geburtstagsgeschenk
wäre es, wenn mein Buch »Lachen wir uns gesund« auch ins Hebräische übersetzt wird. Denn im Arabischen liegt es bereits vor. Lachen

wirkt völkerverbindend. Und ein lachender Mensch wird nie auf einen anderen Menschen schießen. Meine Mutlanger Freunde hatten einen Reisigbesen mitgebracht, damit ich im Hohen Haus mal richtig ausfegen kann! Ein wunderschöner Abend. Ich fühle mich geschätzt und geliebt von so vielen Menschen.

Alles wird gut. Wird alles gut?

Interview für die Zeitschrift *Der Hund*

17. Dezember 2007

Frau Rütting, Sie leben mit mehreren Hunden zusammen. Wie heißen sie, welche Rasse haben sie und wie alt sind die Tiere?
Das Mädchen Buddhina ist eine fuchsfarbige Mischlingshündin, gerettet von einer Müllkippe in Indien. Sie saß abends immer vor dem Ashram, in dem ich meditierte. Der Junge Osho ist ein Galgo-Windhund aus Spanien. Seine Mutter sollte umgebracht werden, weil sie für Wettrennen nicht mehr zu gebrauchen war. Er ist superschlank, unglaublich schnell und total verschmust. Osho ist bereits mein 16. Hund. Ich nehme grundsätzlich arme Mischlinge aus dem Tierheim.

Was lieben Sie an Hunden?
Sie können sich so wahnsinnig freuen und sind so ehrlich. Ohne meine Hunde hätte ich das Leben nicht ausgehalten. Sie sind Engel, uns zum Trost geschickt.

Wie leben Sie mit Ihren Hunden? Welche Vorlieben und Gewohnheiten haben die Tiere? Wer kümmert sich um sie, wenn Sie in Sachen Politik unterwegs sind?
Ich habe eine fest angestellte tierliebe Haushälterin. Sie geht täglich zweimal mindestens eine Stunde mit ihnen spazieren, mit einer gan-

zen Gruppe anderer Hunde. Abends fahre ich vom Landtag immer nach Hause, verreise nur noch dahin, wo ich Buddhina und Osho mitnehmen kann.

Weil Osho es liebt, im Sand zu rennen, bin ich mit beiden in diesem Sommer sogar an die Ostsee gefahren, habe nach 20 Jahren zum ersten Mal Urlaub gemacht. Buddhina ist eher introvertiert, Osho dagegen möchte ununterbrochen schmusen – und schläft neben mir im Ehebett.

Hatten Sie früher schon Hunde?
Ja, von 1970 bis 1999 lebte ich auf einem Bauernhof in Österreich, mit Pferden, Hunden, Katzen und Hühnern. Das Leben auf dem Land hat bewirkt, dass ich Tiere nicht mehr essen konnte und Vegetarierin wurde, mich immer mehr mit Tierschutzproblemen beschäftigte. So habe ich den Schauspielberuf schließlich an den Nagel gehängt, um mich nur noch den Themen Ernährung, Verbraucher- und Tierschutz zu widmen. Für diese Themen setze ich mich im Bayerischen Landtag als Sprecherin der Grünen ein.

Endlich: Ein strengeres Tierschutzgesetz in Bulgarien

Newsletter

Januar 2008
Liebe Freunde und Freundinnen!
Schöner hätte das neue Jahr gar nicht beginnen können. Am 26. Januar lud der Bund gegen den Missbrauch der Tiere zu einer Veranstaltung in München ein – mit einem Aufgebot an hochkarätigen Referenten, moderiert von Dr. Claudia Ludwig vom WDR. Dr. Marlene Wartenberg von den VIER PFOTEN überbrachte die sensationelle Botschaft: In Bulgarien wird ein sehr strenges Tierschutzgesetz verabschiedet! Unter anderem soll das Töten der Straßenhunde nun endlich verboten werden (ausgenommen bei extremen Fällen von

Krankheit). Stattdessen wird in Zukunft das Kastrationsprogramm gefördert. Ein ähnliches Gesetz ist für Rumänien geplant. Ein Ende des Elends ist nur so zu erreichen. Unser jahrzehntelanger Einsatz trägt endlich Früchte.

Fast täglich erreichen mich Briefe von verzweifelten Menschen wegen der Tötung von Hunden und Katzen auf der ganzen Welt, besonders in China und Osteuropa. Es ist gut, dass jetzt endlich weltweit die Empörung über diese Gräuel wächst. Wir Insider in den Tierschutzvereinen versuchen seit Jahrzehnten, mit Appellen an die Verantwortlichen dagegen anzugehen. Also statt immer nur zu jammern, aktiv werden!

Was kann der oder die Einzelne tun?
- Die Tierschutzorganisationen unterstützen, die sich weltweit vorrangig dieser Probleme annehmen. Vor allem natürlich finanziell (nicht jede/r hat die Zeit, sich z.B. in Osteuropa direkt zu engagieren).
- Immer wieder den PolitikerInnen des eigenen Wahlkreises mit Wahlboykott drohen, wenn sie sich nicht endlich für den Schutz der Tiere einsetzen.
- Eure (bitte höflichen!) Proteste und Forderungen nach Brüssel richten.

Ich habe angeregt, dass wir die Olympischen Spiele in China (August 2008) benutzen, um Verbesserungen für die Tiere zu erreichen.
Viel Glück uns allen, Mensch und Tier!
Eure Barbara Rütting

Bin ich 'ne Oma?

Diese Begegnung mit Denis finde ich so reizend, dass ich sie, obwohl sie bereits in einem meiner früheren Bücher steht, hier wiederhole.

20. Januar 2008
Beim Spaziergang mit den Hunden umkreist mich ein etwa sieben-
jähriger Junge mit dem Fahrrad. Es entspinnt sich folgender Dialog:
*Ich kenn dich. Du bist die Frau Barbararüttingbrot! Du bist auf unse-
rem Brot abgebildet. Meine Mama hat ein Kochbuch von dir. Da bist
du auch drauf!*
Aha. Und wer bist du?
Ich bin der Denis. Aber ich sollte eigentlich ein Mädchen werden.
Und? Wärst du lieber ein Mädchen?
Nee.
Warum nicht?
Mädchen sind so zickig.
Ich bin doch auch ein Mädchen!
Nee, du bist doch 'ne Oma!
Wieso?
Na, weil du graue Haare hast!
Ich bin aber keine Oma. Ich habe nämlich keine Kinder, dann kann
ich ja auch keine Enkel haben und keine Oma sein. Oder?
(Denis denkt nach.)
Stimmt. Und die anderen Omas lachen auch nicht so viel wie du.
Was meinst du denn, warum sie nicht so viel lachen?
Weil sie schon so viel durchgemacht haben.
Du lachst sicher auch gern. Oder hast du vielleicht wie viele Kinder
zu hören bekommen: Lach nicht so blöd!
*Ja, genau! Lach nicht so blöd, haben sie gesagt. Und ein Junge weint
nicht und ein Indianer kennt keinen Schmerz!*
So ein Blödsinn! Also die Erwachsenen sind manchmal wirklich be-
scheuert, findest du nicht?
Aber du bist voll cool, echt! Du bist erste Sahne!

Ich werde eine Lachkassette für Kinder machen. Kinder sind meine
größte Freude – neben den Tieren – und machen mir immer wieder
Hoffnung.

Gegen eine Aufweichung des
Nichtraucherschutzes

Rede im Plenum

24. April 2008

Herr Präsident, Kolleginnen und Kollegen,

die Fraktion der GRÜNEN hat den ersten und auch strengsten Gesetzentwurf zum Schutz der Nichtraucher vorgelegt. Bei diesem Gesetz hätte es keine Schlupflöcher gegeben. Sie hätten sich damit das ganze Schlamassel, das wir jetzt haben, ersparen können. Die CSU hat diesen Entwurf abgelehnt.

Parteiübergreifend wurde dann ein Kompromiss gefunden, dem wir alle zugestimmt haben. Nach einigen Wochen weicht die CSU aber auch diesen Kompromiss wieder auf. Die Proteste der Raucher waren angeblich die Ursache für das katastrophale Ergebnis der Kommunalwahlen. Damit lenken Sie aber nur von den wirklichen Ursachen ab. Wenn überhaupt eine Revision des Nichtraucherschutzgesetzes notwendig wäre, müssen strengere Vorgaben für die Veranstaltung geschlossener Gesellschaften und die Nutzung privater Clubräume gemacht werden.

(Beifall bei den GRÜNEN)

Innerhalb von wenigen Wochen entstanden 1500 Raucherclubs in Bayern, die dazu helfen, das Gesetz ganz legal zu umgehen, obwohl 80 % der Bevölkerung – darunter auch Mitglieder der CSU – ein striktes Rauchverbot befürworten.

Auch das Deutsche Krebsforschungszentrum weist immer wieder auf die Schädlichkeit des Passivrauchens hin, dem auch die Beschäftigten in der nicht rauchfreien Gastronomie ausgesetzt sind. Ich habe Hunderte von Mails erhalten, mit denen wir ermutigt werden, an unserem strengen, grünen Kurs festzuhalten. Es geht nicht um die Diskriminierung der Raucher, sondern es geht um

234

den Schutz der Nichtraucher. Offensichtlich wird jetzt mehr gequalmt als zuvor. Die Nichtraucher berichten darüber, dass sie nicht mehr in ihre Kneipe gelassen werden, wenn sie keinem Raucherclub beigetreten sind. Manche sind Mitglied in 40 Raucherclubs, ohne dass sie dafür überhaupt bezahlen müssen. Das groß hinausposaunte Nichtrauchergesetz ist damit zur Farce verkommen.
Die Hälfte aller Lokale gibt sich bereits als Raucherclubs aus.

(Thomas Kreuzer, CSU: Man kann doch auch in die andere Hälfte gehen!)

Bei den Diskotheken ist der Anteil noch höher. Die Bürgerinnen und Bürger machen sich lustig über das, was Sie hier beschließen.
Der Schutz vor den Gefahren des Rauchens ist besonders durch staatliche Regelungen und Gesetze zu gewährleisten, wenn durch Passivrauchen die Gesundheit von Nichtraucherinnen und Nichtrauchern gefährdet wird.
Alle Behörden, vor allem aber die Staatsregierung, sind deshalb gehalten, für einen konsequenten Vollzug des Gesetzes zu sorgen und Verstöße zu ahnden. Das wird nämlich auch nicht genügend getan. Wenn kontrolliert wird, sind es meistens militante Nichtraucher. Wir stimmen daher diesem Gesetzentwurf [der Revision des Nichtraucherschutzgesetzes – Anm. d. A.] nicht zu.

(Beifall bei den GRÜNEN)

»Mehr Rücksicht nehmen!«

Mein Leserbrief in den Rosenheimer Nachrichten

5. Juni 2008

»Bauernverband und Bundesverband Deutscher Milchviehhalter (BDM) reden miteinander – der Streik um höhere Milchpreise führt auch die zerstrittenen Landwirte zueinander«, berichten die Zeitungen. Meine Meinung: Unsere Bauern müssen mehr Geld für gesunde Lebensmittel erhalten, selbst 35 Cent pro Liter Milch sind zu wenig! Miteinander reden ist jedoch immer gut. Auch Gespräche zwischen Bauern und den Haltern von Haustieren, speziell Hunden, wären dringend erforderlich. Immer wieder kommt es zu unerquicklichen Zusammenstößen. Mir passierte vor Kurzem Folgendes:

An einem schönen Sonntagvormittag freue ich mich über den neu geschaffenen Wanderweg durch das Moor, dieser öffentliche Weg führt nun zwischen zwei Bauernhäusern hindurch. Einige Hundert Meter weiter bleibe ich stehen, um die Aussicht zu genießen. Meine beiden angeleinten (!) Hunde schnuppern am Wegrand. Auf einmal schreit ein Bauer etwas wie »Drecksviecher«, darauf ein zweiter: »Geh weida mit deine Hundskrippln, sonst derschlag i s'!« Ich rufe: »Entschuldigung, sie schnuppern ja nur!« Darauf brüllt der zweite: »Reiß dei Fotzen net so weit auf, du Luada!«

Der schöne Sonntag ist für mich verdorben.

Immer wieder berichten mir Touristen, dass sie mit ihren Hunden nicht mehr ins Chiemgau kommen, weil ihnen von Bauern gedroht wird: »Die Hundskrippln derschlag i.« Mein Appell gilt aber auch den Hundebesitzern: Nehmt Rücksicht und Hunde an die Leine, vor allem im Wald. Lasst sie nicht in die Wiese zum »Geschäft verrichten« (Weiden sind Privatgrund!). Selbstverständlich sollte man auch auf Straßen und Wegen immer Tüten für die Beseitigung des Hundekots dabeihaben.

Aber auch Ihr, liebe Bauern, bringt bitte Verständnis auf für die Menschen, denen ihr Hund oder die geliebte Katze oft die einzigen Lebensgefährten sind. Wenn jeder dem anderen nur ein wenig entgegen-kommt, muss es doch möglich sein, friedlich miteinander zu leben. Vor Kurzem sind übrigens wieder Hunde vergiftet worden, einer ein Rettungshund – ausgebildet, um Menschen zu retten, umgebracht von einem Menschen.

Bayerischer Landtag stimmt über Änderung des Jagdgesetzes ab

Ein Bericht der tz

11. Januar 2008
»In Bayern gibt es rund 51 000 Jäger, die für eine Fläche von 6,8 Millionen Hektar zuständig sind. Davon besteht rund ein Drittel aus Wald, der Rest sind Wiesen und Felder.

Als ihr zahmes Reh, das im Garten äste, von einem Jäger aus einem fahrenden Auto heraus erschossen wurde, hatte ihr idyllisches Bauernhaus für Barbara Rütting seinen Zauber verloren. Sie zog um. Steffi Sommer und Morfi Gaidatzi flohen aus ihrem Häuschen am Waldrand von Straßlach, als ein Jäger vor einem Jahr auf ihre beiden Hunde schoss. Während Collie Ronja sich mit einer schlimmen Schussverletzung und einem verlorenen Bein retten konnte, fehlt von der Dogge Robby bis heute jede Spur. ›Diese Ungewissheit, was aus dem geliebten Tier geworden ist, ist doch unerträglich‹, findet die Grünen-Abgeordnete Barbara Rütting, die im Bayerischen Landtag dafür wirbt, dass das bayerische Jagdgesetz novelliert wird. Ronja und Robby wurden von einem Jäger abgeknallt, der sich auf Artikel 42 des Jagdgesetzes berufen kann. Jäger dürfen Hunde schießen, wenn Wildtiere gefährdet scheinen. Katzen dürfen erlegt werden, wenn sie mehr als 300 Meter vom nächsten bewohnten Haus entfernt durchs Gras schleichen.

237

… Barbara Rütting hält es auch für sehr wichtig, Wildtiere vor wildernden Haustieren zu bewahren, trotzdem möchte sie auch Haustiere besser schützen: ›Nur wirklich wildernde Hunde dürften erschossen werden und Katzen sollten einen größeren Bewegungsradius erhalten. Außerdem fordern wir eine Meldepflicht.‹ Denn es scheint häufig so zu sein, dass Tierbesitzer nicht erfahren, was passiert ist. Steffi Sommer und Morfi Gaidatzi suchten wochenlang und überall nach ihrer Robby – vergeblich. Vermutlich wurde der tote Hund heimlich entsorgt.

… Bisher gibt es nur Schätzungen, die Zahlen aus Nordrhein-Westfalen aus dem Jahr 2002/03 hochrechnen. Damals wurden 17 895 Katzen und 211 Hunde abgeschossen. Während Tierschützer schätzen, dass bundesweit drei- bis viertausend Hunde und gut 200 000 Katzen jährlich erschossen werden, kennt Jürgen Vocke, Präsident des Landesjagdverbandes Bayern, in den letzten 20 Jahren etwa 15 getötete Hunde [!]. Gegenüber der *tz* sagte Jürgen Vocke nun, er sei nicht generell dagegen, die Streckenliste der getöteten Tiere um Hunde und Katzen zu erweitern.

… Die Novellierung des Jagdgesetzes wurde wie erwartet vergangenen Donnerstag im Plenum des Landtags mit der CSU-Mehrheit klar abgelehnt, doch Barbara Rütting konnte sich trotzdem über eine kleinen Sieg freuen: Die SPD-Fraktion stimmte mit den Grünen. Die Tierschützerin jubelte: ›Eine Sternstunde. Es ist das erste Mal, dass sich was bewegt hat.‹ Und in der nächsten Legislaturperiode wird sie einen neuen Anlauf starten.«

Friedensradfahrt Paris – Moskau – Peking

13. Juni 2008
Als Schirmfrau der Friedensradfahrt Paris – Moskau – Peking habe ich an der Auftaktveranstaltung in Paris teilgenommen. An der Frie-

Friedensaktivisten beim Start am Eiffelturm

densmauer am Eiffelturm trafen sich Friedensaktivisten aus aller
Welt. Aus Deutschland, Finnland, Österreich, der Schweiz, Russland
und Australien. Das Beschämende war: Nur ein einziger Franzose
war dabei! Presse und Honoratioren glänzten durch totale Abwesenheit. Wen wundert's? Frankreich ist ein Atomstaat. Auch Herr Sar-
kozy ließ sich nicht blicken. Ich wollte ihm so gern sagen: Herr Sar-
kozy, wir Vegetarier und Tierschützer finden es skandalös, dass Sie
den Stierkampf in Frankreich einführen wollen und für die »kulina-
rischen Köstlichkeiten« wie Gänseleberpastete und Froschschenkel
die Anerkennung als Weltkulturerbe beantragt haben. Haben Sie
immer noch nicht begriffen, dass die Welthungerkrise und die Kli-
makatastrophe mit dem grauenhaften Fleischkonsum und damit
verbundenen Gemetzel von Tieren zu tun haben?
Geben Sie diese Pläne bitte schleunigst auf, sonst ist Frankreich für
uns tabu!

Zum Thema Schächten

Die Pressestelle der Grünen-Fraktion leitet mir folgende Anfrage weiter:

August 2008
Sehr geehrte Damen und Herren,
zur anstehenden Landtagswahl in Bayern erlaube ich mir, Ihnen zwei kurz gefasste Fragen zu stellen:
Ist Ihre Partei für oder gegen das Schächten in der Bundesrepublik Deutschland? Erwägt Ihre Partei Schritte zur Abschaffung religiöser Tieropfer in der Bundesrepublik?
Im Anhang übersende ich Ihnen den anatomisch-wissenschaftlichen Vorgang beim Schächten von Prof. Dr. Hartinger, Unfallchirurg, sowie einen authentischen Augenzeugenbericht des Vorgangs. Nachstehend finden Sie Standpunkte verschiedener Institutionen und Personen.
Mit freundlichen Grüßen und der Bitte um rasche Beantwortung
Mariola Heinrich

Meine Antwort:
Liebe Mariola,
die Parteizentrale von Bündnis 90/Die Grünen hat mir Deine Anfrage zugeschickt. Obwohl ich annehme, dass Du meine Einstellung zum Thema Schächten kennst, beantworte ich dennoch die Fragen. Ich war mit Herrn Prof. Dr. Hartinger befreundet. Wir haben jahrzehntelang gemeinsam an vielen Demonstrationen zum Tierschutz teilgenommen. Ich kann Dir sagen, dass Herr Prof. Dr. Hartinger am Schluss seines Lebens sehr deprimiert war, weil gerade in der Frage des Schächtens überhaupt nichts erreicht wurde, ganz im Gegenteil. Aus meiner persönlichen Sicht ist die allgemeine lasche Haltung gegenüber dieser brutalen Tierquälerei missverstandene Toleranz.
Ich bin der Meinung von Prof. Hartinger und von Dr. Ernst Breitling, Präsident der Bundestierärztekammer: »Es liegt ein klarer Fall

240

von Tierquälerei vor. Und es kann nur so sein, dass diese Ausnahmen nicht mehr zugelassen werden. Und damit muss das Gesetz geändert werden.« Im Gegensatz zu Ernährungs- und Verbraucherschutzminister Horst Seehofer halte ich ein Verbot des Schächtens durchaus für möglich und werde mich in der nächsten Legislaturperiode mit allen Kräften für eine Gesetzesänderung einsetzen. Selbstverständlich müssen religiöse Tieropfer in der Bundesrepublik Deutschland verboten sein.

Uns allen viel Glück und tierschützerische Grüße
Deine Barbara Rütting

»Grüne Watsch'n für die CSU«

Unter diesem Titel berichtet Eike Schlüter in den Rosenheimer Nachrichten *von einem Ausflug der Grünen.*

28. August 2008
»Die Alterspräsidentin des Bayerischen Landtags hatte am vergangenen Mittwoch knapp 200 Mitglieder und Sympathisanten der Grünen zu einer Chiemsee-Schiffsfahrt eingeladen.
Dafür gab es gleich zwei Anlässe: 60 Jahre Grundgesetz und – natürlich – den Landtagswahlkampf.
Ihre Teilnahme am offiziellen Festakt ›60 Jahre Verfassungskonvent‹ mit Bundesinnenminister Wolfgang Schäuble und Ministerpräsident Günther Beckstein Mitte Juli auf Herrenchiemsee (wir berichteten) hatte die Bernauer Landtagsabgeordnete Rütting abgesagt, um damit gegen das neue Versammlungsgesetz der CSU zu protestieren.
Jetzt lud sie ihre prominente Parteifreundin aus Berlin zu einer eigenen 60-Jahr-Feier ein und besuchte mit ihr die Ausstellung ›Verfassungskonvent‹ im Museum im Alten Schloss auf Herrenchiemsee.
›Damit die Verfassung auch technologisch im 21. Jahrhundert ankommt‹, forderte Künast, im Grundgesetz ein Datenschutzgrundrecht aufzunehmen. Zudem verlangte die Chefin der Grünen im

Protest der Grünen im Bayerischen Landtag gegen
das neue Versammlungsgesetz der CSU, 16.7.2008

Bundestag: ›Kinderrechte müssen endlich ins Grundgesetz. Dann
wird klar, dass der Staat und die ganze Gesellschaft verantwortlich
für ihr Wohl und ihren Schutz sind.‹

Auch sprach sich die ehemalige Verbraucherschutzministerin Künast für ein neues Verbraucherinformationsgesetz aus. Die geltende
Kennzeichnungspflicht für gentechnisch veränderte Lebensmittel
könne nur ein Anfang sein. ›Wir haben gute Aussichten, Bayern gentechnikfrei zu bekommen‹, berichtete Barbara Rütting in diesem
Zusammenhang nicht ohne Stolz. ›Wir haben dafür hart gekämpft
und sind froh, dass wir auch die Bauern auf unsere Seite ziehen
konnten.‹

Die Ziele für die bevorstehende Landtagswahl? ›Wir wollen nicht die
Pole abschmelzen, sondern die CSU.‹«

Demo in Rosenheim

30. August 2008

Liebe Mitmenschen,

das letzte Mal habe ich hier gestanden und mit euch gegen den drohenden Irakkrieg demonstriert. Und ich bin glücklich, sagen zu können: Unsere rot-grüne Regierung hat dem Irakkrieg ihre Teilnahme versagt.

Präsident Bush ging und geht es nie darum, irgendwo in der Welt den Hunger zu lindern oder gar Frieden zu schaffen. Es ging und geht ihm einzig und allein darum, die Erdöl produzierenden Länder zu militarisieren, es geht ihm nur um Macht – und um Öl. Jetzt will er den Iran überfallen und unterjochen.

Hätten Merkel/Stoiber damals die Wahl gewonnen, wären unsere Männer und Söhne vielleicht als Soldaten im Irak oder bereits tot. Frau Merkel hat den Kriegsverbrecher Bush unterstützt – auch wenn sie heute behauptet, dass sie keine deutschen Soldaten in den Irak geschickt hätte. Sie hätte! Und wir können auf Knien danken, dass uns eine Merkel/Stoiber-Regierung erspart geblieben ist, und nur hoffen, dass sie uns auch in Zukunft erspart bleibt. Ein junger Mann sagte neulich: Da bin ich doch lieber arbeitslos als tot. Recht hat er!

Die Unionsparteien unterstützen auch den Krieg gegen die Umwelt und die Tiere. Die These, dass unter anderem die augenblickliche Hochwasserkatastrophe von Menschen gemacht ist, hat heute auch der Bund für Naturschutz vertreten. Die sogenannten Jahrhundertkatastrophen passieren jetzt bereits alle paar Jahre. Überschwemmungen hier, Dürre und Großbrände dort. Und nicht einmal diese Katastrophen, Folgen der Klimaveränderung, wie wir alle wissen, bringen die Herren wie Bush zur Vernunft. Er weigert sich, das Kyoto-Protokoll zu unterschreiben ...

Vor ein paar Wochen habe ich mir, wie sicher auch viele von euch, Gedanken darüber gemacht, dass Abgesandte beider Supermächte

Probleme mit ihrem Job hatten – die einen mit ihrem U-Boot auf dem Meeresboden, die anderen hoch oben im All in einem Shuttle. In beiden Fällen hatten die Besatzungen Mühe, wieder auf die Erde zurückzukommen. Ich habe das durchaus als Signal verstanden: Noch einmal davongekommen. Aber statt sogenannte Feinde auszuspionieren oder mit irgendwelchen irrsinnig teuren Landemanövern auf dem Mars zu kokettieren, wäre es vielleicht gescheiter, hier auf der Erde dafür zu sorgen, dass jeder ein Dach über dem Kopf hat und genug zu essen. Heute kommen auf jeden Erdbewohner tonnenweise Sprengstoff, um die ganze Welt in die Luft zu jagen, aber nicht mal eine Handvoll Hirse, um nicht zu verhungern.

Diesen Wahnsinn dürfen wir doch nicht mitmachen. Noch können wir entscheiden, welche Regierung wir wollen! Rot-Grün ist sicher auch nicht immer das Gelbe vom Ei – apropos gelb: Seht euch doch mal die Farben genau an: Schwarz-Gelb, das sieht doch richtig giftig aus. Dagegen rot – rot ist das Feuer, ist die Liebe. Und dazu grün, grün wie die Hoffnung. Liebe Leute, ich sage euch: Wählt uns, wir sind immer noch das kleinste Übel!

Kommentar

Wegen dieses Satzes »Wählt uns, wir sind immer noch das kleinste Übel!« gab es natürlich auch wieder Krach mit der Basis. Angeblich forderte jemand sogar, mich deswegen aus der Partei auszuschließen.

Melancholische Gedanken nach der Wiederwahl

September 2008
Ich bin wiedergewählt worden. Mit einem phantastischen Ergebnis.
Aber ich kann mich nicht richtig darüber freuen, bin angeschlagen.

Die Landtagsarbeit hat mir auch Mobbingerfahrung beschert.

Die subtil und vielleicht sogar oft unbewusst Mobbenden wären angesichts der Behauptung, sie mobbten, womöglich erstaunt oder würden antworten: Na und? Macht doch jeder! Oder: Ist eben Politik!
So beginnt oder begann ein (durchaus netter) Kollege regelmäßig zu gackern oder zu krähen, wenn ich in der Fraktionssitzung einen Antrag stellte, der sich auf gefiederte Tiere bezieht – sei es nun das Verbot des Schnabelkürzens bei Küken oder verbesserte Haltungsbedingungen von Masthühnern und Puten. Alle fangen an zu lachen – damit wird von der Wichtigkeit des Antrags abgelenkt, er wird ins Lächerliche gezogen.
Anfangs versuchte ich mitzulachen, man hat ja Humor. Schließlich wurde es mir zu bunt und ich verbat mir derlei Späße. Aber ich werde zunehmend dünnhäutiger. Nicht nur Angst essen Seele auf, wie es in dem berühmten Fassbinderfilm heißt – auch Frust tut das.
Eine von mir ursprünglich wegen ihrer Fachkenntnisse gerade in Tierschutzangelegenheiten sehr geschätzte Mitarbeiterin begann bald, mir regelmäßig Informationen vorzuenthalten und überall, besonders gern bei den Besuchern meiner Fachgespräche, meine Erfolge niederzumachen. Vermutlich wollte sie mich als unwissende und damit inkompetente Abgeordnete erscheinen lassen. Freute ich mich über einen guten Zeitungsbericht als Reaktion auf meine Arbeit, kam von ihr prompt die spitze Bemerkung: Na ja, für den, der zwischen den Zeilen lesen kann … Was heißen sollte: Dazu bist du natürlich zu blöd und merkst wieder mal nicht, was der Journalist wirklich meint. Je mehr Erfolg ich hatte, umso schlimmer wurde es. Dabei bestand für sie überhaupt keine Möglichkeit, meine Stelle als

Abgeordnete einzunehmen, also war ihr Verhalten umso rätselhafter. Obwohl ich dachte, das halte ich aus – allmählich ging mir die Freude an der Arbeit verloren, die Freude, morgens in mein schönes Büro zu gehen. Es blieb mir nichts anderes übrig, als mich von ihr zu trennen.

Dazu fällt mir ein Satz aus Shakespeares »Richard III.« ein: »[Mein] Erfolg ist nicht genug, der beste Freund muss scheitern!« Schrecklich. Ist die Welt tatsächlich so gedacht?

Offensichtlich ist es bei den Grünen auch cool, nie jemanden zu loben, was ich dagegen ungeheuer gern tue. Ich freue mich über die Erfolge anderer. Es macht mich regelrecht glücklich, wenn ich sagen kann: Deine Rede heute war super, dein Zwischenruf klasse etc. Ich entdecke, dass mir eine Regung vollkommen fremd ist, nämlich Neid. Untugenden wie Ungeduld und auch Eifersucht (in Liebesbeziehungen) sind mir mehr als vertraut, aber nie in meinem Leben war ich auf irgendjemanden oder irgendetwas neidisch. Wenigstens eine gute Eigenschaft. Da kann ich wirklich dankbar sein.

Für die Klausurtagungen können die Abgeordneten Themen vorschlagen. Meinen Wünschen, Tierschutzangelegenheiten zu behandeln, wird so gut wie nie entsprochen. Da kriege ich dann zu hören: Was willst du denn noch, du hast doch schon etc. Schlage ich einen Beitrag für den Brief an die Basis zu Tierschutzthemen vor, passiert das Gleiche. Wenn es gut läuft, wird mir ein winziger Platz eingeräumt. Tierschutzthemen interessieren die Grünen nicht.

Und die CSU natürlich erst recht nicht. Bei meinem Antrag im Umweltausschuss für das Verbot des Schnabelkürzens schilderte ich, welche Schmerzen laut Meinung von Fachleuten damit für die Küken verbunden sind. Der Schnabel ist nämlich mit vielen feinen Nerven durchzogen. Der CSU-Vorsitzende schien immerhin beeindruckt und fragte seinen CSU-Kollegen – einen Tierarzt –, ob das den Tieren nicht wehtue. Der zuckte nur mit den Achseln. Ein Tierarzt, wohlgemerkt!

Oft frage ich mich, was ich in einer Partei zu suchen habe, deren Vorsitzender zum Beispiel in einer Sitzung sagt: Überlegt doch mal, wie wir der CSU am besten schaden können.

Ich traute meinen Ohren nicht. Sind wir im Parlament, um einander zu schaden, oder um das Beste für die Menschen, die Umwelt und die Tiere zu erreichen?

Würde ich nicht so viele positive Rückmeldungen aus der Bevölkerung erhalten, ich hätte längst aufgegeben und mich auf keinen Fall der Strapaze einer neuen Kandidatur unterzogen. Aber dann hätten die Tiere in diesem Parlament überhaupt keine Stimme mehr, die sich für ihre Rechte einsetzt. Ich muss durchhalten.

Nun posaune ich zwar gern in die Welt hinaus, dass ich mir wünsche, einmal mitten in voller Aktion einfach tot umzufallen – aber leider ist diese Todesart eher selten. Üblicherweise wird man für mehr oder weniger lange Zeit krank, und das ist höchst unspektakulär. Immer öfter macht mein Herz Probleme. Alles Verdrängen nützt nichts. Bereits im Sommer 2007 häuften sich die Signale, ich hörte nicht darauf. Eines Morgens wollte ich mir vor der Bahnfahrt in den Landtag von der Hausärztin nur mal schnell eine kleine Herzstärkung verpassen lassen. Sie befahl entsetzt: Vorhofflimmern – sofort ins Krankenhaus. Und da ging es dann los: Marcumar und Betablocker, selbstverständlich bis ans Lebensende, meinte der junge Assistenzarzt vergnügt. Und er fügte gleich hinzu: Was glauben Sie, wie viele Abgeordnete im Landtag nicht nur Marcumar und Betablocker schlucken müssen, um über die Runden zu kommen, sondern noch ganz andere Mittelchen!

Ob außer mir noch andere Abgeordnete manchmal heulend in ihren Büros sitzen? Was läuft nur schief mit dieser Menschheit? Eine andere Welt muss doch möglich sein!

Während des diesjährigen Wahlkampfes, in dem ich, wie beim ersten Mal 2003, ja auch nicht »gekämpft«, aber mit gewaltigem Einsatz in zahllosen Veranstaltungen Überzeugungsarbeit geleistet habe, wurden die Zusammenbrüche häufiger. Ebenso die Besuche beim

Heilpraktiker, der mir mit (alternativen) Spritzen und Infusionen immer wieder auf die Beine half. Bisher.

Wiedergewählt, habe ich nun zum zweiten Mal als Alterspräsidentin mit einer Rede den Landtag zu eröffnen. Angesichts einer schwarz-gelben Mehrheit und eines Ministerpräsidenten Seehofer, der neben allem anderen auch für die Fortsetzung des Elends der Käfighennen verantwortlich ist. Kein gutes Omen.

Mut zum Miteinander

Meine Rede zur konstituierenden Sitzung des Bayerischen Landtags

Ich versuche das Positive hervorzuheben – vielleicht »Zweckoptimismus«?

20. Oktober 2008

Sehr geehrte Damen und Herren, liebe Kolleginnen und Kollegen, zum zweiten Mal habe ich als Alterspräsidentin den Bayerischen Landtag zu eröffnen. Es ist immer noch niemand älter als ich! Wie ich höre, bin ich sogar die älteste Abgeordnete in der Bundesrepublik. Und kann mich dennoch oder gerade deshalb über eine hohe persönliche Zustimmung seitens der Bevölkerung freuen. Ich möchte den Alten Mut machen, dass sie nicht zum alten Eisen gehören. Die Alten werden gebraucht, ebenso wie die Jungen. Nur gemeinsam können wir es schaffen, diese Welt ein bisschen menschlicher zu machen. Darum freue ich mich sehr, dass ich heute die beiden jüngsten Abgeordneten an meiner Seite habe – gleich zwei schöne junge Männer.

Der Alterspräsident oder in meinem Fall die Alterspräsidentin ist eine Art Eintagsfliege. Sie hat bei Beginn einer neuen Legislaturperiode den Landtag zu eröffnen – und das war's dann auch schon. Keine Kutsche, kein Dienstwagen – würde sich ja auch nicht lohnen für diesen einen Tag. Denn in den folgenden fünf Jahren hat sie nichts mehr zu sagen. Es sei denn, Landtagspräsident und sämtliche Vizes würden gleichzeitig dahingerafft, zum Beispiel von der Vogelgrippe. Dann, ja dann, dürfte die Alterspräsidentin den Landtag leiten. Die Chancen stehen also gleich null – zumal das Parlament ja diesmal noch um etliche Vizes bereichert wird.

Dennoch hat dieses Amt einen entscheidenden Vorteil: Der Alterspräsidentin müssen Sie, verehrte Kolleginnen und Kollegen, zuhören – ob Sie wollen oder nicht. Allerdings steht Ihnen natürlich frei, verehrtester Herr Kollege Georg Schmid, meine Rede hinterher in einer Pressemitteilung zu korrigieren.

Und damit kommen wir schon zum entscheidenden Unterschied zu meiner ersten Amtszeit als Alterspräsidentin: Es sieht hier heute deutlich anders aus als vor fünf Jahren. Der Landtag hat sich verändert – und, wie ich persönlich finde, zum Vorteil für die Demokratie. Wir haben mit den Freien Wählern und der FDP zwei neue Fraktionen im Landtag und sind damit zum Fünf-Parteien-Parlament angewachsen. In dem Fall darf man schon das strapazierte Wort »historisches Ereignis« anwenden.

Ich meine: Der Landtag des Jahres 2008 ist bunter und vielfältiger geworden und ich freue mich darauf, wenn wir daraus auch neue Dynamik für unsere gemeinsame Arbeit schöpfen können. Lassen Sie es uns doch als Chance begreifen, wenn wir künftig nicht nur wegen der Platzverhältnisse in unserem altehrwürdigen Maximilianeum alle enger zusammenrücken müssen.

Jede politische Idee braucht künftig Bündnispartner. Ich sehe in der neuen Konstellation daher eine Einladung an alle, mehr Mut zum Miteinander an den Tag zu legen. Ein kluger Kopf hat dazu gesagt: »Demokratie ist, wenn man den anderen ausreden lässt – Toleranz ist, wenn man dabei auch noch zuhört.« Ein guter Tipp für unsere Sitzungen. Ich wünsche mir deshalb, dass wir die Botschaft unserer Wählerinnen und Wähler auch als Aufbruch begreifen: Ein Aufbruch dahin, uns gegenseitig besser zuzuhören und gemeinsam Lösungen für die Zukunft zu entwickeln.

Vielleicht könnte in diesem neuen Miteinander auch ein Signal an die Bürgerinnen und Bürger liegen. Immer mehr Menschen fühlen sich abgestoßen von den ritualisierten Grabenkämpfen, sind verdrossen darüber, dass sich die Politik häufig nur noch um sich selbst zu drehen scheint. Besucher – und besonders die Schülergruppen – äußern sich oft entsetzt über den Umgang der Abgeordneten miteinander, den sie hier erleben, wenn sie an Ausschuss- oder Plenarsitzungen teilnehmen. Unaufmerksamkeit der Abgeordneten, die »sich unterhalten, Zeitung lesen, SMS schicken oder ihr Geld zählen, statt den Rednern zuhören«. So haben es mir Schülergruppen beschrieben.

Ich war selbst erschrocken, als ich 2003 als absolute Quereinsteigerin meine ersten Schwimmversuche im »Haifischbecken« Politik unternommen habe. Ich hatte mir zwei Dinge vorgenommen: Kein Ellenbogenmensch zu werden, wie das angeblich »in der Politik« unumgänglich ist – und nicht verbittert oder resigniert. Ich denke, beides ist mir gelungen. Aber ich muss Ihnen auch sagen, dass ich nach einigen wieder einmal »aus Wettbewerbsgründen« abgelehnten Anträgen, besonders zum Tierschutz, in meinem Büro gesessen und gedacht habe: Es ist sinnlos, ich gebe mein Mandat zurück und engagiere mich wieder außerparlamentarisch. Wie Sie sehen, habe ich nicht aufgegeben, sondern durchgehalten – und bin heute froh darüber. Es ist schön, wieder hier zu sein.

Ich wünsche deshalb gerade den neuen Abgeordneten, die heute zum ersten Mal hier im Plenum sitzen, dass sie sich nicht nur das Feuer für die eigenen Überzeugungen bewahren, sondern auch Respekt gegenüber den guten Ideen der anderen. Uns allen aber wünsche ich, dass wir den Menschen wieder stärker vermitteln können, wofür und für wen wir uns hier einsetzen. Ich denke doch, ich kann für uns alle sprechen, wenn ich sage: Wir alle hier sind angetreten, weil wir die Hoffnung und den Drang haben, für die Menschen etwas zu verändern, ihnen Sicherheit zu geben, ihnen Perspektiven zu eröffnen.

Gerade jetzt, in Zeiten der globalen Finanzkrise, haben viele Menschen Angst, im Strudel der entfesselten Märkte mitgerissen zu werden. Das Vertrauen in die vermeintliche Allmacht des ökonomischen

Grün umarmt Schwarz (Barbara Stamm links, Barbara Rütting rechts)

Denkens ist zutiefst und mit Recht erschüttert. In diesen Zeiten erleben wir zweierlei: Plötzlich wird die Politik wieder als Partnerin der Menschen erlebt, erfährt der Staat als verlässlicher Ordnungsrahmen eine unerwartete Renaissance. Gleichzeitig müssen wir erkennen, wie eng unsere Welt mittlerweile zusammengerückt ist und dass es uns eben nicht egal sein kann, wenn in Manhattan oder Tokio ein Paket Aktien den Wert verliert oder gar eine Bank kollabiert.
Ich möchte daraus für uns zwei Gedanken formulieren: Wenn wir wollen und wenn wir uns trauen, können wir, die Politikerinnen und Politiker, tatsächlich handeln und uns in all den Wirren als Gestaltungskraft zum Wohle der Menschen beweisen. Wenn wir wollen und wenn wir uns trauen, können wir aber auch aus den Erkenntnissen der Finanzkrise das Leitmotiv für andere globale Probleme ziehen: »Zur Rettung unserer Konten würden wir zig Milliarden an Steuern bezahlen«, schreibt die *Süddeutsche Zeitung* in ihrer Wochenendausgabe. »Warum aber«, so fragt der Autor, »retten wir nicht unsere Erde?«

Liebe Kolleginnen und Kollegen,
wir werden in den kommenden Jahren hier im Bayerischen Landtag
für viele Probleme eine Lösung finden müssen, Probleme in der Bildung, im Gesundheits-, Umwelt- und Klimaschutz, in der Finanz-
und Wirtschaftspolitik, mögen unsere Ansichten auch noch so unterschiedlich sein.
Ich möchte daher schließen mit einem meiner Lieblingszitate: »Wer
nicht an Wunder glaubt, ist kein Realist!« Das hat Ben Gurion gesagt.
Und Ben Gurion hat immerhin einen neuen Staat, den Staat Israel,
begründet. Das wäre doch ein schönes Leitmotiv für die kommende
Legislaturperiode!

Vielen Dank!

Wir haben kein Gesundheits-, sondern ein Krankheitssystem

Mein Grußwort zur Tagung für Naturheilkunde in München

15. November 2008
Sehr geehrte Damen und Herren,
an kranken Menschen lässt sich mehr verdienen als an gesunden.
Darum haben wir kein Gesundheits-, sondern ein Krankheitssys-
tem, haben wir trotz vieler Bemühungen immer noch Krankenkassen, keine Gesundheitskassen.
Statt der Boni für Manager und Aufsichtsräte müsste es endlich Boni
geben für diejenigen, die sich selbstverantwortlich um ihre Gesundheit bemühen, zum Heilpraktiker gehen, sich mit Schüßler-Salzen,
Kraniosakraltherapie und Bioresonanz helfen lassen. Aber die werden nicht belohnt, sondern bestraft, müssen die Heilmittel aus eigener Tasche zahlen. Ich nehme mich selbst als Beispiel:
Als Achtzigjährige könnte ich glatt das zweite oder sogar dritte
künstliche Hüftgelenk beanspruchen – bezahlt von der Kasse. Alles,
was ich präventiv tue, um zu vermeiden, dass ich ein künstliches

Hüftgelenk brauche, muss ich dagegen selbst bezahlen. Das sind, wie wir alle wissen, oft gerade die Heilmittel, die Heilpraktiker verordnen. Wie wir aber auch wissen, suchen trotzdem immer mehr Menschen die Heilpraktiker auf.

Vor einigen Tagen las ich in einer Zeitschrift Ratschläge von Ärzten gegen Schlaflosigkeit. Kein Wort darüber, wie viele Störungen allein durch geopathische Zonen verursacht werden.
Auf diese Zusammenhänge wird von Schulmedizinern kaum hingewiesen. Auch Gesundheitsstörungen durch Handys und Handymasten werden von sogenannten Kapazitäten immer wieder geleugnet, ebenso die durch Amalgam und durch die Zwangsjodierung verursachten Schäden. Man verweist auf die eingehaltenen Grenzwerte, die natürlich viel zu hoch sind. Und wenn immer mehr Menschen an Diabetes erkranken, wird kaum oder zu wenig auf die Ursachen verwiesen – nämlich Fehler in der Ernährung und der Lebensführung insgesamt –, sondern man hört immer wieder: Mein Arzt sagt, ich darf weiterhin alles essen, ich bin jetzt »gut eingestellt«, sprich insulinabhängig gehalten. Symptombehandlung statt einer Ursachenbehandlung.
Nach der Umfunktionierung des Landesgesundheitsrates im letzten Jahr sind ja nun Gott sei Dank auch die Heilpraktiker, die Naturheilkundler, die Psychotherapeuten und last but not least die Patienten darin vertreten. Ich wage die kühne Hoffnung, dass auch geistige Heilweisen zumindest einmal vorgestellt werden, ohne als unwissenschaftlich belächelt und abgelehnt zu werden. Für deren Wirksamkeit ist doch jemand wie Clemens Kuby, der es geschafft hat, seine Querschnittslähmung zu überwinden, das beste Beispiel.
Täglich wird deutlich, wie krank unsere ganze Gesellschaft ist. Komasaufen bei den Jugendlichen nimmt zu – zwölfjährige Mädchen liegen im Vollrausch auf der Straße. Kein Wunder, wenn die Erwachsenen es ihnen vormachen und die Medien euphorisch berichten, dass diesmal beim Oktoberfest noch mehr Bier getrunken wurde als beim letzten.

Unerschütterliche Optimistin, die ich bin, hoffe und glaube ich dennoch an den Sieg der Vernunft und Wahrheit und dass ein rücksichtsvolles Miteinander möglich ist. Vielleicht zeigt doch endlich das Wassermannzeitalter seine Wirkung. Aufbruch liegt in der Luft, auch durch Obama. Jede Krise bedeutet auch eine Chance.

»Yes, we can« – gilt nicht für Ältere im Landtag

Brief aus dem Bayerischen Landtag für die Rosenheimer Nachrichten

30. November 2008

Schier Unglaubliches hat sich ereignet: In Amerika wurde ein »schwarzer« Präsident gewählt. Und der beruft nicht nur den Republikaner Schwarzenegger in sein Team, sondern auch seine ehemalige erbitterte Rivalin Hillary Clinton!

Die große Versöhnung ist angesagt, der große Wandel, die Menschheit weltweit erfasst von einer Art Glückseligkeitstaumel. »Yes, we can« über alle Grenzen hinweg, alle Kulturen, Hautfarben, Rassen, Religionen, Nationen, Geschlechter. So etwas hat es noch nicht gegeben auf diesem Planeten. Nicht mehr gegeneinander kämpfen werden wir in Zukunft, sondern miteinander arbeiten an der Verwirklichung einer besseren Welt – für alle.

Nicht so in Bayern. Hier hat man wichtigere Probleme zu lösen, etwa wie viele Posten die Franken im neuen Kabinett beanspruchen dürfen, wie viele die Oberbayern – aber vor allem: Wie alt dürfen die MinisterInnen überhaupt sein?

Als älteste, nämlich 80-jährige Abgeordnete des Landtags und somit Alterspräsidentin hatte ich den Landtag zu eröffnen und durfte zu meiner großen Freude der 59-jährigen Barbara Stamm zur Wahl der Landtagspräsidentin gratulieren. Beide betonten wir in unseren Reden, wie wichtig das Miteinander ist, speziell das von Jung und Alt.

»Mit 66 Jahren, da fängt das Leben an«, singt doch Udo Jürgens vielversprechend. Von wegen! Nicht im Bayerischen Landtag! Da werden die MinisterInnen mit 60 gefeuert, obwohl der Normalbürger sogar bis 67 arbeiten soll. Nie hätte ich für möglich gehalten, dass ich als Grüne einmal entlassenen CSU-Leuten nachtrauern würde. Ja, das tue ich! Christa Stewens zum Beispiel traure ich nach. Sie hat als Sozialministerin zugehört, auch bei Argumenten von uns Grünen, mit denen sie nicht einverstanden war. Die Minister Miller und Bernhard waren gesprächsbereit. Auch Marcel Huber hat zugehört. Im Umweltausschuss haben wir dank seiner Kompromissfähigkeit den einzigen fraktionsübergreifenden Konsens erzielt. Alle drei Fraktionen stimmten gemeinsam gegen das Schächten ohne Betäubung. Quer durch die Parteien freuten sich alle, wirklich alle auf ihn als Umweltminister. Buchstäblich im letzten Augenblick wird er jedoch zum Staatssekretär im Bildungsressort ernannt und Markus Söder zum Umweltminister.

Jünger und weiblicher soll sich das neue Kabinett präsentieren. Ministerpräsident Seehofer hat in der Eile wohl vergessen, dass er selbst im nächsten Jahr 60 wird!

Der Landtag kommt schwer in die Gänge

Newsletter

8. Dezember 2008
Liebe Freundinnen und Freunde,
der Landtag, überschattet vom Landesbankskandal, hatte Probleme, in die Gänge zu kommen. Tohuwabohu auf den Fluren, im Plenarsaal zunächst keine Stühle für die neuen Abgeordneten, ebenso zu wenig Büros, denn wir sind ja jetzt 187 statt wie bisher 180. Unsere grüne Fraktion ist ebenfalls angewachsen von 15 auf 19. Das bedeutet auch etwas mehr Zuarbeit. In der letzten Legislaturperiode mussten wir 15 Leuten die Themen bewältigen, für die der CSU

124 Abgeordnete und natürlich entsprechend mehr MitarbeiterInnen zur Verfügung standen. Dies zur Erklärung, warum Ihr manchmal lange auf Antwort warten musstet.

Die dpa hat eine witzige Meldung herausgegeben: »Wer glaubt, bei dem früheren Filmstar handle es sich um eine freundlich-harmlose ältere Dame, hat sich jedoch gewaltig getäuscht. Im Landtag hat Rütting sowohl die CSU wie auch manche Parteifreunde das Fürchten gelehrt. Denn wenn es um ihre Themen geht, ist sie absolut kompromisslos und gibt niemals auf.«

Stimmt! Ich bereite gerade die vielen Anträge vor, mit denen ich dann im neuen Jahr die CSU auf die Palme bringen werde. Verbunden mit der Ankündigung, diese Anträge so lange zu wiederholen, bis die CSU zustimmt (was sie ja sowieso irgendwann muss!).

Insgesamt weht durch FDP und vor allem die Freien Wähler doch ein neuer Wind in dem sogenannten Hohen Haus. Ich sondiere gerade, wer von den Neuen als BündnispartnerIn speziell in Tierschutzangelegenheiten in Frage kommt.

Zehn Tage werde ich mir Urlaub mit meinen Hunden Osho und Buddhina gönnen und dann geht's mit frischen Kräften ans Werk.

Allen viel Glück für das Jahr 2009.

Eure Barbara

Ein schwarzer Tag für Bayern

Newsletter

22. Januar 2009

Liebe Freundinnen und Freunde!

Ein schwarzer Tag für Bayern – nicht nur verfinstert durch Tabakrauchwolken.

Bayern lockert das Rauchverbot, für das gerade wir Grüne uns mit allen Kräften eingesetzt haben – mit Volldampf rückwärts, zitiert sogar eine Chiemgauer Zeitung.

Wenn ein »Lebensminister« Söder behauptet, im Mittelpunkt stehe der Mensch, so ist das blanker Hohn. Bei den Unionspolitikern steht nie der Mensch im Mittelpunkt, geschweige denn die Umwelt, oder gar Tier und Pflanze. Im Mittelpunkt steht einzig und allein der Profit und vor jeder Lobby wird eingeknickt.

So wird die skandalöse Containerunterbringung von Flüchtlingen nicht, wie von allen Landtagsfraktionen gemeinsam beschlossen, abgeschafft – der Sozialausschuss des Bayerischen Landtags hat es abgelehnt.

So soll es entgegen den Ankündigungen von Staatsregierung und CSU-Fraktion in Bayern in Zukunft auch weiterhin Sortenversuche mit dem umstrittenen Genmais MON 810 geben, obwohl sowohl Bauern wie VerbraucherInnen dagegen sind.

Und was den Tierschutz angeht: Zum 1. Januar 2009 hätte bekanntlich das Verbot der tierquälerischen Käfighaltung von Legehennen in Kraft treten sollen, dem alle Länder, auch Bayern (vor der Wahl), zugestimmt hatten. Minister Seehofer hatte nichts Eiligeres zu tun, als dieses fortschrittliche Gesetz zu kippen und den sogenannten »ausgestalteten« Käfig einzuführen – ein Betrug an den VerbraucherInnen, denn dieser »Seehofer-Käfig« ist gerade mal um eine Postkarte größer als der bisherige als tierquälerisch verbotene Käfig. Wir dürfen nicht aufhören, dagegen zu protestieren. Die VerbraucherInnen können dies am besten tun, indem sie keine Eier von Hühnern kaufen, die in diesen Käfigen leben müssen, sondern zu Freilandeiern greifen.

Wie schon wiederholt berichtet, wurden alle meine Anträge, die dem Schutz der Tiere gedient hätten, von der CSU abgelehnt. Einzig und allein beim Antrag auf ein Verbot des Schächtens ohne Betäubung kam es nach langem Kämpfen zu einer Übereinstimmung in den Landtagsfraktionen.

Ich habe mich mehr als einmal in mein schönes Landtagsbüro gesetzt und geheult.

Zufall oder nicht: Mein Herz, seit jeher sensibler Punkt, haben die fünf Jahre Landtagsfrust doch mehr ramponiert, als ich wahrhaben

Protest vor der Staatskanzlei am 24.11.2003:
Keine Verschlechterung bei der Haltung von Legehennen!

wollte. Immer häufiger gab es Herz-Kreislauf-Probleme und nun schließlich schwere Herzrhythmusstörungen. Fazit: Ich bin bis auf Weiteres krankgeschrieben.

Mein Büro wird Euch auf dem Laufenden halten. Sämtliche Anträge werden, wie geplant, gestellt.

Zum Schluss ein schöner Mutmacher von Margaret Mead (1901–1978): »Never doubt that a small group of dedicated citizens can change the world. Indeed, it's the only thing that ever has.« (Zweifelt nie daran, dass eine kleine Gruppe engagierter BürgerInnen die Welt verändern kann. Es ist in der Tat das Einzige, was jemals funktioniert hat.)

Auch in Bayern wird Obama irgendwann einmal ankommen!
Eure
Barbara

Nicht nur Hiobsbotschaften

Newsletter

Schlechtes, aber auch Gutes zum Tierschutz in Bulgarien.
Erstmals wird es einen Kirchentag »Mensch und Tier« geben.

30. Januar 2009
Liebe Freundinnen und Freunde!
Wieder mal eine Hiobsbotschaft aus Bulgarien. Tierliebe Menschen haben im Ort Haskovo einen Isolator entdeckt – eine Tötungsstation, in der die Tiere verhungern, verdursten und grausam getötet werden. Ich konnte es zunächst nicht glauben. Diese Tötungsstationen waren zwar noch bis vor Kurzem in ganz Bulgarien normal, sind aber seit dem neuen mühsam erkämpften Tierschutzgesetz verboten. Statt der Tötungen muss das CCR-Programm (catch – castrate – release) durchgeführt werden.
Am 25. Januar fuhr dann eine Tierärztin der Organisation »Vier Pfoten« nach Haskovo und bestätigte die grauenhaften Zustände. Die »Vier Pfoten« setzen alles daran, dass sie sofort beendet werden.
Die »Vier Pfoten« leisten gerade in Bulgarien großartige Arbeit. Vor einigen Jahren habe ich ihre Station für freigekaufte Tanzbären besucht. Es ist erschütternd anzusehen, wie diese Bären – die empfindlichen Nasen voller Löcher durch die Nasenringe, an denen sie mit Stricken oder Ketten jahrelang geführt wurden – auch in der Freiheit nach wie vor die Tanzschritte vollführen, zu denen sie durch das Laufen-Müssen auf glühenden Platten gezwungen worden waren.
Wer irgend kann, bitte spenden, damit auch die letzten Tanzbären freigekauft werden können und diese Tierquälerei endlich der Vergangenheit angehört.
Auch das Tierschutzgesetz bietet leider keine Garantie dafür, dass nicht immer wieder Grausamkeiten an Tieren verübt werden, auch bei uns in Deutschland. Und damit sie endlich entsprechend bestraft

werden, brauchen wir, man kann es nicht oft genug wiederholen, das Verbandsklagerecht.

Nun zu den erfreulichen Nachrichten:
Dass aber auch für Bulgarien Hoffnung besteht, zeigt der Besuch von Frank Seidel vom kleinen Verein Anderland »Tiere helfen Menschen helfen«. Unsere Veterinärstation in Bansko nahe Sofia funktioniert inzwischen wunderbar, alle eingefangenen Hunde und Katzen werden kastriert, geimpft, gechipt und wieder freigelassen. Dadurch haben sich die Aggressionen und Ängste in der Bevölkerung gegen die Streuner erheblich vermindert. Ich habe mich seit 1989 immer wieder dafür eingesetzt, dass in Bansko ein Tierheim gebaut wird. Zunächst haben wir die Veterinärstation renoviert, die ortsansässigen Tierärzte wurden ausgebildet und nun gab die Gemeinde endlich grünes Licht für den Bau eines Tierheims, in dem auch ein Begegnungszentrum für die Tiere mit behinderten Menschen der Umgebung entstehen wird. Mit dem Bau soll in den nächsten Monaten begonnen werden. Die EU hat Gelder gegeben!
Frank Seidel konnte am 4.2.2009 zehn Tonnen Kacheln, Waschbecken, Toiletten und Duschtassen, gespendet von der Fa. Villeroy & Boch für den Neubau unseres Zentrums »Tiere helfen Menschen helfen«, übergeben. Zurückgekommen ist er mit elf entzückenden Welpen, die alle vermittelt werden konnten. Natürlich ist es keine Lösung, Hunde aus den osteuropäischen Ländern nach Deutschland zu holen. Allein die CCR-Methode (siehe oben) kann das Hundeproblem auf Dauer lösen. Aber wer würde nicht nachvollziehen können, dass man diesen süßen Kerlchen nicht widerstehen kann?

In Bansko steht auch eine meiner gespendeten Getreidemühlen. Dort wie auch in Sofia und am Schwarzen Meer habe ich vor Jahren eine ganze Reihe Kochkurse in vegetarischer Vollwertkost für Ärzte und Köche durchgeführt. Angeblich schießen inzwischen vegetarische Restaurants dort überall wie Pilze aus dem Boden.
Immer wieder heißt es also: Geduld, Geduld!

Und zum Abschluss eine Meldung, über die ich sehr glücklich bin. Zum ersten Mal in der Geschichte der Kirchentage wird es vom 27.–29. August 2010 in Dortmund einen bundesweiten »Ökumenischen Kirchentag Mensch und Tier« geben, angestoßen und verantwortet von AKUT e.V., dem Verein »Aktion Kirche und Tiere«. Alle, aber auch alle religiösen Gruppierungen von Tierschützern sind eingeladen – alle. Vom Konzept her will der Kirchentag »Mensch und Tier« auch Menschen verschiedener Glaubensrichtungen und Religionsgemeinschaften erreichen und mit ihnen ein gemeinsames Plädoyer für ein stärkeres Mitgefühl für das Tier und ein verantwortungsvolles Handeln formulieren. Hoffentlich nimmt dann auch der Streit unter Tierschützern – wer dabei sein darf und wer nicht – ein Ende. Kommt endlich Bewegung in die Kirche/n?

Ich wurde gebeten, die Schirmherrschaft und die Eröffnungsrede zu übernehmen, und habe zugesagt, unter der Voraussetzung, *dass tatsächlich alle, aber auch wirklich alle religiösen Gruppierungen von Tierschützern teilnehmen dürfen!*

Ihr Lieben, das war's für heute, ach ja: Schaut die Sendungen des Senders Tier-TV an!

Nicht weg-, sondern hinschauen!

Eure Barbara

Jesus in Guantanamo?

Newsletter

»Wenn du ein glückliches Leben willst, verbinde es mit einem Ziel.«
(Albert Einstein)

10. Februar 2009
Liebe Freundinnen und Freunde,
wo wäre Jesus heute eher anzutreffen: in Guantanamo oder in der CSU-Fraktion des Bayerischen Landtags?

Bei den Christsozialen wäre ein Rebell wie er ganz sicher unerwünscht. Die haben es doch tatsächlich fertiggebracht, gegen die
Aufnahme der Guantanamo-Häftlinge zu stimmen – »Es wäre doch
bescheuert, sich Terroristen ins Land zu holen«, wird Innenminister
Herrmann zitiert.

Terroristen? In der ganzen Welt außer in Bayern ist bekannt, dass die
Häftlinge, deren Befreiung Obama fordert, unschuldig sind – der in
China verfolgten moslemischen Minderheit der Uiguren angehören
und deshalb auch nicht in ihre Heimat zurückkehren können.

Die Landtagsfraktionen SPD, Grüne, Freie Wähler *und* FDP waren
für die Aufnahme der Häftlinge, doch die Liberalen mussten ku-
schen, zähneknirschend, wie es heißt– weil der Koalitionsvertrag mit
der CSU es verlangt.

Was für ein Armutszeugnis! Parteipolitik übelster Sorte. Denn laut
Verfassung sind die Abgeordneten nur ihrem Gewissen verantwortlich. Ihrem Gewissen! Nicht Fraktions- und Koalitionszwängen unterworfen.

Absurdes Theater auch out of Bayern: Da wird ein Wirtschaftsminister mitten in einer Weltwirtschaftskrise einfach mal »ausgetauscht«
(Zitat) – wie ein Schnäppchen nach dem Winterschlussverkauf! Einem Bahnchef, der seine Arbeitnehmer bespitzeln ließ, sich jedoch
weigert zurückzutreten, »gewährt die Koalition eine Gnadenfrist«
(Zitat), ein hochrangiger Steuerhinterzieher landet nicht, wie er es
verdient hätte, hinter Gittern, sondern kommt frei gegen eine Sum-
me, die man nur mit »peanuts« bezeichnen kann.

»Ist eben Politik«, heißt es dann gern.

Diese Art der Politik ist einfach un-er-träg-lich. Und wird sich erst
ändern, wenn endlich mehr eines anderen Menschenschlages »in die
Politik« gehen.

Wo seid Ihr, Greenpeacer, Naturschützer, Tierrechtler, Vegetarier,
Gesundheitsberater, Rohköstler, Esoteriker, Ex-Jäger, Ex-Priester?
Kandidiert, Menschenskinder! Räumt auf in der Politik! Noch nie

war die Chance, die politische Landschaft radikal zu verändern, so groß wie in diesem Jahr – Bundestagswahl und Europawahl stehen bevor! Traut Euch! Lamentieren nützt nichts, Handeln ist angesagt.

Obama macht es uns doch vor: Yes, we can!

Leider spielt mir meine Gesundheit einen Streich mit schweren Herz-Kreislauf-Problemen (diese Politik muss einen ja krank machen!), sodass ich vorläufig alle geplanten Veranstaltungen absagen muss.

Eure Barbara

Burnout

Anfang Februar 2009

Ich muss es mir endlich eingestehen: Es ist das, was man einen Burnout nennt – nicht mehr zu leugnen.

Den ersten Zusammenbruch – bereits im Juni 2006, im Zug! – hatte ich verdrängt: auf fehlenden Netzfreischalter, geopathische Zonen am Bett, Strahlung durch den Computer geschoben. Das alles waren nur zusätzliche Krankmacher. Die wirkliche Ursache: Meine Arbeit im Landtag, die Arbeit im Landtag insgesamt erschien mir schon damals zunehmend sinnlos. Dieses Eingeständnis habe ich versucht, durch noch mehr Action nicht ins Bewusstsein gelangen zu lassen.

Das war damals passiert:

Totaler Zusammenbruch. Und noch dazu im Zug – 8.03 Uhr ab Bernau zum Ostbahnhof. Eine Besuchergruppe erwartet mich im Landtag zu den üblichen Ritualen – Film über den Landtag, Besuch von Ausschuss oder Plenum, Gespräch und gemeinsames vegetarisches Mittagessen in der Landtagsgaststätte mit ihrer Abgeordneten, nämlich mir, von der erwartet wird, dass sie wieder mal das (selbst geschaffene?) Klischee der strahleäugigen, immer gut gelaunten, nie alternden Mutmacherin bedient; was mir zunehmend schwerer fällt.

Im Zug muss ich alle paar Minuten auf die Toilette, um mich zu übergeben – was eine Frau ermuntert, mir hinterher zu sagen: Sie müssen aber oft!

Wieder auf meinem Platz angelangt, wird mir so schwindlig, dass ich dummerweise aufstehe, um eine Ärztin, die ich im Nebenabteil weiß, um Hilfe zu bitten – höre noch den Knall, wie ich auf dem Gang auf irgendein Eisenteil aufschlage, dann gnädige Ohnmacht.

Komme wieder zu mir, man hat mich auf die Sitzbank gelegt, einen Notarztwagen zum Ostbahnhof bestellt. Dort angekommen, werden die Mitreisenden aufgefordert, den Zug zu verlassen, in die S-Bahn umzusteigen.

Der Krankenwagen bringt mich ins nächste Krankenhaus. Rippenprellung, eine Rippe angebrochen, vermutlich Gehirnerschütterung, am rechten Ellenbogen ist meine Kostümjacke blutdurchtränkt. Bitte, die Fraktion anzurufen, da usw. usw. … Sepp Dürr sagt sofort zu, die Besuchergruppe zu betreuen.

Später kommt meine Mitarbeiterin, um mich nach Hause zu fahren.

Die Signale werden stärker. Ich muss aufhören. Ich gehe nicht kaputt – ich bin schon kaputtgegangen.

Schade.

Nach dem ersten Kollaps hätte ich es eigentlich kapieren müssen.

Wie viele Signale braucht der Mensch, bis er endlich begreift?

Ich habe dem Vorstand mitgeteilt, dass ich mein Mandat wohl zurückgeben muss.

Der Vorstand schlägt vor, ich soll Urlaub nehmen, mich richtig auskurieren, Urlaub bis Ostern, wenn es sein muss, oder noch länger, andere Abgeordnete machten das ja auch; und dann aber weitermachen, mit weniger Einsatz.

Es stimmt. Ich habe mir mehr aufgebürdet, als ich hätte müssen, hatte den Ehrgeiz, nicht einen Tag im Landtag zu fehlen – euch werde ich es zeigen. Und das hat sie auch geschafft, die alte Schachtel, in all den Jahren nicht einen Tag gefehlt.

Bin schon wieder unsicher. Soll ich doch weitermachen? Muss ich weitermachen? Wenn ich jetzt, nach dem gewaltigen Einsatz im Wahlkampf, aufhöre, enttäusche ich meine Wähler und Wählerinnen, werden die Tiere überhaupt keine Stimme mehr haben im Landtag. Wie stolz war ich über die Meldung im *Bernauer*: »Der hohe Anteil der Grünen mit fast 18 % ist wohl auf die Popularität der Bernauer Abgeordneten Barbara Rütting zurückzuführen!« Eine andere Zeitung hatte nach meinem Wahlerfolg von einem »grünen Band rund um den Chiemsee« berichtet …

Ohne Mandat werde ich nicht mehr dieses Forum haben, kein Büro, keine Mitarbeiter, kein Budget, werde wieder die Einzelkämpferin sein, die ich vorher war, gibt Margarete Bause zu bedenken.
Niemand kann mir wirklich raten.
Das Herzflimmern ist fürchterlich. Natürlich bin ich wieder, wie schon einmal vor zwei Jahren, zu Marcumar und Betablocker verdonnert, wovon mir übel wird.
Versuche, wie bisher, meine Newsletter und Meldungen auf der Homepage zu bringen – spüre aber immer stärker, dass ich wohl kapitulieren muss.
Das Gefühl, versagt zu haben, gescheitert zu sein.

Margarete und Sepp kommen zu mir nach Hause zu einem klärenden Gespräch. Vielleicht sollte man eine Mediatorin um Rat fragen? Ich bitte um Bedenkzeit – und zwei Tage später den Anwalt, beim Landtag meinen Antrag auf vorzeitige Beendigung meines Mandats einzureichen.
Nicht ich habe entschieden – ES hat entschieden. Ich bin erleichtert.

Nun geht es darum, einen einigermaßen passablen Abgang hinzukriegen.
Vielleicht wäre eine Erklärung im Plenum möglich, am letzten Tag vor den Osterferien?
Es sieht so aus, als ob – doch dann stellt sich heraus, für eine solche

Erklärung hätte ich aus protokollarischen Gründen nur ein paar Minuten – man würde mich lieber irgendwie anders ehren – ich verzichte auf die bereits vorbereitete Rede wie auch auf die kleine Abschiedsfeier in der Fraktion.

Ankündigung des Abschieds

Brief an Margarete Bause und Sepp Dürr, die Vorsitzenden der Grünen-Fraktion im Bayerischen Landtag

24. Februar 2009
Liebe Margarete, lieber Sepp!
Ich brauchte Zeit, um den Entschluss, mein Mandat vorzeitig zu beenden, in Ruhe zu überdenken.
Fazit: Es ist richtig und bleibt dabei.

Es ist der Landtagsfrust, der mich zermürbt, die Ohnmacht, ständig gegen Windmühlen ankämpfen zu müssen ohne die geringste Aussicht, dass die ganzen Anstrengungen Früchte tragen. Im Gegenteil – siehe die Rückschläge beim von Renate Künast erreichten Käfigverbot für die Legehennen oder die Aufweichung des schwer erkämpften Nichtraucherschutzgesetzes. In endlosen sinnlosen Debatten vertrödelte Zeit. Ich bin in diesem »Hohen Haus« inzwischen außerordentlich unglücklich, weil ich zunehmend erkenne, dass ich in diesem Landtag nichts von meinen Zielen verwirklichen kann: gesunde Ernährung, Verbraucher- und Tierschutz.

Am schlimmsten sieht es im Tierschutz aus. Nur Rückschläge. In der letzten Legislaturperiode hat die CSU alle, aber auch alle Anträge, die ich in dieser Hinsicht gestellt habe, abgelehnt. Auf vielfachen Wunsch vor allem aus der Bevölkerung habe ich mich 2008 trotz vieler Bedenken erneut zur Wahl gestellt, in der Hoffnung, dass eine neue Parteienkonstellation im Landtag zu Verbesserungen führen würde. Diese Hoffnung hat sich nicht erfüllt, im Gegenteil, wie man auch an der Entscheidung zur katastrophalen Containerhaltung von Migranten gesehen hat und, noch skandalöser, an der Ablehnung der CSU, Guantanamo-Häftlinge aufzunehmen. Auch in Zukunft ist erst recht nicht für einen verbesserten Tierschutz Unterstützung zu erwarten, weder von FDP noch von den Freien Wählern (Awanger ist selbst Jäger).

Verglichen mit der Wirkung durch meine außerparlamentarische Arbeit in der Bevölkerung sind meine Erfolge im Landtag gleich null – auch auf dem Gebiet Gesundheit und Ernährung. Der Landesgesundheitsrat wurde zwar auf meinen Druck hin aufgelöst und neu zusammengesetzt, es ist aber schon jetzt klar, dass alle meine Vorschläge sowohl was Themen wie Referenten betrifft auch von der (neuen) Mehrheit abgelehnt werden.

Nicht einmal in Landtagsgaststätte und -kantine gibt es wirkliche Erfolge. Ich habe der Gastronomie zur Biozertifizierung verholfen, es wurde ein Bio-Ochse gekauft, aber damit hat sich Bio auch schon, eine reine Alibihandlung. In plenumsfreien Wochen, wenn weniger Abgeordnete im Haus sind, ist das Essen so schlecht und so wenig bio wie früher, ungenießbare Fertigkost aus der Tiefkühltruhe, sodass die MitarbeiterInnen unserer Fraktion wieder dazu übergegangen sind, selbst zu kochen. Ich habe keine Lust, auf der Stufe von vor fünf Jahren wieder anzufangen und aufs Neue die (ungeliebte) Gesundheitsapostelin zu spielen – die es ja nicht einmal geschafft hat, dass der Vorstand der Grünen die Weißwursteinladungen für die Presse in Frage stellt – obwohl sogar die *taz* inzwischen auf den Zusammenhang zwischen Fleischverzehr und Klimaschutz hingewiesen hat! Meine Wähler und Wählerinnen nehmen all das zur Kenntnis! Und sind enttäuscht!
Mit meinen und den Anliegen meiner WählerInnen fühle ich mich also letzten Endes auch von Fraktion und Vorstand nur unzureichend unterstützt und alleingelassen.

Ich muss um jede Veranstaltung betteln, wie z.B. eine zum Verbandsklagerecht – es interessiert niemanden von Euch wirklich. Die Tiere haben keine Stimme – und nur das Verbandsklagerecht kann das ändern. Daran sollten gerade wir, die Grünen, mit aller Kraft arbeiten!

Ohne Verbandsklagerecht aber ist der ganze viel bejubelte Erfolg »Tierschutz in der Verfassung« nichts wert.

Warum habe ich das Gefühl, dass ich in meiner eigenen Fraktion darum kämpfen muss, diese Priorität erkennbar zu machen? Und nicht nur diese?

Ich habe mir die Entscheidung wahrlich nicht leicht gemacht. Aber es gibt keine Alternative. Ich höre auf, weil ich weder vor meinen WählerInnen noch vor mir selbst verantworten kann, weiter diesem »Hohen Haus« anzugehören, wenn ich darin so wenig bewirken kann.

Es ist gut und richtig so!

Zum Abschied aus dem Landtag

Newsletter

17. März 2009
Liebe Freundinnen und Freunde!
Die fünf Jahre Landtagsfrust haben meiner Gesundheit doch mehr zugesetzt, als ich wahrhaben wollte. Auf dringenden ärztlichen Rat muss ich wegen massiver Herzprobleme mein Mandat frühzeitig beenden.
Wie schwer mir dieser Entschluss gefallen ist, könnt Ihr Euch sicher vorstellen.
Ich hoffe sehr, dass meine Nachfolgerin meine Arbeit vor allem im Tierschutz weiterführen wird.

Ich danke Euch für die Treue und Unterstützung über all die Jahre und wünsche Euch viel Glück und vor allem Gesundheit – getreu dem Motto der Teresa von Avila: »Tu deinem Körper Gutes, damit deine Seele Lust hat, darin zu wohnen!«
Viel Glück uns allen – Mensch, Tier und Umwelt!
Eure Barbara

Damit enden sechs Jahre Leben.
Ich gehe, ohne mich noch einmal umzusehen.

3. Teil

Neuanfang

Wo bitte geht's zum Paradies? (Abb. S. 271)

Ankunft

Juli 2009
Bei meinem ersten Besuch auf der Baustelle des neuen Hauses – lang scheint es her – hat mir die Sekretärin der Architekten zur Begrüßung eine Postkarte geschenkt. Darauf eine wunderschöne Landschaft, ein langer gewundener von Bäumen und Büschen gesäumter Weg führt zu einem bäuerlichen Haus ganz fern am Horizont. Auf der Karte steht:

Kein Weg ist zu weit, um dort anzukommen, wo das Herz zu Hause ist.

Bei einem Spaziergang mit Buddhina kam ich mit einem Bauern in ins Gespräch. Wie reizend ich die Gegend und das malerische Dörfchen Michelrieth fände, schwärmte ich. Hocherfreut zitierte er aus dem Gedächtnis das Gedicht, das der Michelriether Georg Peter Freudenberger im Jahr 1870 in französischer Kriegsgefangenschaft schrieb:

Heimweh
(Metz, Weihnachten 1870)
An des Spessarts Südostgrenze
gegen Wertheim an dem Main,
auf der Grafschafts höchstem Hügel
liegt ein Dörflein nett und klein.

Schön begrenzt von grünen Wiesen
schmiegt sichs an den Hügel hin,
o im Mai, da ist's erst herrlich,
wenn die Bäume ringsum blühn.

In der Mitte dieses Dörfleins
ragt die schöne Kirch' empor,
eine hohe stolze Linde
wie ein Wächter steht davor.

Alte Linde, neue Heimat

Fern vom lauten Weltgetümmel
wahrlich, es ist eine Pracht,
wenn zum blauen Morgenhimmel
seines Kirchturms Spitze ragt.

Michelrieth, so heißt das schöne
Dörfchen an dem grünen Wald,
und wie hebt sich dann das Herze,
wenn der Glockenton erschallt.

Wenn ich an dies Dörfchen denke,
wo einst meine Wiege stand,
dieses schönste Fleckchen Erde,
Perle in dem Frankenland.

Dann erfasst mit seinen Armen
mich des Heimwehs bittrer Schmerz,
möchte weinen zum Erbarmen,
ach so weh tut mir das Herz.

Aber es ist Gottes Wille,
dass ich sein muss in der Fern,
drum mein Herz, gib dich zufrieden
und vertrau nur auf den Herrn.

Dörflein, sei von mir gegrüßet,
denn nur dir gilt stets mein Lied,
das die Jugend mir versüßet,
»Liebes teures Michelrieth«.

Georg Peter Freudenberger kam aus der Gefangenschaft zurück und
wurde Michelrieths erster Feuerwehrkommandant.

Bin ich angekommen?
Mir ist, als sei der Entschluss zu diesem Ortswechsel gar nicht mein
Entschluss gewesen, als wäre für mich gehandelt worden, als folgte
ich irgendeiner geheimen Anweisung, einem Auftrag.

Sweetie geht problemlos durch die neue Katzenklappe, entwischte
zwar gleich am ersten Abend in den Wald – kam aber zurück! Bud-
dhina hat sich in einen Nachbarhund verliebt.
Die Wunden heilen. Aber die Seele ist irgendwann narbenübersät.
Auch ohne Mandat werde ich – nun erst recht! – ein politischer
Mensch bleiben.

Im Haus Chaos, aber der Spessart ist so schön!

Die Landschaft von unerwartetem Liebreiz. Sanfte Hügel, viele Hecken, mittelalterlich anmutende Dörfer, die kleinen Häuser mit den weit heruntergezogenen bunten Dächern eng aneinandergekuschelt, davor Bauerngärten mit Obst, Gemüse und Blumen. Erfreulich wenig (Gen-)Maisanbau, manche Maisfelder umgeben von einem elektrisch geladenen Zaun, der aber so niedrig ist, dass selbst ich als alternativer Grufti mühelos rüberhopsen könnte, um Monsantos Teufelsbrut auszurupfen. Der Zaun ist aber nicht gegen eventuelle Gentechnikgegner gedacht, wie ich vermutete, sondern um die zahlreichen Wildschweine abzuhalten.

Meinte ein Bekannter: Was, Sie ziehen vom schönen Chiemsee weg in den Spessart? Na ja, der hat ja auch was, zwar nicht die guten Fische, dafür aber leckere Wildschweine!
Sehen die Menschen denn alles und jedes nur unter dem Aspekt des Ausbeutens, Tötens und Fressens?

Die rotbraun bis violett gefärbten Äcker wechseln mit sattgrünen von vielen Hecken durchzogenen Wiesen und den im Frühling fast psychedelisch anmutenden safrangelben Rapsfeldern. Alle akkurat hingezirkelt wie auf dem Reißbrett. Hoffentlich ist das Rapsöl für den Teller bestimmt und nicht für den Tank …
Viele Streuobstwiesen, viele Pferde, die auch überall geritten werden dürfen, nicht nur zum Georgiritt, nirgends Verbotsschilder; Weizenfelder bis zum Horizont. Ganz ungewohnt der schwere, süße, betäubende Geruch des reifen Weizens. Die Ähren stehen stramm, unbeweglich, so weit das Auge reicht – unter einem Himmel, an dem sich dramatische schwarzblaue Gewitterwolken zusammengeballt haben, die aussehen, als hätten sie vor, die ganze Weizenpracht platt zu walzen. Tun sie aber nicht. Im Sommer gewittert es in dieser Gegend offensichtlich täglich.
Also, in puncto Wolkenformationen kann es der Spessart mit den berühmten des Chiemgaus durchaus aufnehmen. Ebenso phantastisch die Sonnenuntergänge.

Weizenfeld im Spessart

Die Landschaft ist bescheidener als die des Chiemgaus. Ich muss an Beckstein denken, auch er irgendwie bescheidener als diese oberbayerischen Charmeurminister.

Wir saßen im Plenarsaal eine Zeit lang in unmittelbarer Nähe zueinander, Beckstein als Minister natürlich einen Meter höher als wir Abgeordneten. Es machte mir Spaß, ihn zu beobachten, in seinem Gesicht abzulesen, was er dachte. Einmal war er gar nicht einverstanden mit dem, was die Justizministerin vorne am Rednerpult von sich gab, und verzog schmerzlich das Gesicht. Ich musste grinsen, er merkte es und grinste auch.

Ganz zu Anfang meines Mandats schickte er mir den anonymen Brief einer Frau, die behauptete, ich sei durch meine Schwärmerei für Bhagwan/Osho schuld, dass ihre Tochter in Indien unter die Räder gekommen sei. Er wollte eine Stellungnahme. Die lautete: Ich habe in Oshos Ashram die Ausbildung zur Trainerin für Lachen und Weinen gemacht, Punktum.

Woran man als Person des öffentlichen Lebens alles schuld sein soll! Eine Frau schrieb mir, sie habe sich am Barbara-Rütting-Brot ein Stück eines Zahns ausgebissen. Verlangte erstaunlicherweise von mir aber nicht die Zahlung der Zahnarztrechnung.

Mein Garten beschenkt mich reichlich. Mit Sträuchern, die riesige Himbeeren tragen den ganzen Sommer über, mit Kirsch-, Pflaumen- und Apfelbäumen, einem Haselnussstrauch.

Auf der Wiese nebenan wachsen die Wildkräuter für den Salat, im Wald Brombeeren und deren Blätter für den Frühstückstee, der Farn für das Antirheumabad.

Im Nebenhaus liegt die Praxis der Hausärztin, 500 Meter weiter die Klinik, Tag und Nacht wird jemand zu erreichen sein, falls ich Hilfe brauche, ein paar Hundert Meter höher der Friedhof. Aber auf den dürfen ja nur Katholiken und Lutheraner!

Kommt nach Büchel! –
Kundgebung gegen Atomwaffen

9. August 2009

In Büchel in der Eifel lagern noch immer 20 Atombomben. Ihre Wirkung entspricht mehreren Hundert Hiroshima-Bomben. Deutsche Soldaten üben den Atomwaffeneinsatz mit Tornado-Flugzeugen im Rahmen der sogenannten Teilhabe in der NATO.

Die Kampagne »Unsere Zukunft – atomwaffenfrei«, der 47 Organisationen angehören, will ein atomwaffenfreies Deutschland bis spätestens 2010 als wegweisenden Beitrag für eine atomwaffenfreie Welt und lud zu einer Kundgebung am Fliegerhorst in Büchel ein. Ich wurde gebeten, ein paar Worte des Mutmachens in Erinnerung an meine Zeit in Mutlangen zu sprechen. Hier sind sie:

Liebe Friedensfreundinnen und -freunde!
Ich dürfte wohl eine der ältesten noch lebenden Friedensaktivistinnen sein, bin schon 1958 in München mitmarschiert gegen die Wiederbewaffnung Deutschlands, in Mutlangen bei den Pershing-Blockaden festgenommen worden, habe in Wackersdorf protestiert und, und, und.
Deshalb freue ich mich sehr, dass ich heute bei euch sein kann, um die Forderung »Unsere Zukunft – atomwaffenfrei« zu unterstützen. Es darf ja wohl nicht wahr sein, dass mitten in der Eifel, auf dem Fliegerhorst des Jagdbombergeschwaders bei Büchel immer noch 20 amerikanische Atombomben lagern und deutsche Tornado-Piloten den Abwurf dieser Bomben üben dürfen – deklariert als »nukleare Teilhabe« in der NATO!
»Unsere Zukunft – atomwaffenfrei« lautet das Motto der diesjährigen Friedensaktionen. Wir fordern den Abzug aller Atomwaffen aus Deutschland!
Ich hatte mich schon darauf gefreut, mit Euch über Zäune zu klettern, wie damals in Mutlangen beim Protest der Ärzte gegen Atomtod – aber wie ich höre, ist das heute nicht geplant, wir werden eine symbolische Sitzblockade veranstalten, auch gut. Ich habe dazu mein aufblasbares Sitzkissen aus der Mutlangen-Zeit mitgebracht.
Tatsächlich wurden die »normalen« Blockierer von der Polizei schlechter behandelt als wir sogenannten Promis. Deshalb bin ich auch immer wieder als Normalo nach Mutlangen gefahren und auch wie diese festgenommen worden – trotz meiner auf Pappe gemalten Botschaft: »Bruder Polizist, Bruder Bundeskanzler – ich sitze hier auch für Sie und Ihre Kinder«.

Im Bundestag sangen sie zur Stationierung der Pershings: »So ein Tag, so wunderschön wie heute«, während wir im Schneematsch saßen und Bundeskanzler Kohl höhnte: Die demonstrieren, wir regieren!
Die Mutlanger Bevölkerung reagierte unterschiedlich. Viele sympathisierten, brachten heißen Tee und Essen.

Bei den Demonstrationen gegen die Nachrüstung in Mutlangen 1983,
bei der sogenannten »Prominentenblockade«.

Am Drahtzaun zum Raketendepot befestigten wir mit bunten Bändern Kinderfotos, Fotos von weißen, gelben, schwarzen Kindern – sodass auch die Soldaten auf der anderen Seite des Zauns sie sehen konnten, Soldaten, hinbefohlen, um die Mordwaffen vor uns friedlichen Demonstranten zu schützen.
Manche von ihnen wandten sich verlegen ab, andere grüßten mit einem verstohlenen »Hi«, einige weinten.
Unser Mut wird langen, sangen wir immer wieder trotzig …

Apropos Mut: MUT ist auch die Abkürzung einer vielversprechenden Partei, der Partei Mensch – Umwelt – Tierschutz …
Wer den Frieden will, muss den Frieden vorbereiten, nicht den Krieg. Das ist unsere Aufgabe. Krieg darf kein Mittel der Politik mehr sein!
Oder um es mit Eugen Drewermann zu sagen: Krieg ist Krankheit, keine Lösung! …

Im August 2004, also 20 Jahre nach den Mutlangen-Blockaden, war ich als »Zeitzeugin« zu einer Diskussion nach Stuttgart eingeladen. Teilnehmer auch einer der Richter, die uns damals verurteilten, und der Einsatzleiter der Polizei, der uns festnehmen ließ. Trotz brütender Hitze war der Saal – am Sonntagnachmittag! – brechend voll.

Einige Richter hatten sich inzwischen dem Gedankengang von Professor Küchenhoff angeschlossen, dass unser Protest gegen Massenvernichtungswaffen aktiven Verfassungsschutz bedeutet.

Die Diskussionsleiterin fragte mich: »Ich frage jetzt nicht die Privatperson Barbara Rütting, sondern die Abgeordnete im Bayerischen Landtag: Sind Sie nach wie vor der Meinung, wo Unrecht Recht ist, wird Widerstand zur Pflicht? Würden Sie wieder handeln, wie Sie gehandelt haben?«

Meine Antwort war: »Selbstverständlich würde ich wieder so handeln, als Mensch – und als Abgeordnete!«

Vor Jahren sagte mir übrigens ein ehemaliger DDR-Minister, unsere Demos und Blockaden gegen die Pershings hätten sehr wohl dazu beigetragen, Friedensbewegte auch in der DDR zu mobilisieren, hätten zu den Montagsdemonstrationen ermutigt. Wir haben unsere waffenlosen Hände ausgestreckt, Menschenketten gebildet, haben denen auf der anderen Seite der Mauer die Angst vor uns »Kapitalistenschweinen« genommen, haben ihnen, die bisher sprachlos waren, Mut gemacht, ebenfalls den Mund aufzumachen, ihrerseits Friedensgruppen zu bilden, Friedenslieder zu singen.

Wir sind das Volk und das Volk will den Frieden. Selbstverständlich hat die so oft totgesagte Friedensbewegung einen erheblichen Anteil am Fall der Mauer.

Wir wollen ein atomwaffenfreies Deutschland – spätestens 2010! Präsident Obama hat die dringende Abrüstung der Atomwaffen auf die Agenda gesetzt. Wir wollen eine atomwaffenfreie Welt bis spätestens 2020!

Leute, dann werden wir aber ordentlich miteinander feiern!

Zum Schluss ein schöner Satz von Franca Magnani:

Luftballons fliegen für den Frieden. Leider habe ich erst später erfahren, dass Luftballons Umwelt und Tieren schaden können.

»Je mehr Bürger mit Zivilcourage ein Land hat, desto weniger Helden wird es einmal brauchen.«

Was kann ich denn für den Frieden tun?, fragt sich so mancher.

Ich bin doch machtlos! Hat denn meine einzelne Stimme überhaupt Gewicht?

In einer Fabel wird erzählt:

»Sag mir, was wiegt eine Schneeflocke?«, fragte die Tannenmeise die Wildtaube.

»Nicht mehr als ein Nichts«, gab diese zur Antwort.

»Dann muss ich dir eine wunderbare Geschichte erzählen«, sagte die Meise.

»Ich saß auf dem Ast einer Fichte, dicht am Stamm, als es zu schneien anfing; nicht etwa heftig im Sturmgebraus, nein, wie im Traum, lautlos und ohne Schwere. Da nichts Besseres zu tun war, zählte ich die Schneeflocken, die auf die Zweige und auf die Nadeln des Astes fielen

282

und darauf hängen blieben. Genau dreimillionensiebenhunderteinundvierzigtausendneunhundertzweiundfünfzig waren es. Und als die dreimillionensiebenhunderteinundvierzigtausendneunhundertdreiundfünfzigste Flocke niederfiel, nicht mehr als ein Nichts, brach der Ast ab.«

Damit flog die Meise davon.

Die Taube, seit Noahs Zeiten eine Spezialistin in dieser Frage, sagte zu sich nach kurzem Nachdenken: »Vielleicht fehlt nur eines einzelnen Menschen Stimme zum Frieden der Welt.«

Die Samen gehen auf

1. September 2009

Am 8. Juli 2005 haben der Fraktionsvorsitzende Sepp Dürr, die Bundestagsabgeordnete Bärbel Höhn und ich im Landtag mit einem großen Aktionstag die Ergebnisse einer von der grünen Landtagsfraktion an der Grund- und Hauptschule Tutzing durchgeführten Projektwoche – damit »die ewige Leberkässemmel vom Hausmeister nicht der Weisheit letzter Schluss bleiben muss« – präsentiert. Das Motto der Projektwoche lautete: »Besser essen – besser lernen – Bausteine für eine gesunde Schulernährung«.

Danach schien alles wieder im Sande zu versickern – keine weitere Münchner Schule war am Thema interessiert. Allein eine Kolpingschule in Aschaffenburg lud mich ein, mit den Kindern Vollkornwaffeln zu backen und mit ihnen über gesunde Ernährung zu diskutieren. Umso mehr freut mich nun eine Meldung vom 1. September in der *Frankfurter Rundschau*.

Da steht doch unter der Überschrift »Besser essen, besser lernen«: Die Erstklässler in Frankfurt erhalten eine gelbe Brotbox mit gesundem Frühstück! Darin: je ein Vollkornbrötchen, eine Möhre, ein kleines Müsli und zwei Brotaufstriche. Außerdem bekommt jedes Kind einen Wasserbecher, mit dem es sich in der Cafeteria am Wasserspender bedienen kann.

Diese Initiative geht von der grünen Bürgermeisterin Jutta Ebeling aus.

»Wer sich gesund ernährt, kann besser rechnen, schreiben und lernen«, wird die Bürgermeisterin zitiert.

Die Samen gehen auf, man muss nur Geduld haben.

So hat die bayerische Justizministerin jetzt doch tatsächlich herausgefunden, dass der Besuch von Lachclowns besonders in Kinderkliniken das Gesundwerden der kleinen Patienten fördert!

Na endlich!
Das Gesetz über Patientenverfügung tritt in Kraft

1. September 2009

Das Gesetz über Patientenverfügung tritt in Kraft – Justizministerin Zypries betont die Freiwilligkeit.

Nach langer Diskussion tritt am heutigen Dienstag das Gesetz zur Regelung von Patientenverfügungen in Kraft. »Der gesetzliche Rahmen steht. Jetzt muss jeder für sich selbst entscheiden, ob er eine Patientenverfügung will oder nicht«, sagte Bundesjustizministerin Brigitte Zypries (SPD) am Montag. Sie betonte, dass die Verfügung freiwillig sei. Wer sich dafür entscheide, soll sich »Zeit nehmen nachzudenken, in welcher Situation er behandelt werden will. Je konkreter die Formulierung, desto besser die Orientierung für alle Beteiligten.« Hier einige grundsätzliche Informationen:

Was ist eine Patientenverfügung?

In diesen Dokumenten können Volljährige im Voraus festlegen, ob und wie sie später ärztlich behandelt werden wollen, wenn sie ihren Willen nicht mehr selbst äußern können. Dabei ist unter anderem an Fälle von Wachkoma, Demenz oder schwerem Alzheimer zu denken.

Liebe Leute, wieder einmal haben wir Bürger und Bürgerinnen uns mit unseren Forderungen durchgesetzt. Weiter so!
Und unbedingt eine Vertrauensperson nominieren, die dafür sorgt, dass Ihre Patientenverfügung auch eingehalten wird!

Das bisschen Haushalt!

Mein Absturz in »das bisschen Haushalt« und sonst noch allerlei nicht Unkomisches an Nachlese

10. September 2009
Der Absturz in »das bisschen Haushalt« nervt mich mehr als erwartet. Putzen, einkaufen, kochen, abwaschen, wieder putZEN – das ZEN im zweiten Teil des Wortes, nämlich die Aufforderung, auch das Putzen als ZEN-Meditation zu gestalten, will noch gar nicht gelingen. Das waren schon andere Rauschzustände, als ich in schicken Hosenanzügen mit meinen Aktenordnern wichtig durch die schönen Flure des Maximilianeums eilte.

Ihr lieben Nur-Hausfrauen, es wird nach wie vor viel zu wenig geschätzt, was ihr tagaus, tagein leistet. Das Schlimme ist ja, wenn alles in Ordnung ist, merkt es niemand. »Das bisschen Haushalt macht sich von allein, sagt mein Mann …«
Es gibt aber tatsächlich Frauen – ich habe kürzlich eine kennengelernt –, die durch ein neues Schrubbermodell: »Da musst du dich nicht mehr bücken«, ein neues Putzmittel: »Ist alles bio!« und glänzende Kacheln in ähnliche Ekstase geraten wie Politiker, die in einer Ausschusssitzung dem politischen Gegner ein völlig überflüssiges Satzeichen in einem völlig überflüssigen Gesetz abgerungen haben, das in einer der nächsten Ausschusssitzungen sowieso wieder zu Fall gebracht wird.
Der Tag ist nicht mehr wie früher strukturiert – um sechs Uhr aufstehen, um kurz nach acht geht der Zug, um zehn Uhr ist die erste

Sitzung –, ich muss ihn selbst strukturieren. Es ist so verlockend, endlich mal ausschlafen zu können, ach was, heute mal die Gymnastik weglassen oder den Salat. Wenn derlei Schlamperei droht, sollten die Alarmglocken schrillen!

Herbststürme peitschen schwarzblaue Wolkenfetzen über den Vollmond.

Es ist längst nach Mitternacht. Das Dörfchen schläft.

Ich sitze in einem Raum unten in der kahlen Einliegerwohnung. Hier sind in Kisten, Kartons und zwischen Aktendeckeln meine 80 Lebensjahre geparkt, Fotos aus der Kindheit, Zeitungsausschnitte und Filmprogramme aus der Film- und Theaterphase, unveröffentlichte Manuskripte, Exemplare meiner bisher 17 Bücher und die Aktenordner aus beiden Büros, dem Landtags- und dem Regionalbüro.

Soll ich die noch durchsehen oder ab damit zum Shreddern?

Einer enthält die Petitionen, die ich vergeblich versuchte durchzubringen. Da fordern Opfer der Zwangsjodierung jodfreie Lebensmittel, andere leiden an Gesundheitsschäden durch Zusatzstoffe in Lebensmitteln, durch Handymaststrahlungen Geschädigte flehen um die Zulassung von Hanf als Schmerzmittel, Mütter protestieren gegen den Impfzwang bei ihren Kindern, Bauern gegen den an ihren Kühen wegen der Blauzungenkrankheit, Milchbauern verlangen eine höhere Quote oder mehr Geld für ihre Milch, BürgerInnen beschweren sich über ungerechte Behandlung durch öffentliche Ämter etc. etc. etc. Alles immer wieder in den Ausschüssen abgelehnt, das Thema sei entweder schon behandelt worden oder die beanstandeten Werte lägen im Grenzbereich, es läge kein Bedarf vor oder sonst eine Ausrede.

Ich blättere in einer Abhandlung über die Zistrose. Als die Vogelgrippe zu einer Pandemie hochstilisiert wurde, die es gar nicht gab, rief ich in dem berühmten Institut XY an. Ich hätte wiederholt gehört, dass es eine Pflanze gegen alle möglichen Viren, wie auch gegen die Vogelgrippe gäbe, nämlich die in den Mittelmeergebieten beheimatete Zistrose.

Ja, das stimme, wurde mir geantwortet – aber man habe die Zistrose noch nicht im Tierversuch getestet. Und ob ich das denn wolle? Wer es fassen kann, fasse es!

Ein ganzer Ordner ist gefüllt mit der Korrespondenz um das Ansuchen eines kleinen Chiemseer Bootsverleihers für eine Genehmigung zur Teilverlagerung seines Betriebes, die aufgrund der Umstrukturierung des Chiemseeparks nötig geworden war. Er wandte sich an mich um Hilfe im Jahr 2005 – da lief die Sache bereits seit 1993! Und wurde immer wieder aus unterschiedlichen Gründen hinausgezögert, während im gleichen Ort andere Bauvorhaben auch im Außenbereich mit vielfach größeren Dimensionen genehmigt wurden.

Ich war die erste Abgeordnete, die sich dieses für die Familie existenzbedrohenden Problems überhaupt annahm!

In diesen Fall habe ich mich regelrecht verbissen, dieser Mann wurde derartig ungerecht behandelt, ihm wollte ich unbedingt zu seinem Recht verhelfen. Seit Generationen hat die Familie vom Verleih von Ruder- und Elektrobooten an die Touristen gelebt.

Ich brachte seine Petition in den Ausschuss ein, erreichte, dass eine Delegation aus einem CSU-Abgeordneten, einem SPD-Abgeordneten und mir als Grüner eine Ortsbesichtigung vornahm, zu der auch Bürgermeister und Vertreter des Landratsamts erschienen. Eine reine Alibihandlung. Von einem angeblich Zuständigen wurde an einen anderen angeblich Zuständigen weiterverwiesen, wie schon über ein Jahrzehnt zuvor.

Der Mann gab schließlich entnervt auf.

Lieber Thomas P., dass ich gerade in Deinem Fall nichts erreichen konnte, wurmt mich besonders. Und hat sicher dazu beigetragen, dass ich schließlich mein Landtagsmandat zurückgab. Sinnlos, das Ganze.

»We want to leave the world a better place than we found it« – woran liegt es bloß, dass es nicht klappt?

Die Kirchturmuhr schlägt drei Uhr, ich habe mich festgelesen. Jetzt in meinem Manuskript zu »Träumen allein genügt nicht«. Von 1989 bis 1992 habe ich versucht, in Österreich, wo ich damals lebte, meine Vision einer internationalen ökologischen Gemeinschaft für Jung und Alt, Mensch und Tier zu verwirklichen. Wie freute ich mich, als eines Tages Hare-Krishna-Anhänger im Seminarhaus auftauchten, bunt gekleidete langhaarige sanfte Menschen. Zehn Minuten später fuhr die Gendarmerie vor! Ein Wunder, dass sie uns nicht alle verhaftete. Wurde doch bereits gemunkelt, wir betrieben Hexerei – weil wir, was heute in jeder Volkshochschule gang und gäbe ist, Edelsteinseminare nach Hildegard von Bingen durchführten!

Hundertwasser war begeistert von meiner Idee, legte den Gemeindevertretern Entwürfe für wunderschöne, in den Hang hineingebaute Häuser vor, die Dächer begrünt, obendrauf Schafe – abgelehnt. Wie auch alle meine zukünftigen Anträge.

Ich musste meinen Plan schweren Herzens aufgeben.

Hundertwasser trug in der Sitzung zwei verschiedenfarbige Socken. Ob es daran lag?

Ein ganzer Karton enthält unbeantwortete Briefe von wildfremden Menschen, die mir zu meinem Entschluss, mein Mandat zurückzugeben, gratulieren (»Sie wären sonst kaputtgegangen ...«). Ein Basisgrüner schreibt: Mach weiterhin das, was du für richtig hältst, und viel Erfolg dabei! Zwei grüne Fraktionskollegen sind traurig, dass ich den Landtag verlasse, immerhin.

Aber auch Abgeordnete von CSU wie SPD drücken ihr Bedauern aus. Einer schreibt:

»Ich bin mir sicher, dass Sie, nachdem Sie diesen Schritt getan haben, Zuspruch auch und gerade von denen bekommen, die vorher für Ihre politischen Ziele wenig zu bewegen waren.«

Ein anderer: Es war für mich wirklich beeindruckend, wie Sie sich gerade für den Tierschutz immer wieder eingesetzt und trotz der Ignoranten der CSU nicht lockergelassen haben. Dass hier natürlich Frust und Unzufriedenheit aufkommen, das kann ich wirklich gut nachvollziehen. Am meisten ärgert mich, dass man selbst mit den besten Argumenten die Mehrheitsfraktion nicht zu einem anderen Abstimmungsergebnis bewegen kann. Dann kommt sehr oft die lapidare Antwort: ›Ihr habt ja eigentlich recht, aber ihr werdet verstehen ...‹

Ich jedenfalls verstehe nicht! Ich hoffe, dass Sie trotz dieser Ärgernisse Ihre Landtagszeit in guter Erinnerung behalten. Sie haben durch Ihren Einsatz sicher mehr bewirkt, als es trockene (Abstimmungs-) Zahlen zeigen.«

Danke, danke, danke, das tut gut! Ebenso die Grüße der Offizianten.

Zwischen all den Aktenordnern steht das gelbe Trampolin. Ab und zu hüpfe ich.

Als einzige Grüne wurde ich 2003 – vermutlich weil ich der Partei eine zusätzliche Stimme gebracht hatte und in der grünen Etage kein Platz mehr war – mit meinem Büro in einer SPD-Etage einquartiert. Zum Einstieg gab ich eine kleine Party mit Biohäppchen, Biosekt und selbst gebackenen Hildegard-von-Bingen- Nervenkeksen: »Das grüne Kuckucksei in der SPD-Etage lädt zum Kennenlernen ein – das gelbe Trampolin auf dem Flur junge und alte Hüpfer zum fraktionsübergreifenden Hüpfen.«

Zwischen all den Aktenordnern steht nun verwaist das gelbe Trampolin – ab und zu hüpfe ich.

Verbittert bin ich nicht geworden. Nur traurig.

Selbst Ministerpräsident Seehofer wünscht mir alles Gute für den neuen Lebensabschnitt. Ich dürfe für mich in Anspruch nehmen, dass meine Themen dank meines Einsatzes zusätzliche Beachtung gefunden haben (ach ja?):

»So weiß ich, wie wichtig Ihnen der Tierschutz ist. Ihre Vorstellungen reichen weit über das hinaus, was die meisten Kollegen und Kolleginnen in den verschiedenen Parteien denken. Deshalb fanden Sie nicht immer Zustimmung, aber doch stets Gehör – und so bleiben Ihre Argumente in der Diskussion.

Ich möchte Sie gern dazu ermutigen, mit Stolz auf Ihre parlamentarische Mitarbeit zurückzublicken. Sie haben den Bayerischen Landtag mit Ihrer Gradlinigkeit und mit Ihrer Kreativität bereichert. Dafür danke ich Ihnen.
Alles Gute!«

Und nun der Clou: Er hat wohl in der Eile übersehen, an wen seine
warmherzigen Worte gerichtet waren, denn er unterschrieb: »Mit
freundlichen Grüßen und in Verbundenheit, Dein H.«

Schweineimpfstoff – Versuchslabor geplant

16. September 2009
Seit ich mich – 1982! – gemeinsam mit anderen Tierschützern aus
Protest gegen die dort durchgeführten Tierversuche am Tor des Berliner Pharmakonzerns Schering angekettet habe, ist die Anzahl der
Tierversuche deutschlandweit sogar noch gestiegen – obwohl immer
mehr Wissenschaftler und Ärzte sie für sinnlos und eine reine Alibihandlung halten.
Jetzt soll in Hannover ein hochriskantes Schweineimpfstoff-Ver-
suchslabor entstehen – mitten in der Großstadt! Selbst die Grünen
haben zugestimmt – ein Kommentar erübrigt sich.
Ich komme nicht umhin, dieses Projekt in seiner ganzen Schreck-
lichkeit stellvertretend für andere zu schildern:

*BürgerInnen von Hannover bemühen sich verzweifelt um Stopp des
Wahnsinnsprojekts*

*Für 35 Millionen Euro soll ein Tierimpfstoffversuchszentrum gebaut
werden, in dem eine variable Anzahl an Schweinen und später auch an
Rindern und Pferden in verfliesten Räumen gehalten werden sollen.*
Die Tiere sollen mit Krankheiten infiziert werden, um anschließend Impfstoffe an ihnen zu testen. Nach den Tests sollen die Ver-

Mit Patenkind Lisbeth und Michael Aufhauser

suchstiere getötet, ihre Körper in Lauge aufgelöst werden! Ursprünglich sollten die in den Chemikalien aufgelösten Tiere in die Kanalisation abgeleitet werden – eine Genehmigung für dieses schauerliche Vorhaben wagten die Behörden dann aber doch nicht zu geben.

Nach den jüngsten Konzeptionen plant der Chemo-Pharma-Riese jetzt, die Lauge mit Transportern zu Tierverwertungsanlagen zu fahren.

Es ist anzunehmen, dass Boehringer auch für den Standort Hannover keine Versuchstierstatistiken veröffentlichen würde – der tatsächliche Umfang der Forschungen und die Bedingungen für die Versuchstiere blieben damit für die interessierte Öffentlichkeit im Dunkeln.

291

Ziel der Forschungen ist, die Massentierhaltung noch ertragreicher zu machen, noch mehr Tiere auf engstem Raum und unter den Bedingungen der strapaziösen Massen- und Intensivtierhaltung mithilfe der lukrativen pharmakologischen Tiermedizin durchzubringen. Hannover unterstützt dieses Vorhaben, um sich als »Wissenschaftsstandort« zu etablieren.

Offizielle Stellen argumentieren für die Ansiedlung des Tierversuchslabors, weil damit Arbeitsplätze entstehen würden. Anfangs wurden noch 200 Arbeitsplätze in Aussicht gestellt – zum jetzigen Zeitpunkt sind es nur noch 15. Die Tierärztliche Hochschule Hannover unterstützt die Ansiedlung des Pharmakonzerns, weil ihrer Meinung nach durch die Nähe eine lukrative Zusammenarbeit entstehen könnte.

In direkter Nachbarschaft befindet sich auch ein Heim für behinderte Menschen, welches sich mit Boehringer darauf einigte, zwischen Labor und Heim Grünstreifen anzupflanzen. Inzwischen ist von der Heimleitung angekündigt worden, die noch dort lebenden Behinderten durch Schwerstbehinderte auszutauschen. Diese zählen für die BetreiberInnen des Schweineversuchslaborprojekts und seine BefürworterInnen scheinbar nicht als vollwertige Menschen – ihnen will man offensichtlich die zweifellos vorhandenen Risiken eines Infektionslabors ebenso wie alle Unannehmlichkeiten wie den durch die Massentierhaltung generierten Gestank und Lärm zumuten.

Und die Gefahren und Risiken haben es tatsächlich in sich: Da in der Anlage teilweise mit hochinfektiösen humanpathogenen Erregern der sogenannten »biologischen Sicherheitsstufe« gearbeitet werden soll, besteht im Fall einer Freisetzung dieser Keime eine erhebliche Gefahr für die Gesundheit der Menschen im Wohngebiet.

Über 5000 BürgerInnen haben ihre Einwendungen gegen das Projekt bereits vorgebracht. Ratsvorsitzende der Stadt ignorierten die Petitionen und bis auf die Partei »Die Linke« haben alle dem geplanten Bau zugestimmt – CDU, SPD, FDP, aber auch die Grünen.

Sehr merkwürdig ist auch, dass Boehringer Ingelheim eine Tochter-
firma gegründet hat, was dazu führt, dass der Mutterkonzern bei
Störfällen nicht direkt haftbar gemacht werden kann und auch die
Tochterfirma nur begrenzt haftbar ist.
Tierschutzorganisationen laufen ebenso wie die lokalen Bürgerini-
tiativen Sturm gegen das Projekt. Wir werden es verhindern!

Ist für die Tiere jeden Tag Treblinka?

16. September 2009
Es gab und gibt immer wieder Proteste, wenn die an jüdischen Mit-
menschen verübten Verbrechen mit denen verglichen werden, die
den Tieren angetan werden, oder wenn man die perfektionierten
Vernichtungsmethoden der Nazis mit den Produktionsmethoden
vergleicht, die bei der »Fleisch-, Milch- und Eiererzeugung« zur An-
wendung kommen. Auch wenn es »nur« um einen Begriff geht wie
»Hühner-KZ« oder um den Ausspruch des jüdischen (!) Literatur-
Nobelpreisträgers Isaac Bashevis Singer: »Für die Tiere ist jeder Tag
Treblinka«, ist mit Kritik zu rechnen.

Eine jüdische Freundin schreibt mir zu dem Vorwurf, dass die Holo-
caustopfer durch den Vergleich mit dem Leid, das wir Menschen den
Tieren in jeder Sekunde tausendfach antun, herabgewürdigt und
missachtet würden: »Ich habe mit diesem Vergleich überhaupt kein
Problem – ich finde ihn absolut zutreffend.«

Wenn der Holocaust mit dem milliardenfachen Mord an Tieren in
Verbindung gebracht wird, geht es nicht um einen Vergleich der Opfer. Vielmehr geht es um den Vergleich der perfektionierten Maschi-
nerie bei der Massenvernichtung jüdischer Mitmenschen und bei
der Massentötung von »Nutztieren«. Die kaltblütigen und un-
menschlichen Methoden sind die gleichen, aber auch das »Wegsehen« der Gesellschaft.

Matthew A. Prescott, Initiator der PETA-Kampagne »Holocaust auf Ihrem Teller«, schreibt:
»Die Opfer heute sind andere als damals, aber das System von Einpferchen, Missbrauch, Vorurteil und Abschlachten ist dasselbe. Alljährlich werden alleine in Europa zehn Milliarden Tiere in Konzentrationslager, die wir ›Massentierhaltung‹ nennen, gepfercht. Nach vielen Jahren kontinuierlichen Leidens werden sie zusammengetrieben und mit Lkws bei jedem Wetter Hunderte von Kilometern gekarrt, bevor man sie durch die Tore zur Schlachtebene treibt und tötet. All dies geschieht, während der Durchschnittsbürger sein normales Leben lebt und seine Augen vor dem Leiden verschließt. Vergleiche mit dem Holocaust sind unausweichlich, nicht nur weil wir Menschen mit den Tieren die Fähigkeit des Leidens gemein haben, sondern auch weil die von der Regierung sanktionierte Unterdrückung von Abermillionen Lebewesen einfach hingenommen wird, obwohl jeder etwas tun könnte, um sie zu beenden«.

Der amerikanische Historiker und Psychotherapeut Charles Patterson hat den Ausspruch Singers als Titel für sein gleichnamiges Buch übernommen und es dem jüdischen Literatur-Nobelpreisträger gewidmet.

Patterson vertritt die Meinung, dass es einen Zusammenhang zwischen den Großschlachthöfen Chicagos des 19. Jahrhunderts und den Vernichtungslagern der Nazis gibt: Stacheldrahtzäune wurden zuerst um die großen Rinderherden gezogen, später um die Konzentrationslager. In Eisenbahnwaggons, die für den »Vieh«-Transport zu den Schlachthöfen gebaut wurden, hat man Menschen gepfercht und zu den Gaskammern transportiert. Die Baracken in Auschwitz entsprachen dem Normtypus eines Pferdestalls.
Der SS-Chefstratege der Massenvernichtung Heinrich Himmler war zuvor Geflügelzüchter, bis er zum Menschenzüchter (arische Rasse) und Menschenvernichter wurde.

Patterson kommt zu dem Schluss, dass Amerika der Welt den perfektionierten Schlachthof geschenkt habe und Deutschland die Gaskammern; ein US-Forscher war wissenschaftlicher Berater für das erste Gaskammer-Vernichtungsprogramm der Nazis.

Die *Frankfurter Rundschau* schreibt am 9. März 2005 dazu:
»Patterson ist auf der Suche nach den geistigen und technischen Vorläufern und Impulsgebern der nationalsozialistischen Vernichtungsmaschinerie. Er findet sie in der Sklaverei, in der Erniedrigung des Tieres und der anschließenden Erniedrigung des Menschen zum Tier in den Schlachthöfen. Von diesen Orten zu lesen, von den Mord- und Schlachtungsmethoden, von den historischen Zusammenhängen, ihren Anfängen und ihrem Weiterbestehen, ist aufschlussreich, aufrüttelnd und einfach entsetzlich.«

Der berühmte englische Philosoph und Sozialreformer Jeremy Bentham (1748–1832) fragte provokativ:
»Warum soll der Missbrauch von Menschen auf alle Fälle schlimmer sein als der Missbrauch von Tieren? Warum soll der Missbrauch von Menschen nicht mit dem Missbrauch von Tieren verglichen werden dürfen? Was ist der moralische Unterschied zwischen Menschen und Tieren, der diese unterschiedliche Bewertung und Behandlung von Menschen und Tieren rechtfertigen soll? Ist es die unterschiedliche Behaarung oder Anzahl der Beine? Oder ist es die höhere Intelligenz des Menschen? Aber warum soll man jemanden quälen dürfen, weil er weniger intelligent ist? … Der Punkt ist schlicht: Es gibt keinen Unterschied zwischen Menschen und Tieren, der unsere Bewertung und Behandlung von Tieren rechtfertigen könnte. Die Frage ist nicht: Können sie denken? oder: Können sie sprechen?, sondern: Können sie leiden?«

Wie Renate Künast vor laufender Kamera einen Fisch tötet

17. September 2009

Renate Künast, Spitzenkandidatin der Grünen bei der Bundestagswahl 2009, schlägt vor laufender ARD-Kamera – und in Anwesen-
heit eines kleinen Jungen – an einer Tischkante einen eben selbst
geangelten Fisch tot. Und dann sagt sie noch: »Wenn der Fisch nachher gut schmeckt …«
Das 9,5-minütige Video ist auf YouTube zu sehen.

Im *Stern* ist darüber zu lesen:
»Fisch-Affäre«: Renate Künast rutscht auf einem Saibling aus
»Grünen-Spitzenkandidatin Renate Künast versuchte in einer ARD-
Sendung einen Fisch zu töten. Ist das der Rede wert? Ja! Denn Künasts Tötungsversuch war alles andere als sachgerecht. Das demo-
liert das Image der Grünen als Tierschutzpartei – ausgerechnet kurz
vor der Wahl. Gewissenhaft macht sich Renate Künast die Hände
sandig. Sie packt den Saibling sicher, ein gezielter Schlag auf den
Kopf, der Fisch ist betäubt. Mit einem schnellen Schnitt öffnet sie
sofort seinen Bauch und entfernt die Innereien – der Fisch ist nun
endgültig tot. Das Fernsehpublikum ist begeistert von so viel Tierschutz am Objekt zwischen Leben und Tod. ›Da ich Fisch esse oder
auch Fleisch, ist für mich eines wichtig: dass man das, was man tut,
wenn man sie tötet, sehr ordentlich, professionell und schnell
macht‹, sagt Künast hinterher.
Den Satz hat Renate Künast tatsächlich gesagt, nur die artgerechte Tö-
tungspraxis misslang ihr zuvor gründlich: In der ARD-Sendung ›Ab-
geordnet‹ war sie Anfang September an der Seite eines oberbayerischen Landwirts dabei zu sehen, wie sie zunächst dessen siebenjährigem
Sohn bei der erfolglosen Tötung eines hin und her glitschenden Saiblings assistierte. ›Oh, Mann!‹, entfuhr es Künast da und sie erledigte
das nächste Tier lieber selbst mit drei mehr oder minder gezielten
Schlägen. Ausgenommen und damit endgültig getötet wurde der
Saibling jedoch nicht, lediglich benommen zur Seite geschoben.«

Ich bin fassungslos. Und überlege Konsequenzen.

Petra Kelly war kühn. Die Grünen von heute sind angepasst, buhlen in allen Richtungen um Stimmen, bei den Bauern, den Jägern, den Fischern, den Migranten, man ist ja so tolerant.

Am 22. September bin ich in die Sendung »Bei Maischberger« eingeladen. Überlege, ob ich absage – das wäre aber feige. Eigentlich müsste ich aus dieser anthropozentrischen Partei austreten – zum zweiten Mal. Traurig, traurig.

Parteiaustritt

23. September 2009

Selten war ich so nervös wie vor dieser Talkshow. Wie würden meine WählerInnen und die Medien reagieren?

Die Reaktionen fielen erstaunlich positiv aus. So schrieb Thorsten Pifan in »Sandra Maischberger und das Kreuz mit dem Kreuz«:

»Die ›Partei‹ der Nichtwähler war bei den Bundestagswahlen 2005 drittstärkste Kraft und am 27. September droht ihre Zahl nochmals zu steigen. Sandra Maischberger widmete sich dem Kreuz mit dem Kreuz und förderte kuriose Sympathien zutage. Eine Grüne erklärte vor laufender Kamera gar ihren Parteiaustritt.

Die 81-jährige Barbara Rütting trägt Schwarz an diesem Abend. Auf den ersten Blick fällt die Kleidung der Grünen-Politikerin gar nicht auf. Doch dann erklärt sie vor laufender Kamera fast atemlos ihren Parteiaustritt – bereits zum zweiten Mal. Das löst Betroffenheit im Studio aus. Zum Beispiel Schauspielerkollege Sky du Mont ist entsetzt. Für den Anhänger der FDP ist Rütting eine sehr glaubwürdige Vertreterin grüner Politik.

Und damit geht in der Sendung ›Der gequälte Wähler: Wohin mit dem Kreuz‹ die Rechnung des Redaktionsteams schon nicht mehr auf. Für alle im Bundestag vertretenen Parteien sind Vertreter – oder

Sympathisanten eingeladen. Nach nicht einmal zehn Minuten haben die Grünen ihre Stimme verloren.

Bekommen hat die Stimme stattdessen die Partei Mensch Umwelt Tierschutz. ›Die haben auch einen radikalen Antikriegskurs‹, sagt Rütting. Parteimitglied wolle sie dort aber nicht werden, betont sie.«

Ich hatte damit gerechnet, nach meinem Statement als gefühlsduselige Spinnerin verspottet zu werden. Erstaunlicherweise gab es auch in der Bevölkerung nur positive Reaktionen.

Ein Beispiel:

»Barbara Rüttings Parteiaustritt ist das richtige Signal zur richtigen Zeit: Eine Partei, deren Spitzenrepräsentantin sich mit Tiermord anbiedert, ist für Tierfreunde nicht wählbar. Die Grünen sind seit Langem eine ausgewiesene Anti-Tierrechts-Partei. Künast hat dies jetzt lediglich für jedermann sichtbar gemacht …«
HFK (Helmut F. Kaplan)

Und das schreibt der Mann, der mich jahrelang am heftigsten angegriffen hat:

»Meine Hochachtung vor deiner Entscheidung, den Grünen den Rücken zu kehren. Die Knüppelaktion der Renate Künast hat auch mich sprachlos gemacht. Ich habe sie angeschrieben und, wie viele andere, die das auch getan haben, einen Formantwortbrief erhalten, in dem ihr Büroleiter Andreas Rade erklärt, Künast habe die Fische aus rein tierschützerischen Gründen totgeknüppelt: Da die meisten Menschen heute gar nicht mehr wüssten, dass ›das Fischfilet oder das Steak, das auf unserem Teller landet, von einem Lebewesen stammt‹, würden sie auch ignorieren, ›dass Tiere millionenfach für die Nahrungsmittelproduktion getötet werden‹. Ebendiese Ignoranz der Verbraucher sei Grund für tierquälerische Massentierhaltung und Überfischung der Meere, der sie, Künast, mit Entschiedenheit entgegenzutreten suche: ›Auch in der nächsten Wahlperiode werden B90/Die Grünen dem Tier- und Artenschutz hohe Priorität in der politischen Arbeit einräumen.‹

Geht's noch zynischer?
Freundliche Grüße und dir gesundheitlich alles Gute,
Colin Goldner«

Eine SPD-Mitarbeiterin im Landtag:
»Ich habe gerade den Artikel in Spiegel.de gelesen. Es ist ungeheuer-
lich, was mit dieser Partei vor sich geht. Ich bin traurig, dass alles so
den Bach runtergeht. Und dann auch noch der Einsatz in Afghanis-
tan, bei dem sich Frau Künast in jeder Berichterstattung dreht und
wendet, um eine Zustimmung der Grünen zu verteidigen.
Im Landtag hat sich seit Ihrem Abschied sehr viel geändert. Ich gehe
inzwischen nicht mehr in die Kantine, sondern hol mir wieder wie
gehabt bei St. Michaelshof, Reformhaus oder Hermannsdorfer meine
Lebensmittel. Von Bio ist in dieser Kantine nichts mehr zu sehen. Von
dem Salatdressing habe ich einen richtigen Ausschlag bekommen, da
ist nur noch Gift drin. Außerdem gibt es auch kein Beschwerdebuch
mehr, in dem man Wünsche und Kritiken eintragen kann.
Für heute wünsche ich Ihnen viel Erfolg und alles Gute …
Ich erinnere mich gerne an die Zeit zurück, in der Sie den Landtag
und das Landtagsamt mit Ihrer Kraft, Energie und Entschlossenheit
bereichert haben.
Dafür nochmals vielen lieben Dank!
Alles Liebe, Ihre Petra W., und auch ganz liebe Grüße von Wolfgang
W.«

Interessante Grundsatzfragen zum Verzehr von Lebewesen stellt ein
Leser:
»Darf die Kuh Gras fressen? Darf der Löwe die Antilope fressen? Das
Huhn frisst den Wurm, der Mensch (fr)isst das Huhn. Die Wespe
tötet Insekten für ihre Brut. Stechmücken saugen Menschenblut, um
Eier legen zu können. Mancher überträgt dabei Malaria-Erreger.
Darf der Mensch diese Erreger mit Resochin vergiften?
Wir Dorfkinder haben instinktiv akzeptiert, dass wir mit einer un-
heilen Natur leben mussten. Die Kinder auf dem Hof in Peiting ha-

ben wohl eine natürliche, eine handgreifliche Beziehung zu dem Tod des Saiblings, er ist das Mittagessen, das ist für sie sinnvoll, in Ordnung. Für die Kinder vor dem Fernseher aber ist das irreal, virtuell, es ist nur eine sinnlose Grausamkeit. Hier ist eine Grenze überschritten. Der Weg zu schlimmeren Grausamkeiten erscheint plötzlich offen. Niemand muss ihn gehen, aber Einzelne tun es. Barbara Rütting hat wohl recht, wenn sie Abstumpfung und Verrohung befürchtet.«

Wie arrogant, wenn wir nichttierlichen Lebewesen, genannt Menschen, immer noch von der stummen Kreatur sprechen! Obwohl inzwischen längst auch wissenschaftlich bewiesen ist, dass zum Beispiel auch Fische untereinander kommunizieren, von Walen und Delfinen gar nicht zu reden.
Fische, Wale, Robben, Delfine – alle diese wunderbaren intelligenten Wesen werden gejagt, gequält, getötet, ihre Todesängste kommen zu uns zurück.
Gerade sensible Kinderseelen sollten vor der Konfrontation mit Tierqualen verschont bleiben, das wissen alle guten Kinderpsychologen. Quer durch alle Kontinente haben Serienmörder als Tierquäler begonnen, das ist kein Zufall!
»Das sind genau die Kinder, die nie gelernt haben, dass es unrecht ist, einem kleinen Hund die Augen auszustechen.« (Robert Ressler, Gründer der FBI-Einheit für Verhaltensforschung auf die Frage, wie Serienmörder zu dem werden, was sie sind).
Während des europäischen Vegetarierkongresses 1999 in der Schweiz hielt, mir unvergesslich, Sergeant Sherry Schlueter aus den USA einen Vortrag »Das Rad der Gewalt: Zusammenhang zwischen Gewalt gegen Tiere und Menschen«.
Seit 1995 leitet Sergeant Sherry Schlueter zusammen mit sechs weiteren Beamten eine Abteilung der Polizei, die sich mit Missbrauch und Vernachlässigung befasst. Sie kümmert sich um Missbrauch von Tieren, Kindern, älteren und behinderten Menschen und ist überzeugt, dass Gewalt immer Gewalt bleibt, gleichgültig gegen wen sie

gerichtet ist, ohne Unterscheidung von Alter, Geschlecht, Artenzuge-
hörigkeit oder körperlicher Leistungsfähigkeit.
Sherry Schlueter lebt seit ihrer Teenagerzeit vegetarisch.
Nach Angaben des FBI sollen 80 % der Gewaltverbrecher als Tierquäler angefangen haben. Nicht nur in Amerika nehmen Amokläufe
und Schießereien an Schulen geradezu beängstigend zu. Allein in
Unterfranken gab es dieses Jahr 50 Amoklaufdrohungen von Schülern! (Wie die *Mainpost* berichtet)
Ein Freund zu Künasts Fischtötung: »*Das war ja das reinste Anti-
mitgefühlstraining, was sie da gemacht hat.*«
Besonders erschüttert hat mich ihr Ausspruch: »*Ganz ehrlich, wenn
der Fisch nachher gut schmeckt …*«
Damit kann man alles entschuldigen – beziehungsweise eben nicht.

> »Gott sprach zu den Steinen:
> Werdet menschlich!
> Die Steine antworteten:
> Wir sind noch nicht hart genug!«

Die Bundestagswahl

*Bei der Bundestagswahl 2009 gewann Schwarz-Gelb. Das ist nicht nur
für den Tierschutz eine Katastrophe.*

28. September 2009
Die Albert-Schweitzer-Stiftung schreibt dazu:
»Schwarz-Gelb. Für den politischen Tierschutz stehen uns vier harte
Jahre bevor. Aber schon die Große Koalition hat in Tierschutzfragen
wenig Elan gezeigt, und trotzdem hat sich in jüngster Zeit viel bewegt.
Die wirklichen Fortschritte im Tierschutz werden ohnehin in der Wirt-
schaft und durch die Aufklärung von Verbrauchern gemacht. Was wir

mit der Wirtschaft bewegen können, zeigen der Ausstieg der Super-
marktketten aus dem Verkauf von Käfigeiern, unsere Fortschritte in der
Käfigfrei-Kampagne und das absehbare Ende der Ferkelkastration.
Die Tierschutz- und Tierrechtsbewegung entwickelt außerdem ihre
Fähigkeiten im Dialog mit Verbrauchern weiter, indem von kon-
frontativen Monologen immer mehr abgesehen und stattdessen auf
verschiedenste Formen des konstruktiven Gesprächs gesetzt wird.
Gerade hier stehen wir als Bewegung noch am Anfang einer hoffent-
lich steilen Lernkurve.
Was Sie jetzt tun können, damit es weiter vorangeht: Werden Sie ak-
tiv, unterzeichnen Sie unsere Petitionen, spenden Sie, vertiefen Sie
Ihr Hintergrundwissen.«

Ein wichtiger Gedanke: Weniger konfrontative Monologe – siehe
meine Erfahrungen in Landtagsdebatten –, stattdessen fruchtbrin-
gende Dialoge!

Die Tierschutz-Hochburg

29. September 2009
In »meinem« Dorf im Spessart wird traditionell die Tierschutzpartei
gewählt. Sie erhielt bei der Bundestagswahl am Sonntag 25 % der
Zweitstimmen. Damit ist sie in dem Ort nach der CSU zweitstärkste
Kraft. Kein Wunder: Hier wohnen die meisten Anhänger des Univer-
sellen Lebens!
Die Partei Mensch Umwelt Tierschutz hat – obwohl nur in sechs
Bundesländern angetreten und von den meisten Medien geradezu
totgeschwiegen – mit 0,5 % das beste Bundestagswahlergebnis seit
Gründung der Partei eingefahren und allein in Bayern 13 000 Stimmen mehr erzielt als bei der Europawahl im Juni. Das ist wirklich ein
tolles Ergebnis. Der Trend geht definitiv nach oben!
Das Wahlergebnis hat auch deutlich gezeigt, dass immer mehr Bun-
desbürgerInnen dem Tierschutzgedanken offener gegenüberstehen

als noch vor einigen Jahren und den anthropozentrisch geprägten Umgang mit den Tieren kritisch hinterfragt haben.
Das macht doch wieder Mut!

Ausgezeichnet: »Umweltschutz in Europa«

Umweltminister Söder verleiht der Privatschule LERN MIT MIR die Auszeichnung »Umweltschule in Europa«.

September 2009
Zum dritten Mal in Folge »Umweltschule in Europa – Internationale Agenda-21-Schule«: Am 23. September verlieh Umweltminister Dr. Markus Söder in Nürnberg der Privatschule LERN MIT MIR aus dem bayerischen Esselbach die begehrte Auszeichnung. Für die Themenschwerpunkte »Gesunde Ernährung« und »Solidarität« hat die Schule drei Sterne – die höchste Auszeichnung, die zu vergeben ist – erhalten.

»Gemeinsam lassen sich die Jugendlichen für einen verantwortungsvollen Umgang mit der Natur und den natürlichen Lebensgrundlagen begeistern«, so Söder wörtlich.

Die Schwerpunkte der Schule sind:
- Gesunde, umweltverträgliche Ernährung,
- Solidarität,
- die goldene Regel: »Was du nicht willst, dass man dir tu, das füg auch keinem andern zu«, welche auf der Bergpredigt des Jesus von Nazareth basiert.

Das freut mich gewaltig. Meine Begeisterung für diese Schule, *die* Schule des Universellen Lebens, sowie mein Eintreten für eine Natur ohne Jagd waren es ja, die zu den massiven Angriffen gegen mich in Partei und Öffentlichkeit führten. Ich gönne mir ein leises Gefühl

von Triumph und bin froh, dass ich mir keinen Maulkorb verpassen
ließ.

»Schüler von heute werden in Schulen von gestern von Lehrern von
vorgestern auf die Aufgaben von übermorgen vorbereitet« – dieser
Satz wird hoffentlich bald der Vergangenheit angehören.

Sinnvoll: Sich zu Gemeinschaften zusammenschließen

Newsletter

November 2009

Liebe Freundinnen und Freunde,

viele von Euch werden sich erinnern, dass ich Ende der Achtzigerjahre versuchte, in Österreich, wo ich damals lebte, eine Ökosiedlung
auf die Beine zu stellen – für Jung und Alt, Mensch und Tier in ökologisch intakter Umwelt, unabhängig von Religionen und Weltanschauungen.

Wie so oft in meinem Leben war ich wohl wieder »zu früh« dran –
obwohl einer muss ja »zu früh« dran sein, damit sich etwas verändert. Nach drei Jahren musste ich die Vision schweren Herzens aufgeben, zu groß waren damals noch die Widerstände.

Inzwischen sind viele solcher Gemeinschaften entstanden, mit unterschiedlichen Schwerpunkten. Einige habe ich besucht und über
die Jahre näher kennengelernt. Viele von ihnen wurden oder werden
immer noch von Normalbürgern und Medien als Sekten verschrien
– alle, die neue Wege gehen, lösen Angst aus. Dennoch bin ich immer mehr zu der Erkenntnis gekommen, dass nur wenn wir uns zu
Gemeinschaften zusammenschließen, kleine und immer größere
Friedensoasen schaffen, dieser Planet noch zu retten ist; wenn wir in
Gemeinschaften zusammenleben, die sich um ein friedliches Miteinander bemühen und dies auch leben. Ich denke da an das Zegg
(Zentrum für experimentelle GesellschaftsGestaltung) in Belzig, das
Heilungsbiotop Tamera in Portugal, den Lebensgarten Steyerberg

und auch – jawohl – die Gemeinschaft Universelles Leben in Michelrieth, die mir besonders stabil erscheint, die aber auch besonders wütenden Angriffen ausgesetzt ist.

Auch Rüdiger Dahlke, mit dem ich seit vielen Jahren befreundet bin, hat die Vision einer Gemeinschaft. Er hat in Österreich ein Stück Land gekauft, um dort seinen Traum zu verwirklichen. Klingt sehr vielversprechend!

Von den 68ern haben sich inzwischen bereits viele zu Großeltern gemausert. Eine solche 68er-Oma teilte mir gerade mit, dass sie inzwischen große Lust hat, wieder in eine WG zu ziehen!

Aus meinen eigenen Erfahrungen ganz kurz zwei gewonnene Erkenntnisse: Geeignet für eine Gemeinschaft sind nur Menschen, die nicht aus Bedürftigkeit kommen, sondern solche, die sehr wohl allein leben können, aber gern mit anderen teilen und am Aufbau einer Friedensoase mitarbeiten wollen. Und ganz wichtig: JedeR muss wissen, wie viel Nähe er/sie wünscht und wie viel Distanz.

Alle in derselben Badewanne hat schon manche Kommune scheitern lassen. (Sehr zu empfehlen ist das jährlich neu erscheinende Buch »EUROTOPIA – Gemeinschaften und Ökodörfer in Europa«.)

Was mich betrifft: Ich habe ja oft gesagt, dass ich auch mit 99 mein Leben ändern würde, wenn die Richtung nicht mehr stimmt. So eine Richtungsänderung gab es ja wieder – und ich bin erst einmal »angekommen«.

Leider ist Schwarz-Gelb nun traurige Wirklichkeit geworden. Und prompt stieg auch die Zahl der Versuchstiere – droht uns die Zwangsimpfung zur Verhinderung der angeblichen Schweinegrippe-Pandemie!

Lasst Euch das nicht gefallen, informiert Euch, seid aufmüpfig, habt Mut, Widerstand zu leisten! Auf- und Umbrüche sind angesagt!

Eure Barbara Rütting

Ein Wort des XIV. Dalai Lama
»Der Friede auf der Welt ergibt sich aus dem Frieden in den Individuen. Wer auf natürliche Weise gelassen ist, im Frieden mit sich selbst, wird ein für seine Mitmenschen offener Mensch sein. Und genau hier findet sich das Fundament für den Weltfrieden.«

Gute Nachrichten für den Tierschutz

Newsletter

Dezember 2009
Die belgische Stadt Gent führt als erste einen fleischlosen Wochentag ein!
Die Viehhaltung hat einen hohen Anteil an den globalen Treibhausemissionen. Jede Reduktion der Fleischproduktion und des Fleischkonsums, welche überdies zu Verschwendung von Land und Wasser, Versteppung und Waldabholzung führen, bringt enorme Vorteile für die Umwelt.
Die Stadt Gent wirbt:
Durch die Teilnahme am fleischfreien Donnerstag wählen wir Gesundheit – unsere eigene und die unseres Planeten!
Andere Städte wollen folgen!

Verwaltungsgerichtshof: Keine Einzelerlaubnis zum Schächten
Das ist ein ganz großer Erfolg:
Für das Schächten von Tieren kann einer Entscheidung des Bayerischen Verwaltungsgerichtshofs (BayVGH) zufolge keine Einzelerlaubnis erteilt werden. Griffen die Mitglieder einer islamischen Gemeinschaft nur für einzelne Anlässe, wie etwas das Opferfest, auf das Fleisch geschächteter Tiere zurück, verzehrten sonst aber Fleisch von betäubt geschlachteten Tieren, bestehe innerhalb dieser Gemeinschaft kein bindendes Schächtgebot, heißt es in einem am Freitag in München veröffentlichten Beschluss des BayVGH. Nach dem Tierschutzgesetz dürfe ein warmblütiges Tier grundsätzlich nur ge-

schlachtet werden, wenn es vor Beginn des Blutentzugs betäubt worden sei. Eine Ausnahme davon dürfe nur genehmigt werden, wenn es erforderlich sei, den Bedürfnissen von Angehörigen bestimmter Religionsgemeinschaften zu entsprechen. Der Schlachtung und dem Verzehr nicht betäubter Tiere ausschließlich zu besonderen Anlässen »lägen weniger religiöse, sondern eher traditionelle Motive zugrunde«, befand der Verwaltungsgerichtshof.

Tiere sind jetzt fühlende Wesen
Dass die Politik der gesellschaftlichen Entwicklung in der Regel hinterherhinkt, ist nichts Neues. Umso mehr darf man sich freuen, wenn grundlegende Erkenntnisse endlich bei Politikern ankommen und ihren Weg in offizielle Dokumente finden.
So ist jetzt der neue EU-Reformvertrag in Kraft getreten, der Tiere offiziell als »fühlende Wesen« anerkennt.

Jagdgegner kurz vor dem Ziel!
Die Beschwerde eines unfreiwilligen Jagdgenossen aus Deutschland ist vom Europäischen Gerichtshof für Menschenrechte (EGMR) angenommen worden!

Katalonisches Parlament stimmte für Abschaffung des Stierkampfes!
Das katalonische Parlament hat in erster Lesung dem Gesetzesvorschlag, den Stierkampf in Katalonien zu verbieten, zugestimmt.

Kirchentag »Mensch und Tier« – Hier habe ich mich zu früh gefreut
Leider musste ich meine Teilnahme am 1. Deutschen Kirchentag »Mensch und Tier« im August in Dortmund nun doch absagen. Ich hatte zugesagt, als Schirmherrin die Eröffnungsrede zu halten – aber nur unter der Voraussetzung, dass tatsächlich alle Tierschutzgruppierungen teilnehmen dürfen, wie es ja ausdrücklich angekündigt worden war, hatte sogar auf meine Sympathien für die Glaubensgemeinschaft Universelles Leben und deren kritische Haltung gegenüber den Amtskirchen hingewiesen. Auf meine neuerliche Frage, ob

es bei der angekündigten Toleranz bliebe, was wäre, wenn etwa Adventisten, Mormonen oder andere kirchenkritische Gruppen, die das Töten von Tieren ablehnen, wie zum Beispiel UL-Sympathisanten, sich auf dem Kirchentag outen wollen, klangen die Antworten nun doch recht vage: Das müsse man von Fall zu Fall entscheiden etc.

Außerdem: Man kann es drehen, wie man will, bei allem Ringen um Fortschrittlichkeit distanzieren sich die Amtskirchen nach wie vor weder genügend vom Segnen der Hubertusmessen zum Töten von Tieren noch vom Segnen der Waffen zum Töten von Menschen.

Deutschland ist der drittgrößte Waffenexporteur!

Also: 1. Deutscher Kirchentag »Mensch und Tier« 2010 ohne mich!

Die Veranstalter sollten den Sänger Peter Makena einladen. Auf seiner CD »Lovesongs and Sutras« jammert er:

»What is to be done, oh brother
I do not know who I am …
I`m not a Christian, not a Jew
I`m not a Buddhist or a Hindu
I`m not from India, not from China
I`m not from the east, not from the west
I`m not from heaven, not from hell.«

Er gehört keiner Religion an, also hat er keine Identität, weiß er nicht, wer er ist.

Besser kann man das überall verbreitete, mit Vorurteilen geschwängerte Schubladendenken gar nicht auf die Schippe nehmen.

Wenn doch alle Religionen überflüssig würden – ebenso wie die Parteien – und sich alle Menschen einfach human verhalten würden, gegenüber Mensch, Umwelt und den Tieren!

Gedanken zum Schlachtfest des Jahres, genannt Weihnachten

Dezember 2009

Der Verrat der Kirchen an den Tieren – unter diesem Titel hatte ich ja im Landtag ein Fachgespräch abhalten wollen – mein Antrag wurde von der Mehrheit der Fraktion abgelehnt.

Ich hätte so großartige Referenten gehabt: den aus der katholischen Kirche ausgetretenen Theologen Eugen Drewermann, den mutigen österreichischen Philosophen und Kirchenkritiker Helmut F. Kaplan, den aus der ehemaligen DDR stammenden Autor Ingolf Bossenz und natürlich Vertreter aus dem Tierschutz.

Der Theologe Skriver (1903–1983) war es ja, so Bossenz, der ein bis heute unübertroffenes Manifest schuf gegen den »furchtbaren Kriegszustand zwischen Mensch und Tier, wie er sich austobt in Tieropfer, Jagd, Schlachtung, Vivisektion, Ausbeutung und Ausrottung der Arten« und die dazu von den Amtskirchen geleistete Beihilfe.

Nicht nur mit meinem Antrag für ein Fachgespräch zum Thema »Der Verrat der Kirchen an den Tieren« hatte die Fraktion Probleme, sondern ebenso bei einem Antrag, das Schächten ohne Betäubung zu verbieten. Man ist ja soooo liberal! In Wirklichkeit ging es bei dem Prozess, den ein moslemischer Metzger gegen ein Verbot des betäubungslosen Schächtens angestrengt und gewonnen hat, gar nicht um Religionsfreiheit, wie behauptet, sondern um Profit. Dieser Metzger soll angeblich auch Fleisch von Tieren verkauft haben, die sehr wohl vor dem Schächten betäubt worden waren. Sowohl jüdische als auch moslemische Religionswissenschaftler sprechen sich dafür aus, dass ein Schächten mit vorheriger Betäubung durchaus mit den beiden Religionen zu vereinbaren sei und deshalb auch zugelassen werden sollte.

Wer sich jedoch gegen das Schächten ohne Betäubung einsetzt, wird sofort als Antisemit oder Antimoslem bezeichnet. Ich habe mich getraut, mich im Plenum entsprechend zu äußern, auch auf die Gefahr hin, nun in diese Schublade gesteckt zu werden.

Dem islamischen Opferfest dürfte allerdings das Schlachtfest der Kirchenchristen zur Feier der Geburt Jesu am 24. Dezember in nichts nachstehen. Der britische Evolutionsbiologe Richard Dawkins schreibt in seinem Buch »Der Gotteswahn« dazu: »Es ist die Tendenz, wunderliche religiöse Gewohnheiten einzelner ethnischer Gruppen zu glorifizieren und die in ihrem Namen begangenen Grausamkeiten zu rechtfertigen.«
Im Jahr 2007 wurde das islamische Opferfest wenige Tage vor Weihnachten begangen.
»Ohne den Tod von Millionen ›Mitgeschöpfen‹ (wie sie im deutschen Tierschutzgesetz genannt werden), die gut durchgebraten die Festtagstafel krönen, ist hierzulande Weihnachten undenkbar«, schreibt Bossenz. Von zynischer Symbolkraft ist die Tatsache, dass ausgerechnet an einem 25. Dezember (1865) das Zeitalter der industriellen Massentötung von Tieren begann – mit der Eröffnung der Union Stock Yards, der Schlachthöfe von Chicago. Zu Weihnachten 2005, dem 140. Jahrestag Chicagos als Schlachtkapitale, ließ sich Joseph Ratzinger, der im selben Jahr zum Papst gewählt worden war, einen ganz besonderen Braten schmecken: einen Kapaun. Der Religionswissenschaftler Hubertus Mynarek erinnert an dieses Festmahl: »Ein Kapaun ist ein junger, kastrierter Masthahn, dem im Alter von sechs Wochen der Bauchraum aufgeschnitten wurde, und das in der Regel bei vollem Bewusstsein, also ohne Betäubung. Die im Bauchraum liegenden Hoden werden mit einer Zange gepackt und mit fünf bis 20 Umdrehungen abgedreht. Man muss schon ein Gefühlsrohling sein, um dann noch Geschmack und Genuss am Kapaunschen Festtagsbraten zu haben.«
Aber, so Mynarek: »Diese Rohheit muss Papst Ratzinger gar nicht so empfinden. Er ist schließlich das treu-brave Kind einer Kirche, die jahrhundertelang predigte, Tiere hätten keine Seele. Haben sie keine

Seele, dann haben sie auch kein Gefühl, auch kein Schmerzempfinden und dann darf man ihnen getrost jede Qual zumuten.«

In der 1992 veröffentlichten Neufassung des »Katechismus der Katholischen Kirche« wird nach wie vor Andersgläubigen und Abtrünnigen mit der Hölle gedroht, ebenso jede Ausbeutung von Tieren gutgeheißen. Man dürfe »sich der Tiere zur Ernährung und zur Herstellung von Kleidern bedienen«, heißt es darin. Auch Tierversuche seien »in vernünftigen Grenzen zulässig«.

Immer mehr besonders junge Menschen wollen das nicht länger hinnehmen, sondern gehen zu Tierschutzorganisationen wie PETA, nehmen es in Kauf – wie eine Gruppe von Tierschützern in Österreich vom »Verein gegen Tierfabriken« –, für die Teilnahme an durchaus legalen Tierschutzaktionen diskriminiert, wie Schwerstkriminelle behandelt und ins Gefängnis gesteckt zu werden.

Ein Auszug aus einem Brief von Rosa Luxemburg aus dem Gefängnis an Sonja Liebknecht hat dieses Buch eingeleitet. Sie beschreibt darin, wie sie vor Mitleid weinen muss, als sie beobachtet, wie zwei Büffel von einem Soldaten schwer misshandelt werden.

Wo sind die Rosa Luxemburgs heute?

Weil du arm bist, musst du früher sterben!

Januar 2010
Wie wahr, auch heute noch.

Es stellt sich heraus, dass weder meine gesetzliche Krankenkasse noch meine private Zusatzversicherung auch nur ein Minimum von dem erstatten werden, was ich zum Wiedergesundwerden gebraucht habe und immer noch brauche. Marcumar hingegen, Betablocker, Schrittmacher hätten die Kassen vermutlich problemlos erstattet, ebenso neue Herzklappen, womöglich ein neues Herz.

311

Mein Vorhofflimmern hat sich gebessert, aber nicht durch Marcumar und Betablocker, sondern durch Infusionen von Sauerstoff, B_{12} und natürliche Arzneien wie Crataegutt (Weißdorn), das altbewährte Digitalis (Fingerhut), durch Nervenpunktmassagen, Kraniosakralbehandlungen und ähnliche von der sogenannten Wissenschaft als Humbug angesehene Methoden.

Obwohl finanziell im Moment angespannt durch den Hauskauf, habe ich mir solche von der Schulmedizin nicht anerkannte Nervenpunktmassagen geleistet, was der Normalbürger oder gar Hartz-IV-Empfänger eben nicht kann. Der muss schlucken, was die Pharmaindustrie ihm vorschreibt – und die will beileibe nicht, dass er gesund wird. Im Gegenteil: Nur Kranke bringen Kohle. Deshalb werden immer wieder einfache, kostengünstige gesundmachende Arzneien unterdrückt – ich denke nur an den schmerzlindernden Hanf oder – gerade bekannt geworden – eine jahrzehntelang von der Pharmaindustrie unterdrückte Neurodermitis lindernde Salbe.

Es gilt also noch immer: »Weil du arm bist, musst du früher sterben.« Oder anders ausgedrückt: »Weil du arm bist, wirst du so lange wie möglich krank, aber gerade noch am Leben gehalten.«

Politiker wie auch Medien versuchen gar nicht mehr, diese Zusammenhänge zu verschleiern, wie sich gerade wieder nach der angekündigten Schweinegrippe-Pandemie zeigt, von der angeblich jeder Dritte betroffen sein sollte. So ein Pech, erst blieb die Vogelgrippe-Epidemie aus, die Regierungen blieben auf ihren Impfstoffen sitzen. Jetzt passiert dasselbe mit der so sehnlichst erhofften Schweinegrippe-Pandemie. Da fordert der Nachrichtensprecher doch mit nicht zu überbietender Unverfrorenheit, wir sollten uns gefälligst endlich impfen lassen – nur 5 % der ungehorsamen Bevölkerung hätte das bisher getan –, denn sonst bliebe man ja auf den zigtausend Dosen Impfstoff sitzen!

Und von wem wird dieser Impfstoff letzten Endes bezahlt? Natürlich von uns, dem Volk!

Lediglich 5 % haben sich einschüchtern und impfen lassen.

Wir sind das Volk!

Februar 2010

Über 13 % sind im Dezember 2009 zur Wahl gegangen, um im Volksbegehren die Beibehaltung der Rauchfreiheit in Gaststätten zu fordern. Phantastisch! Was für ein Triumph! Wir sind das Volk! Der Bayerische Landtag hält dagegen stur an der Lockerung des Rauchverbots fest, dem er – unter Stoiber – selbst zugestimmt hat. Bin ich froh, diesem Hohen Haus nicht mehr anzugehören. Da geht jetzt alles wieder von vorn los, die gleichen Monologe in den Ausschüssen und im Plenum, die gleichen Lügereien, wer was wann gewusst oder nicht gewusst hat, so lange, bis sich die Wahrheit einfach nicht länger verschleiern lässt. Hoffentlich ist das Volk auch klug genug – und damit wieder einmal klüger als die gewählten Politiker –, um beim Volksentscheid ebenso gegen den blauen Dunst zu stimmen.

Kommentar Juli 2010

Ja – das Volk war klug und hat beim Volksentscheid für einen entschiedenen Nichtraucherschutz gestimmt. Ich freue mich sehr!

Vielleicht sind sie tatsächlich vorbei, die Tage, an denen ein Bundeskanzler Helmut Kohl im Bundestag höhnen konnte: »Die demonstrieren, wir regieren«; mit »die« waren wir gemeint, die wir immer wieder in Schnee, Regen und Kälte auf unseren Isomatten gegen die amerikanischen Massenvernichtungswaffen protestierten. Das Hohe Haus, damals noch in Bonn, fing nach diesen, Kohls Worten demonstrativ an zu singen: »So ein Tag, so wunderschön wie heute ...«

Die Pershings sind weg, die Mauer ist weg, die Wiederaufbereitungsanlage von Brennstäben in Wackersdorf Schnee von gestern – weil
wir, das Volk, es so wollten. Wir haben Rechte, dazu gehört das Recht
auf Gesundheit. Unsere Rechte müssen wir einfordern und alles
boykottieren, was diesen berechtigten Forderungen entgegenläuft,
wie die Waffenexporte, die Agro-Gentechnik, die teilweise unerträglichen Zustände in Altenheimen, die ständig zunehmende Kinderar-
mut, die geduldete und geförderte Quälerei unschuldiger Tiere.

Die kleinen Schritte

Februar 2010
Unter der schwarz-gelben Regierung beginnen bereits die befürchte-
ten Rückschritte auch im Tierschutz. So wurde der grüne Antrag
»Europäische Tierversuchsrichtlinie muss ethischem Tierschutz
Rechnung tragen« mit den Stimmen von CDU/CSU und FDP abgelehnt – die SPD enthielt sich, einzig die Linke stimmte dem Antrag
zu.
In der EU leiden jährlich rund zwölf Millionen Tiere in Tierversuchen, Tendenz steigend.
Die EU-Kommission hatte verbindliche Standards für die Durch-
führung von Tierversuchen gefordert – vergeblich. Die neue Bundesregierung hat sich sogar für Verschlechterungen der Tierversuchsrichtlinie eingesetzt.
So gut ich kann werde ich die Partei »Mensch – Umwelt – Tierschutz« unterstützen, mich für fleischfreie Tage einsetzen – zum Beispiel bei der Bürgermeisterin von Marktheidenfeld! Eine Petition
dazu ist bereits unterwegs, von über 200 BürgerInnen unterzeichnet.
Ein wöchentlicher Veggie-Tag in Marktheidenfeld – eine derartige
Sensation müsste eigentlich den berühmten Quantensprung auslösen!
Die kleinen Schritte tun, sich in kleinen Gemeinschaften zusam-
menfinden und sich dann miteinander vernetzen, um Mensch, Tier

Kater Sweetie

und Umwelt möglichst wenig zu schaden – das scheint mir die einzige Lösung, um angesichts des allgemeinen Wahnsinns in der Welt nicht ohn-mächtig zu resignieren.

Es gibt so viel zu tun!

März 2010
Es gibt so viel zu tun! Eine Gesundheitsberaterin und ausgebildete Tierschutzlehrerin hat zu meiner großen Freude das längst fällige Buch über vegane Vollwertkost geschrieben. Viele Veganer ernähren sich falsch, nämlich nicht vollwertig, eher Pudding-vegetarisch und essen sich damit krank. Sie und der mutige Verlag kriegen für dieses wichtige Buch von mir ein Vorwort geschenkt.
Mein Pflaumenbaum hat mich im letzten Herbst mit Früchten geradezu überschüttet. Ich konnte mit vollen Händen verschenken. Vor

Buddhina

der Haustür fand ich heute Morgen ein Glas Pflaumenmus. Mit
Dank für die köstlichen Pflaumen – von Silke.
Nachbar Müller hat mir wieder mal die Garage von Schnee freige-
schaufelt und meine Biotonne auf die Straße gestellt. Einfach so.
Hier kümmert man sich umeinander. Im Sommer werde ich ein
Straßenfest veranstalten, um weiterhin Berührungsängste zwischen
uns »Zugereisten« und den Einheimischen abbauen zu helfen.
Gesundheitlich geht es täglich bergauf, dank der Naturklinik, ihren
großartigen Therapeuten und Ärzten. Und weil es mir einfach un-
endlich guttut, inmitten so vieler friedvoller Menschen und Tiere zu
leben.
Ich habe das große Los gezogen, dessen bin ich mir inzwischen ganz
sicher.
Bald bin ich wieder ganz gesund. Ich darf nicht vor Buddhina das
Zeitliche segnen. Sie darf nicht auch noch von mir verlassen werden.
Die kleine Introvertierte ist so anhänglich und zärtlich geworden,
wie ich es nie für möglich gehalten hätte. Und immer noch heiß ver-

liebt in den Nachbarhund. Sweetie genießt sein Katerleben in vollen Zügen. Gelegentlich legt er mir eine in seinen nächtlichen Streifzügen durch den Wald erbeutete Maus vor das Bett – Ausdruck großer katerlicher Zuneigung.

Bald jährt sich Oshos Tod. Darüber hinwegkommen werde ich nie, habe aber aufgehört zu fragen, warum er sterben musste, so jung und voller Lebensfreude. Wenn ich eines Tages selbst über die Regenbogenbrücke gehen darf, wird er mich drüben empfangen und es mir sagen.

Bis dahin und nun erst recht: Sämtliche Kräfte gesammelt für den Schutz von allem, was Haut, Haar, Fell, Federn, Borsten oder Schuppen trägt, leben und glücklich sein will!

Bildnachweis

S. 11 © Inge Müller, S. 17 © Inge Müller, S. 34 © ekap, S. 57 © picture-allliance/Sueddeutsche Zeitung Photo/Andreas Heddergott, S. 60 © picture-allliance/dpa/Hartmut Reeh, S. 72 © ndr, Hamburg (mit freundlicher Genehmigung), S. 89 © Manu Theobald, S. 98 © Volker Schäfer, S. 103 © ekap, S. 119 © Animals' Angels, S. 140 © Tamara Dimitrov, S. 147 © Tierversuchsgegner Berlin, S. 169 © ekap, S. 179 © picture-allliance/dpa/ DB, S. 193 © www.foto-hoeller.de, S. 198 © Frank Seidel, S. 206 © Tierversuchsgegner Berlin, S. 214 © ekap, S. 229 © ekap, S. 239 © Karl v. Koerber (www.bikeforpeace-and-new-energies.net), S. 242 © picture-allliance/dpa/Matthias Schrader, S. 251 © Bayerischer Landtag, S. 258 © picture-allliance/dpa/ Frank Mächler, S. 271 © POGO, www.pogo-art.de (»Die Ketten sprengen ...« Mixed media, Leinwand, 150 x 200 cm, 2010, Gemälde und Foto), S. 274 © R. Schmid, S. 277 © R. Schmid, S. 280 © Erika Sulzer-Kleinemeier, S. 282 © Volker Haupt, S. 291 © Ariane P. Freier/ PNP, S. 315 © Manuela Liebler, S. 317 © Manuela Liebler

Mutmacher aus
acht gelebten Jahrzehnten

»Noch nie habe ich so gern gelebt wie heute –
trotz aller Höhen und Tiefen, aller Strapazen waren ausgerechnet die letzten die glücklichsten
Jahre meines Lebens.« Beneidenswert, wer das
nach acht intensiv gelebten Jahrzehnten von sich
behaupten kann – und dabei eine Vitalität aus-
strahlt, die viele Junge in den Schatten stellt.

Barbara Rütting ist der beste Beweis dafür, dass
ihre Mutmacher funktionieren: ganz persönliche
Ratschläge für eine gesunde Lebensweise, Heilmittel für Körper und Seele, Tipps für praktische
Übungen. Ein Ratgeber der besonderen Art, verpackt in viel Humor – getreu Barbara Rüttings eigenem Motto »Lieber mehr Leben in die Jahre gebracht als Jahre ins Leben.«

Auch als Hörbuch, gelesen von der Autorin.

Barbara Rütting
Ich bin alt und das ist gut so

288 Seiten mit 46 Fotos u. Abb., ISBN 978-3-485-01114-3
Hörbuch: 2 CDs, ISBN 978-3-7844-4215-0

nymphenburger www.nymphenburger-verlag.de

Genussvolles Essen, Gesundheit, Lebensfreude

Bestseller-Autorin Barbara Rütting berichtet uns in diesem Buch von ihren langjährigen Erfahrungen in Sachen gesunde Ernährung und Vollwertküche und bezieht dabei auch die neuesten Erkenntnisse gesunder Ernährung ein. Abgerundet durch Ernährungstipps und eigene Erfahrungen, stellt sie uns ihre Lieblingsrezepte aus der sogenannten üppigen Vollwertküche vor, außerdem tiereiweißfreie und vegane Vollwertrezepte. Viele dieser Rezepte, die nicht nur für Allergiker und Tierliebhaber ständig an Bedeutung gewinnen, wurden mit Mitautorin Waltraud Becker extra für dieses Buch ausprobiert und weiterentwickelt.

Ein Buch, das Lust macht auf gesunde Ernährung und gesundes Leben, von der beliebten Autorin warmherzig und persönlich präsentiert.

Barbara Rütting
Essen wir uns gesund
320 Seiten, ISBN 978-3-485-01144-0

nymphenburger www.nymphenburger-verlag.de